会计学基础 第2版

蒋敏周 主 编

汪 丹 副主编

叶正桂 王 敏 叶羽琼 唐永超 编著

清华大学出版社

北京

内容简介

本书是介绍会计专业知识的入门教材，根据《中华人民共和国会计法》、《企业会计准则》和《企业会计制度》的最新修改内容和要求，结合"营改增"税务改革后的最新税率，系统、全面地阐述了会计的基本理论、基本方法和基本技能。

全书分为12章，介绍了会计的基本理论、会计核算的基本前提与要求、会计核算的理论依据和基本方法、企业主要经济业务的核算、账户的分类、会计凭证、会计账簿、会计核算报表、财产清查、会计核算的程序、会计法规和工作组织以及会计电算化等内容。

本书可用作高等院校财经类、经管类专业本科生"会计学基础"课程教材，也适合其他专业学生作为会计学入门教材使用，还可供会计人员在岗培训及自学参考。

图书在版编目（CIP）数据

会计学基础 / 蒋敏周主编 . —2 版 . —北京：清华大学出版社，2023.4（2025.9重印）
ISBN 978-7-302-62711-1

Ⅰ . ①会… Ⅱ . ①蒋… Ⅲ . ①会计学 Ⅳ . ① F230

中国国家版本馆 CIP 数据核字（2023）第 026827 号

责任编辑：刘向威
封面设计：文 静
责任校对：韩天竹
责任印制：沈 露

出版发行：清华大学出版社
    网   址：https://www.tup.com.cn, https://www.wqxuetang.com
    地   址：北京清华大学学研大厦A座   邮   编：100084
    社 总 机：010-83470000   邮   购：010-62786544
    投稿与读者服务：010-62776969，c-service@tup.tsinghua.edu.cn
    质 量 反 馈：010-62772015，zhiliang@tup.tsinghua.edu.cn
    课 件 下 载：https://www.tup.com.cn, 010-83470236
印 装 者：三河市龙大印装有限公司
经 销：全国新华书店
开 本：185mm×260mm   印 张：18   字 数：338 千字
版 次：2017 年 10 月第 1 版 2023 年 6 月第 2 版 印 次：2025 年 9 月第 4 次印刷
印 数：4501 ～6000
定 价：59.00 元

产品编号：098333-01

第 2 版前言

改革开放以来，中国经济实现腾飞，中国已成为世界最大的经济体之一。"经济越发展，会计越重要"。会计是国际通用的商业语言，经济与会计的关系越来越密切，在经济社会发展驶入快速通道之时，企业管理者对会计的掌握和了解也成为其商业制胜的法宝。掌握会计方法和技能已成为人们职业规划中的一门必修课。这不仅因为会计行业是整个社会经济的计量基础，更源于会计学科在管理、贸易、金融等领域中的重要基础地位。

会计和管理人才的培养要适应经济社会的发展变化和需要，一本高质量的教材对于培养会计及管理领域的优秀人才的重要性是显而易见的。《会计学基础》自出版以来受到了广大使用者的广泛肯定和好评，因此我们根据最新会计准则和最新的税法税率对本书第 1 版进行了改版。本书第 2 版阐述了会计的基本理论、基本方法和基本技能，是会计专业知识的入门教材，作为会计学的敲门砖，为后续的深入学习打下必要的专业基础。其他经济管理专业对会计知识的了解和入门也依赖于对会计学基础的学习。

随着经济的发展和环境的变化，我国会计改革在不断深化的过程中取得了一系列实质性的成果。特别是《中华人民共和国会计法》的多次修订，2014 年修订的《企业会计准则》和《企业会计制度》的颁布实施，以及现在"营改增"税务改革的全面实施，使市场经济下的会计行为得到了进一步的规范，理论认识和会计处理方法上都有了一定的突破性发展，已向市场经济下成熟的会计模式迈出了决定性的一步。为了适应环境的变化、紧跟时代步伐，会计学基础的教材及相关学习资料都需要及时更新。对于初学者而言，因为会计学科的系统性、会计方法的逻辑性、会计业务的专业性都很强，普遍存在基础知识非常重要但又不易学懂的特点。所以，在结合会计学新理论的发展和教学实践需求的前提下，中南林业科技大学涉外学院财务管理与会计系组织教学一线具有丰富教学经验的中青年骨干教师编写了本书。

在编写本书的过程中吸收和借鉴了大量会计学文献及最新的研究成果，使本书内容新颖、方法实用、深入浅出、通俗易懂、操作性强。为了提高学生的思考和动手能力，增强实际操作技能，本书在每章正文后都附有大量的思考题、选择题、判断题及业务题，以帮助学生掌握和巩固所学的理论知识。本书既适合高等院校财经类专业学生选作基础课教材，又适合作为非财经类专业学生的入门教材，同时也能够满足相关从业人员在岗培训及自学的需求。

本书由蒋敏周担任主编，汪丹担任副主编，编写工作具体分工如下：叶正桂编写第1、2章，蒋敏周编写第3、4章，王敏编写第5、6章，唐永超编写第8、9章，汪丹编写第10、11章，叶羽琼编写第7、12章。全书由蒋敏周和汪丹共同审阅并修改定稿。

由于编者水平有限，错漏之处在所难免，恳请专家、同行和读者不吝赐教，编者不胜感谢。

本书在编写过程中得到了中南林业科技大学涉外学院有关领导的关心与支持，特别得到了教务处领导和经管系同仁的全力支持，在此向他们表示诚挚的谢意！

编　者

2023 年 1 月

第 1 版前言

改革开放以来，中国经济发展取得了长足的进步，中国已成为世界最大的经济体之一。"经济越发展，会计越重要"。会计是国际通用的商业语言，经济与会计的关系越来越密切，在经济社会发展驶入快速通道之时，会计已是人们趋之若鹜的热门行业，而企业管理者对会计的掌握和了解也成为其商场制胜的法宝。掌握会计方法和技能已成为人们职业规划中的一门必修课。这不仅因为会计行业是整个社会经济的计量基础，更源于会计学科在管理、贸易、金融等领域中的重要基础地位。

会计和管理人才的培养要适应经济社会的发展变化和需要，一本高质量的教材对于培养会计及管理领域的优秀人才的重要性是显而易见的。《会计学基础》阐述了会计的基本理论、基本方法和基本技能，是会计专业知识的入门教材，作为会计学的敲门砖，为其后续的深入学习打下必要的专业基础。其他经济管理专业对会计知识的了解和入门也依赖于对《会计学基础》的学习。随着经济的发展和环境的变化，我国会计改革在不断深化的过程中取得了一系列实质性成果。特别是《中华人民共和国会计法》的多次修改，2014年修改的《企业会计准则》和《企业会计制度》的颁布实施，以及现在营改增税务改革的全面实施，使市场经济下的会计行为得到了进一步的规范，理论认识和会计处理方法上都有了一定的突破性发展，已向市场经济下成熟的会计模式迈出了决定性的一步。为了适应环境的变化、紧跟时代步伐，会计学基础的教材及相关学习资料都需要及时更新。对于初学者而言，因为会计学科的体系性、会计方法的逻辑性、会计业务的专业性都很强，普遍存在基础知识非常重要但又较难学懂的特点，所以，在结合会计学新理论的发展和教学实践需求的前提下，中南林业科技大学涉外学院经管系组织教学一线具有丰富教学经验的中青年骨干教师编写了本书。

本书在编写过程中，吸收和借鉴了大量会计学文献及最新的研究成果，内容新颖、方法实用、深入浅出、通俗易懂、操作性强。为了提高学生的思考和动手能力，增强实际操作技能，本书在每章正文后都编写了大量的思考题和单选、多选、判断题及业务题，以帮助学生掌握和巩固其所学理论知识。本书既适合高等院校财经类专业学生作为专业基础教材，又适合作为非财经类专业学生的入门教材，同时也能够满足相关专业人员在岗培训及自学的需求。

本书由蒋敏周和叶正桂担任主编，徐畅和汪丹担任副主编，编写工作具体分工如下：叶正桂编写第1、2章，蒋敏周编写第3、4章，王敏编写第5、6章，徐畅编写第8、9章，汪丹编写第10、11章，叶羽琼编写第7、12章。全书由主编蒋敏周、叶正桂共同审阅、修改定稿。

由于编者水平有限，错漏之处在所难免，恳请专家、同行和读者予以赐教，编者不胜感谢。

本书在编写过程中得到了中南林业科技大学涉外学院有关领导的关心与支持，特别得到了教务处领导和经管系同仁的全力支持，在此向他们表示诚挚的谢意！

编　者
2017 年 3 月

目 录

CONTENTS

第 1 章

绪　　论

本章学习目标

★ 了解会计的产生与发展

★ 掌握会计的含义与特征

★ 熟悉会计的基本职能

★ 熟悉企业的资金运动过程

1.1　会计的产生与发展

会计是在社会生产实践中随着人们对经济活动管理的客观需求而产生和发展的。它起源于社会生产实践，是生产发展到一定阶段的产物，并随着社会经济的发展而发展。

1.1.1　会计的产生

会计是人类社会生产经营活动发展的产物。人类要生存和发展，首先就要解决衣、食、住、行的问题，这就需要进行物质资料的生产。生产活动一方面创造物质财富，取得一定的劳动成果；另一方面会产生劳动耗费，包括人力、物力和财力的耗费。在一切社会形态中，人们进行生产活动，总是力求以尽可能少的劳动耗费取得尽可能多的劳动成果，做到所得大于所费，不断提高经济效益，以满足人们生活和生产的需求。为了达到这一目标，就必须对劳动过程进行组织和规划，同时也要对劳动耗费和劳动成果进行观察、计量、记录和计算，并将计算的结果与过去的结果或他人的结果进行比较和分析，以满足经营管理的需求，于是就产生了会计。

会计最初表现为人类对经济活动的简单记录和计量行为，例如我国古代的结绳记事、刻木记数就是会计产生的萌芽。这些简单的记录和计量行为，主要就是计算劳动成果，为分配劳动成果服务。随着社会经济的不断发展和劳动生产力的不断提高，剩余产品大量出现，生产过程中需要计量和记录的内容逐渐增多。这时，会计只作为附带职能已不能反映生产过程中得失的全貌，于是，会计就从生产职能中分离出来，成为由专职人员担任并具有独立职能的管理工作。

会计具体在何时何地诞生，至今难以准确地考证。但会计具有悠久的历史，则是确定无疑的。根据有关史料的记载，世界上一些文明古国如古巴比伦、古埃及等都有类似会计的记录，或者关于会计活动的记载。在古巴比伦的废墟中，曾发现了类似商业合同的记录，在古希腊和古罗马也有农庄庄园和不动产的账目。我国是四大文明古国之一，会计活动也有着同样悠久的历史，曾为世界会计的发展作出卓越的贡献。

1.1.2 会计的发展

实践证明，经济越发展，会计越重要；生产越现代化，规模越扩大，越是需要利用会计信息。随着商品经济的兴起，会计也在不断发展和完善。同时，随着会计的发展，反过来又能更好地服务于经济，推动经济的进一步发展。会计本身也经历了由简单到复杂，由低级到高级，由不完善到完善这样一个漫长的岁月。这个漫长的岁月主要可分为三个发展阶段。

1. 古代会计（15 世纪以前）

古代会计是指从会计产生到复式簿记出现以前这一阶段。在这一阶段，会计经历了从生产职能的附带部分到与生产职能相分离的发展，直至形成较为完备的单式簿记。

当产生原始的会计行为或会计萌芽时，生产力水平还很低，生产过程也很简单，这时，人们不需要也不可能占用较多的生产时间去对生产过程进行计算和记录，此时的会计行为，只能是生产职能的附带部分。随着生产力的不断发展，生产过程也日趋复杂，生产开始了社会化。这时，上述会计行为已不能满足人们管理社会化生产的需要了，于是会计就从生产职能中逐渐分离出来，成为一项单独的管理职能，由脱离生产的专职人员来担任。但是由于商品经济还不发达，货币关系也还未全面展开，会计的发展受到了制约。尽管会计已经具备了单独的管理职能，但那时的会计仍然很不成熟，其核算的范围也很广泛，是一种"大会计"，包括了统计与业务核算。

中国是四大文明古国之一，会计活动也同样有着悠久的历史，为世界会计的发展曾作出过卓越的贡献。我国最早在西周时期就有了"会计"一词。会计一词的意义是逐渐固定和充实的。"会"和"计"均含计量之意，并且都有汇总计算的意思，可以通用。不过，清代焦循在《孟子之义》中解释"会"和"计"两个字时做了一定的区别："零星算之为计，总合算之为会"（即月计岁会）。这就是说，会计是指平时进行零星计算，期终办理决算，把日常的核算与定期的总括核算两层意思都包括在内，这种简单的字面解释表达了会计在核算方面的基本特征。

我国的隋朝中期，在生产力发展的同时，逐渐形成了一套记账和算账的古代会计结算法，即"四柱结算法"。这里的"四柱"即"旧管""新收""开除""实在"，其含义相当于近代会计中的"期初结存""本期收入""本期支出""期末结存"。"四柱"之间的结算关系可以构成会计等式：

$$旧管＋新收＝开除＋实在$$

据此编制的"四柱清册"属于官府办理钱粮报销或移交手续时的会计报表，它依据各柱相互衔接形成的平衡关系，既可以检查日常记账的正确性，又可以全面、系统、综合地反映经济活动的全貌。

到了明清时期，随着手工业、商业的发展和资本主义经济萌芽的产生，我国商人又设计出比"四柱结算法"更加完备的"龙门账"。"四柱结算法"只能用于不计算盈亏的政府（官厅）会计，而"龙门账"则能满足商业上核算盈亏的需求。该方法将全部会计事项划分为"进""缴""存""该"四项。其中，"进"相当于全部收入，"缴"相当于全部支出，"存"相当于全部资产，"该"相当于全部资本与负债。这四项的关系式是：

$$进－缴＝存－该$$

每次年终结账时，按照上列等式，从两个方面计算其盈亏，并使其相符（称为"合龙门"），即

$$\left.\begin{array}{l}进－缴＝盈亏\\存－该＝盈亏\end{array}\right\}应当相符，即"合龙门"$$

从我国会计发展的历史可知，无论是作为生产附带职能的原始核算行为，还是以货币作为主要量度的古代会计，我们都曾经在世界上处于领先地位。但由于长达几千年的封建社会自然经济的羁绊，阻碍了生产力的发展，也导致了会计（特别是民间会计）发展的滞后，并逐渐落后于西方资本主义会计。直到资本主义输入中国，在西方会计的影响下，古老的中式会计才在西式会计的结合中完成了向复式记账的过渡，从而进入了近代会计阶段。

2. 近代会计（15—20 世纪）

近代会计是从复式记账的运用开始的。近代会计同古代会计相比有两个主要特征：一是商品货币经济在一些国家发展的结果使会计有可能用货币作为统一的计量尺度，从而限制和确定了会计反映和监督的内容，而且对会计方法的

科学发展奠定了基础；二是复式记账方法的采用，形成了一套严密而科学的账户体系，从此，复式簿记构成了近代会计的基础。

有不少会计学者和专家认为，近代会计的形成，是以下面两个重要事件作为标志的。

第一，复式记账法的产生，是近代会计的开端。根据有关史料记载，从12世纪到15世纪，地中海沿岸一些城市如佛罗伦萨、热那亚、威尼斯等，商业和手工业以及银钱兑换业发展很快，呈现出资本主义生产的萌芽状态。商品经济的发展迫切需要从簿记中获取有关经济往来和经营成果的重要信息。在这个历史时期，簿记方法终于有了突破，科学的复式记账法在意大利产生了。1494年，意大利著名的数学家 Luca Pacioli 出版了《算术、几何及比例概要》一书，该书全面系统地介绍了威尼斯的复式记账法，并从理论上加以阐述，为复式账簿在全世界的广泛应用与推广奠定了基础，是会计发展史上的一个里程碑。著名的德国诗人歌德曾这样赞美复式簿记："它是人类智慧的绝妙创造，以致每一个精明的商人都必须在自己的经营事业中利用它。"甚至有人说："如果没有复式记账，资本主义恐怕是建立不起来的。"这种说法准确与否姑且不谈，但商品货币经济的发展孕育并推动了记账方法的革命，反过来，记账方法又服务于商品经济并促进其发展，则是人们所共知的。

第二，会计师协会的成立。商品货币经济的日趋发达，特别是18世纪末和19世纪初的产业革命，给当时的资本主义国家，特别是英国带来了生产力的巨大发展，从而引起了企业组织形式的重大变革。股份有限公司的出现，使资本的所有权和经营权相分离。企业的股东以及与企业有利害关系的集团和个人，要求企业定期提供有关企业的财务状况和经营成果的财务报告，并且要求对企业提出的财务报告进行审查。同时，企业管理层也要从不同的角度关心企业的财务状况和经营成果。因此，股份有限公司这种组织形式对会计提出了比以往更高的要求。由于查账工作日趋重要，以查账为职业的会计师得到了社会的广泛承认和重视。1854年，苏格兰成立了世界上第一个会计师协会——爱丁堡会计师协会。从此会计发生了巨大变化，主要表现在以下两个方面：

（1）会计的服务对象扩大了。会计过去只服务于单个企业，现在通过职业会计师的活动发展为所有行业服务，从而使会计成为一种社会活动。

（2）会计的内容和职能也有所发展。会计包括记账、算账、报账等内容，还要发挥监督职能，从而使会计的重要作用进一步为人们所认识。

从1860年英国产业革命完成以后到第二次世界大战前这段时间，会计在理论、方法和技术诸方面有了较快的发展。成本会计的出现是这段时期会计发展的主要标志。人类进入20世纪以后，西方资本主义国家形成了以美国为会计发展中心的格局，许多重要的至今仍产生广泛影响的会计理论和方法均产生和发展于美国。总之，近代会计进入了成熟期。20 世纪初期，借贷记账法从日本传入我国，主要用于官僚买办企业和大型民族工商业，大量的中小企业仍采用传统的中式簿记。新中国成立以后，我国引进了苏联计划经济模式下的会计核算体系，除广大农村外，以复式记账为基础的现代会计在我国得到迅速而全面的推广和运用，但与西方经济发达国家的会计理论和方法还存在一定差异。

3. 现代会计（20 世纪以后）

20 世纪 50 年代以后，现代会计获得了新发展。1911 年，被誉为"科学管理之父"的泰勒发表了著名的管理专著——《科学管理原理》，掀起了"管理革命"运动，从而使传统的会计逐渐形成了相对独立的两大分支——财务会计与管理会计，这是现代会计的重要标志。大约从 20 世纪 50 年代开始至今，随着电子计算机在会计数据处理中的应用，以及电子技术与通信技术的结合，企业实现了管理信息系统的综合化和系统化，建立起以计算机为特征的全面管理系统。

新中国成立后，我国会计工作走过了一条不平凡的发展道路。1949 年，我国引入了苏联高度集中的计划经济模式——统一会计制度。从 1950 年开始，陆续制定了门类齐全，相互独立的分行业分所有制的会计制度。1985 年 1 月 21 日，第六届全国人大常委会第九次会议通过了《中华人民共和国会计法》（以下简称《会计法》）。《会计法》的颁布和实施，标志着我国会计法制化、规范化进入了一个新时期，对于加强会计工作起到了重要作用。1993 年 12 月 29 日，第八届全国人大常委会第五次会议对《会计法》进行了部分修改和完善。

1992—1993 年，财政部先后颁布了《企业会计准则》以及分行业的财务会计制度等，建立了资产、负债、所有者权益、收入、费用、利润六大会计要素，统一了记账方法（借贷记账法），采用了国际通用的会计报表体系等等。这是我国会计理论和会计实务发展的一个重要里程碑。它标志着我国会计核算模式从计划经济体制下的会计模式向市场经济制度下的会计模式转变，标志着我国会计走上了与国际惯例接轨的道路，为我国引进外资、企业走出国门奠定了财务会计基础。随着我国加入 WTO 与全球经济一体化，我国于 1999 年颁布了修订后的《会计法》（见附录），加强了会计的法制建设。2000 年后，对企业会计制度又进行了进一步的规范，形成了《企业会计制度》《金融企业会计制度》《小企业会计制度》三大类别。并对企业会计准则进行了全面修订与完善，2007 年 1 月 1 日开始实施的《企业会计准则——基本准则》和 38 项具体会计准则，形成了适应市场经济发展需求，具有我国特色的会计核算新体系，促进了我国会计准则的国际趋同，这是我国现代会计史上的一次重大变革。这次变革极大地促进了我国会计事业的迅速发展，会计理论研究与会计教育形式空前高涨，中国会计进入了一个前所未有的崭新发展时期。正如杨纪琬教授在《历史在这里拐弯》一文中满怀激情地指出："伴随着社会主义市场经济的建立，我国会计告别了昨日的辉煌与羁绊，迈入了崭新的时期。从此，在我国，会计不再受冷落，不再受束缚，不再彷徨。骤然间，人们终于醒过来，市场经济条件下，会计竟有如此非凡的力量。潇潇洒洒的会计改革，一时间纷纷扬扬，飘闪着耀眼的光芒。"2014年财政部正式修订了五项会计准则，新增了三项企业会计准则，发布了一项准则解释，并修改了《企业会计准则——基本准则》中关于公允价值计量的表述，使得我国会计准则体系和内容日趋完善。

综上所述，会计的产生与发展是社会经济环境和市场经济对会计影响的结果。经济越发展，对会计信息与经济管理的要求也就越高。会计的发展经历了一个由简单到复杂、由低级到高级、由不完善到完善的漫长过程。会计从最初简单记载钱粮收支，发展到对经济活动全过程的反映和监督；从单式记账与传统的手工记账，发展到复式记账与运用电子计算机处理数据；从以记录和计算为特征的传统会计，发展到以提供财务信息与决策控制为特征的财务会计与管理会计。这些发展，充分反映了社会经济的发展与科学技术的进步，推动了会计理论与实践的发展。

1.2　会计的概念、职能与目标

1.2.1　会计的概念

对会计的概念应从会计的本质与内涵两个方面进行探讨，不少会计学者从不同的角度提出了自己不同的见解，对于会计本质的理论探讨主要集中在以下四个方面。

1. 信息论

这种观点是把会计理解为一个经济信息系统，认为会计工作首先从记录企业或其他经济实体的各项经济活动的经济信息开始，然后按照具有内在联系的程序、方法和技术对各种经济数据和信息进行处理，最后提供给广大信息需求者。

会计信息系统论的这种观点最早起源于美国会计学家 A.C 利特尔顿，我国的葛家澍、余绪缨等教授均认同此观点。

2. 工具论

有学者认为会计与数学一样，是一种技术手段，是经济管理的一种工具，即"会计是一种计量技术""是一种使经营管理责任有所着落的手段"。

3. 艺术论

有些国外会计学家认为，会计是科学和技巧的结合，是一种科学的艺术。1941年，美国会计师协会所属会计名词委员会对会计的定义是："会计是一种艺术，是关于诚实有效和以货币形式记录、分类、汇总具有财务性质的经济业务和会计事项，以及说明其经营成果的艺术。"

4. 管理活动论

我国最早提出会计管理活动论观点的是杨纪琬、阎达五教授。在1980年中国会计学会成立大会上，他们在所作的题为《开展我国会计理论研究的几点意义——兼论会计学的科学属性》的报告中指出，"无论从理论上还是从实践上看，会计不仅是管理经济的工具，而且它本身就具有管理的职能。"两位教授对会计本质进行了深入探讨，并逐渐形成了较为系统的会计管理活动理论体系，在我国会计理论界产生了深远的影响。著名会计学家娄尔行教授也认为："会计是经济管理的重要组成部分。它是通过收集、处理和利用经济信息，促使人们权衡利弊、比较得失，讲求经济效果的一种管理活动。"

如果全面理解会计的核算与监督职能，把会计的理论与实践紧密结合起来，把会计看作会计工作体系的话，会计的管理活动论更符合当今在市场经济条件下会计改革的思路和研究探讨的方向。

会计发展到现在，其概念可以表述为：会计是以货币为主要计量单位，以会计凭证为依据，运用一系列专门的程序和方法，对特定会计主体的经济活动进行连续、系统、全面、综合的核算和监督，并在此基础上对经济活动进行分析、预测和控制，旨在提高经济效益的一种管理活动。

1.2.2　会计的特征

会计作为一门独立的学科，有其固有的特点，从上述会计的概念也可以看出，会计具有以下四个特征。

1. 会计以货币作为主要计量单位

会计为了从数量上来核算和监督各企业、事业和机关等单位的经济活动过程，需要运用实物计量（千克、台、件等）、劳动计量（劳动日、工时等）和货币计量（元、角、分等）三种计量单位，但应以货币计量为主。劳动计量和实物计量分别核算和监督不同的实物量和劳动时间，有助于考核财产物资和劳动时间的利用情况。但是，在商品经济条件下，由于劳动计量和实物计量只能表示个别的数据而不能进行综合的比较，因而不能满足会计对经济活动进行全面、综合的核算和监督要求，所以必须运用货币计量。因为货币是商品交换的一般等价物，具有价值尺度的功能，也只有借助于统一的货币计量，才能取得经济管理上所必需的连续、系统而综合的会计资料。因此，在会计上，对于各种经济事项即使已按实物计量或劳动量进行核算和记录，也只能起到辅助计量的作用，最终仍需要按货币量度综合加以核对。

2. 会计以合法的原始凭证作为核算依据

会计的任何记录和计量都必须以合法的原始凭证作为依据，这样才会使会计信息具有真实性和可验证性。每个会计主体的经济业务都要记录在原始凭证上，原始凭证是在每个单位经济业务发生或完成时取得或填制的，具有法律效力的凭据。《会计基础工作规范》中第四十七条规定："各单位办理本规范第三十七条规定的事项，必须取得或者填制原始凭证，并及时送交会计机构。"第五十条规定："会计机构，会计人员要根据审核无误的原始凭证编制记账凭证。"并据以登记账簿进行会计加工处理。这一特性也是其他经济管理活动所不具备的，从这一点讲，也就是说，只有合法、真实和有效的原始凭证才能作为会计核算的依据。

3. 会计具有连续性、系统性、综合性和全面性的特点

会计在利用货币计算和监督经济活动时，首先必须按照经济业务发生的时间先后顺序连续地、不间断地对每一笔经济业务无一遗漏地进行登记，不能任意取舍，做到全面完整。然后应对记录下来的信息资料按照国家的方针、政策、制度或会计惯例和管理要求，定期进行归类管理，以揭示经济业务所固有的内在联系。其次，通过价值量进行综合、汇总，以完整地反映经济活动的过程和结果。最后，会计信息可以在账簿和报表中得到综合反映，以满足投资人、债权人、管理当局以及企业经营管理所需的各种资料。所以说，会计所提供的数据资料及其反映的管理活动具有连续性、系统性、综合性和全面性的特点。

4. 会计具有一整套科学实用的专门方法

会计核算有别于统计核算和业务核算的特点之一，就是会计在长期发展过程中形成了一整套科学实用的专门核算方法，如设置会计科目和账户、复式记账、填制和审核凭证、登记账簿、成本计算、财产清查、编制财务报告等。这些专业的核算方法相互联系、相互配合，构成了一个完整的核算和监督经济活动过程及其结果的方法体系，为经济管理提供必要的会计信息，实现会计管理的目标。

1.2.3 会计的基本职能

会计的职能是指会计在经济管理中所具有的功能，通俗地讲就是人们在经济管理中发挥的作用。《会计法》第五条规定："会计机构、会计人员依照本

法规定进行会计核算，实行会计监督。"这就从法律上明确了会计的基本职能是会计核算和会计监督。

1. 会计的核算职能

会计的核算职能也称会计的反映职能，它是以货币作为主要计量单位，对会计主体的经济活动的过程和结果进行连续、系统、全面、综合的记录、计算、加工、整理、汇总、编报并输出会计信息的一系列功能。会计核算职能贯穿于会计工作的全过程，从核算的内容来讲，它主要包括记账、算账、报账和用账四个环节。从核算的时间来看，它包括事前核算（编制财务计划）、事中核算（为会计控制提供依据）和事后核算（为分析、预测、决策提供依据）。

会计核算的内容，根据我国《会计法》第十条的规定，主要包括：

（1）款项和有价证券的收付；

（2）财物的收发、增减和使用；

（3）债权债务的发生和结算；

（4）资本、基金的增减；

（5）收入、支出、费用和成本的计算；

（6）财务成果的计算和处理；

（7）需要办理会计手续、进行会计核算的其他事项。

2. 会计的监督职能

会计的监督职能是指以国家的财政法规为准绳，以会计核算的信息资料为主要依据，对会计主体即将或已经进行的经济活动的合理性、合法性和有效性进行评价，规范会计行为，并据以施加限制和影响的全过程。会计监督包括事前、事中和事后的监督，其核心就是要干预各会计主体的经济活动，使之遵守国家的法令和法规，保证财经制度和财经纪律的贯彻执行，同时还要从本单位的经济利益出发，对每一项经济活动的合理性、合法性和有效性进行控制、分析和检查，以达到提高经济效益的目的。

根据《会计法》的规定，企业会计监督的内容可以归纳为以下三个方面：

（1）通过会计人员的业务工作把好关口，严格审核原始凭证，从中发现是否有贪污、舞弊、挪用等违法违纪行为，从而确保经济业务的真实性；

（2）通过财产物资管理从中发现账实是否相符，在账务处理上有无弄虚作假的现象，从而保证公共财产的完整性；

（3）会计机构、会计人员通过本单位的财务收支进行会计监督，确保财务收支的合法性。

3. 会计核算与会计监督职能的关系

会计核算与会计监督是会计的两项基本职能，二者相互依存、互相渗透、相辅相成、辩证统一。会计核算是会计监督的基础，没有会计核算所提供的各种信息，会计监督就失去了依据；会计监督又是会计核算的质量保证。如果只有会计核算没有会计监督，就难以保证会计核算所提供资料的真实性和可靠性。只有把二者结合起来，才能充分发挥会计在经济管理中的作用。

随着生产力水平的不断提高，社会经济关系也日益复杂，会计所发挥的作用日益重要，"经济越发展，会计越重要"，其职能也在不断丰富和发展。除了上述基本职能外，会计还具有预测经济前景，参与经济决策，控制经济过程，评价经营业绩等派生职能。

1.2.4　会计的目标

目标即为进行某项活动所要达到的目的，会计目标是指会计在进行核算和监督过程中所要达到的目的，是由会计本质决定的会计工作核心问题。因为会计是整个经济管理的重要组成部分，所以会计的目标从属于经济管理的总目标。在社会主义市场经济条件下，经济管理的总目标是提高经济效益，作为经济管理重要组成部分的会计管理工作，也必然要以提高经济效益作为最终目标。

由于现代会计伴随客观经济环境和社会环境的变化已经出现了内、外向服务性质的分工，顺应这种变化，会计的具体目标也应该有一定的针对性。财务会计的具体目标就是主要向企业外部利害关系人提供决策有用的会计信息。这里的利害关系人首先是指企业外部的投资人（包括潜在的投资人）和债权人，以及其他与企业有经济利益关系的团体和个人；其次是代表国家进行宏观管理的机构；最后是企业内部管理当局和企业职工。据此，我国会计的具体目标可以概括为三个方面：

（1）为企业外部的各利害关系人提供决策有用的会计信息；

（2）为国家宏观经济管理提供决策有用的会计信息；

（3）为企业管理当局和企业职工决策提供有用的会计信息。

1.3　会计的对象

会计对象是指会计所要核算监督的内容，即会计的客体。任何企业、行政和事业单位都要进行会计管理，但是各单位的会计对象之间既具有共同点，又有不同点，即有它们各自的特点。关于会计对象问题，应该从两个方面来理解：一是从各个会计主体的会计对象所具有的共同点来说明会计的一般对象；二是从各个会计主体的会计对象之间的不同点来了解各个会计主体的具体对象，以便有针对性地组织会计核算和会计监督。

1.3.1 会计的一般对象

一般而言，会计的对象是经济活动，而且是能够用货币表现的经济活动。在社会再生产过程中有些经济活动是不能用价值形式来表现的，如经济合同等，因而会计并不能核算和监督社会再生产过程中的全部经济活动，只能核算和监督社会再生产过程中能够用货币表示的那些经济活动。这里所指的社会再生产过程包括生产、分配、交换、消费等环节，它由企业、行政、事业等单位共同进行，这些单位工作性质和任务虽各不相同，但它们的活动都不同程度地与社会再生产过程有关，而且本身就是社会再生产过程的组成部分。会计核算和监督的具体工作，主要就是由千千万万个企业、行政和事业等单位内部活动引起的。很显然，会计的对象，也应该就是这些单位自身的经济活动。企业、行政和事业等单位在社会再生产过程中能够用货币表现的经济活动，就是会计所要核算和监督的内容，即会计的一般对象。

由于企业、行政和事业等单位在社会再生产过程中所处的地位不同，担负的任务不同，其经济活动的具体内容和方式也不同，因而，会计核算和监督的内容、会计对象的具体表现形式也各有其特点。概括起来会计对象又可以分为两类：企业单位的会计对象和行政事业单位的会计对象。

1.3.2 企业单位的会计对象

企业是组织生产经营活动的基本单位，它是按经济核算的原则独立进行生产经营活动的经济实体，其中工业企业、商品流通企业和行政事业单位的会计对象具有代表性。

1. 工业企业的会计对象

任何一个企业单位，要想从事经营活动，就必须有一定的物质基础。就工业企业而言，若要生产制造产品，就必须拥有厂房、建筑物、机器设备、材料物资等，将这些劳动资料、劳动对象和劳动者相结合后才能生产出劳动产品。它们伴随着生产经营劳动的进行不停地流转，这种流转通常可以表现为资金进入企业、资金周转和资金退出三种形式。

（1）资金进入企业（资金的筹集）。资金进入企业是指企业通过吸收投资（包括国家、法人、外商和自然人投资）、银行借款、发行股票、发行债券等筹资而引起的资金增加。这些从不同渠道取得的资金，从来源的角度分析由负债和所有者权益两部分组成，从运用的角度观察又体现为企业具体的经济资源，诸如各项流动资产、固定资产、无形资产等。

（2）资金的循环与周转。工业企业的主要生产经营过程一般可分为供应过程、生产过程和销售过程三个阶段。供应过程是生产的准备过程，在这一过程中，企业用现金或银行存款等货币资金购买各种材料物资，并支付采购费用，随着采购业务的完成，企业还要计算材料物资的采购成本；生产过程既是产品的制造过程，也是各种财产物资的耗费过程。在这一过程中，劳动者运用劳动资料加工劳动对象，从而生产出一定数量和一定质量标准的合格产品，但同时也发生材料消耗、工薪支付、固定资产的耗费、水电动力费等支付业务。当产品生产完工后，还要计算完工产品的制造成本；销售过程是产品价值的实现过程，在这一过程中，企业通过市场将产品销售出去，满足人民日益增长的生活需求和国家建设的需要，同时取得销售收入，收回货币。从销售收入中扣除已销产品的成本，补偿企业耗费后形成企业的利润（或亏损）。我们把企业中的资金从货币资金开始，依次经过储备资金、生产资金、成品资金、最后又回到货币资金的这一运动过程称为资金循环，资金周而复始地循环称为资金周转。工业企业的资金始终要不断循环周转。

（3）资金退出企业。由于种种原因，企业的一部分资金将不再参加循环周转，这时要按照国家有关规定使资金退出企业。如按法定程序返回投资者的投资、偿还各种债务、缴纳各种税费、向投资者分派利润或股利等。

工业企业的资金运动表面上看是人、钱、物的关系，实际上体现了国家与企业、企业与企业、企业与各利益关系人等各方面的经济关系。其资金运动状态如图1-1所示。

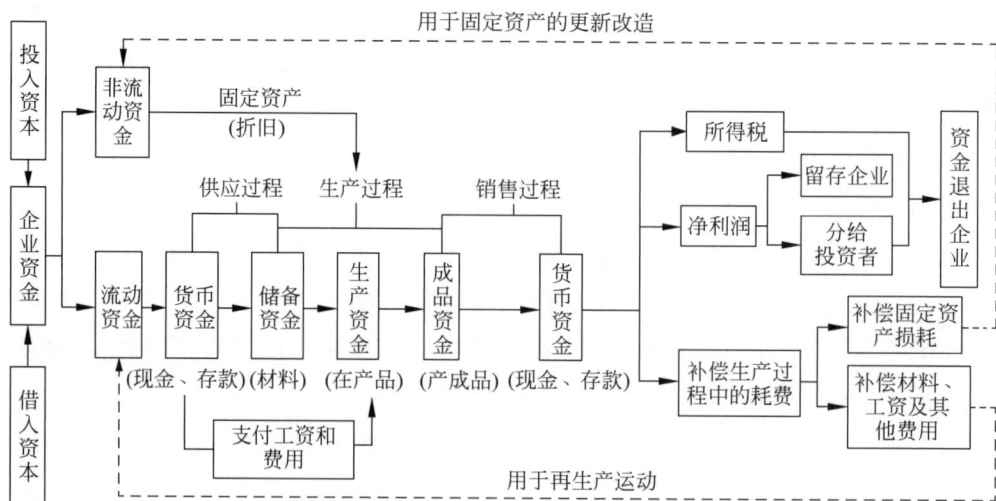

图1-1 工业企业资金运动图

综上所述，工业企业的这些经济业务，及其引起的资金循环与周转，都是会计所需核算和监督的内容。所以工业企业会计的具体对象是指工业企业在生产经营过程中所发生的，能够用货币表现的资金运动。

2. 商品流通企业的会计对象

商品流通企业在社会再生产过程中承担和执行的主要任务是从事商品流通活动，将制造企业生产的各种产品及时地由生产领域进入消费领域，从而满足社会发展和人民生活等各方面的物质需求，同时也为投资者提供利润，为企业自身发展积累资金。

商品流通企业的经济活动主要包括商品购进过程和商品销售过程两个阶段。在商品购进过程中，企业需要以一定的价格（即进价）向供应商购买适销对路的商品，并支付商品的运输、装卸等费用，还要与供货单位等发生货币结算业务。在商品验收入库等待销售期间还要支付商品保管、存储等费用；在商品销售过程中，商品流通企业通常要以高于进价一定比例的价格（即售价）向单位和个体消费者卖出商品并收回销货款。在这一过程中企业为了推销商品还要支付运输、包装、广告宣传以及保险等销售费用。商品销售取得的营业收入，在补偿全部劳动耗费和进价后，剩余部分构成企业的盈利。企业盈利按规定上缴税金，提取公积金和公益金，并在投资者之间进行分配。商品流通企业中财产物资的增减变化，购、存、销过程中发生的各项费用以及经营业务收入，财务成果的计算与分配都是商品流通企业会计核算和监督的内容，即商品流通企业会计的对象。其具体内容包括资金的取得和退出、资金的循环与周转、资金的耗费与收回等方面，如图 1-2 所示。

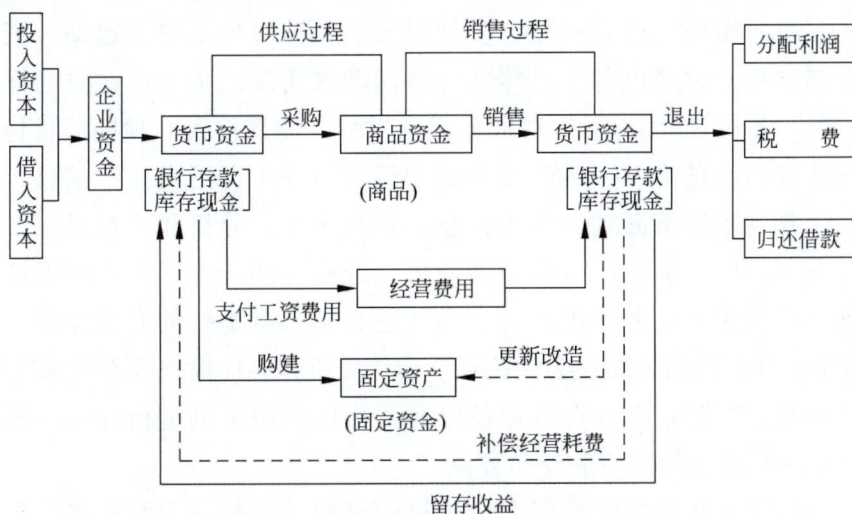

图 1-2　商品流通企业资金运动图

3. 行政事业单位的会计对象

行政事业单位也是社会再生产过程的基本单位，包括国家行政机关、司法机关、教育文化、医疗卫生等单位。行政事业单位为了完成国家赋予的各项任务，同样需要具有一定数量的资金。其资金的来源既有国家行政拨款投入，也有自身创收的收入。国家拨入的称为预算收入，单位自筹的称为预算外收入。同样，支出也可以分为预算内支出和预算外支出。预算拨款和预算支出构成行政事业单位预算资金运动，就是行政事业单位的会计对象。

除上述制造企业、商品流通企业和行政事业单位的经济活动以外，交通运输、金融保险、旅游餐饮、房地产开发等企业也有自身的经济活动，但这些经济活动往往具有一定的特殊性。如交通运输企业的经济活动主要是向社会提供运输劳务，以供货物或乘客通过运输工具按既定的时间发生从起运地到目的地的位移，从而实现营运利润。基于基础会计应主要阐述会计学的基本理论、基本知识和基本方法的考虑，本节对这些企业的经济活动基本上不予介绍。

1.4 会计的方法

1.4.1 会计方法的内容

会计方法是用来反映和监督会计对象，完成会计任务的手段。科学的会计方法有助于更好地完成会计任务，实现会计目标。会计方法是会计长期实践经验的总结，并随着社会实践的发展、科学技术的进步及管理水平的提高而不断发展和完善。

会计方法的作用是核算和监督会计对象。会计对象是资金运动，资金运动是一个动态过程，它是由各个具体的经济活动来实现的（会计对象的详细内容已在1.3节介绍），会计为了反映资金运动过程，使其按人们预期的目标运行，必须首先具备提供已经发生或已经完成的经济活动（即历史会计信息）的方法体系。会计要利用经济活动的历史信息，预测未来、分析和检查过去。长期以来，人们把评价历史信息的方法归结为会计分析方法。为了检查和保证历史信息的质量，并对检查结果作出评价，会计还必须具备检查的方法体系。因此，会计对经济活动的管理是通过会计核算、会计分析和会计检查等方法来进行的。

会计核算的方法是会计对各单位已经发生的经济活动进行连续、系统、全面、综合反映和监督所采用的专门方法。

会计分析的方法主要是利用会计核算的资料，考核并说明各单位经济活动的效果，在分析过去的基础上，提出指导未来经济活动的计划、预算及其备选方案，并对它们的报告结果进行分析和评价。

会计检查的方法（亦称审计）主要是根据会计核算的资料，检查各单位的经济活动是否合理合法，会计核算资料是否真实准确，根据会计核算资料编制的未来时期的计划、预算是否可行、有效等。

上述各种会计方法是广义的会计方法，它们紧密联系、相互依存、相辅相成，形成了一个完整的会计方法体系。其中，会计核算方法是基础；会计分析方法是会计核算方法的继续和发展；会计检查方法是会计核算方法和会计分析方法的保证。

它们既相互联系，又相互独立。它们所应用的具体方法各不相同，并有各自的工作和研究对象，形成了较独立的学科。学习会计首先要从基础开始，即要从掌握会计的核算方法入手，而且，通常所说的会计方法一般是指狭义的会计方法，即会计核算的方法。在"基础会计"中主要是学习会计核算的方法，至于会计分析的方法、会计检查的方法及其他会计方法将在以后的专业课中陆续介绍。

1.4.2　会计核算的方法

会计核算方法是用来核算和监督会计对象的。由于会计对象具有多样性和复杂性，就决定了用来进行核算和监督的会计核算方法不能采用单一的方法形式，而应该采用方法体系的模式来进行。

因此，会计核算的方法具体由设置会计科目和账户、复式记账、填制和审核会计凭证、登记账簿、成本计算、财产清查和编制财务会计报告构成。

1. 设置会计科目和账户

设置会计科目和账户是对会计核算的具体内容进行分类核算和监督的一种专门方法。设置会计科目，则是根据会计对象的具体内容（会计六要素，即资产、负债、所有者权益、收入、费用和利润）和经营管理的要求事先规定分类核算的项目。按照会计科目开设的具有一定结构的记账实体称为账户。每个会计账户只能反映一定的经济内容，将会计对象的具体内容划分为若干项目，即设置若干个会计账户，就可以使所设置的账户既有分工又有联系地反映整个会计对象的内容，为经济管理提供所需的各种信息。

2. 复式记账

复式记账就是对每项经济业务，都要以相等的金额在相互联系的两个或两个以上有关账户中进行登记的一种专门方法。采用这种方法记账，使每项经济业务所涉及的两个或者两个以上的账户发生对应关系，且登记在对应账户上的金额相等。从而通过账户的对应关系及金额相等的平衡关系，可以了解每项经济业务的来龙去脉及其相互关系，可以检查其经济业务的记录是否正确。由此可见，复式记账是一种科学的记账方法。

3. 填制和审核会计凭证

会计凭证是记录经济业务，明确经济责任的书面证明，是登记账簿的重要依据。经济业务是否发生、执行和完成，关键看是否取得或填制了会计凭证。对于已经完成的经济业务，都要由经办人员或有关单位填制凭证，并签名盖章。所有会计凭证要经过会计部门和有关部门进行审核，只有经过审核或被认为正确无误的会计凭证，才能作为记账的依据。只有填制和审核会计凭证才能为经济管理提供真实可靠的会计信息。

4. 登记账簿

账簿是用来全面、连续、系统地记录各项经济业务的簿记，也是保存会计数据资料的重要工具。登记账簿就是将所有的经济业务按其发生的时间顺序，分门别类地记入有关账簿，并定期进行结账（结出本期发生额及余额）；还要定期核对账目，并做到账证相符、账账相符和账实相符。账簿所提供的各项资料是编制会计报表的主要依据。登记账簿能使大量分散的、零星的会计凭证进行归类，加工成完整、系统的数据资料，从而使会计信息更好地满足经营管理的需求。

5. 成本计算

成本计算是指对生产经营过程中发生的生产耗费，按照成本计算对象进行归集，借以计算各个对象的总成本和单位成本的一种专门方法。

生产过程同时也是物质资料的消耗过程，通过成本计算可以确定材料的采购成本、产品的生产成本和销售成本等。通过成本计算，可以核算和监督生产经营过程中所发生的各种耗费是否节约或超支，是否合理、合法，是否符合经济核算的原则，以便降低成本，提高盈利水平。

6. 财产清查

财产清查是通过对货币资金、实物资产和往来款项的盘点和核对，确定其实存数，以查明账实相符的一种专门会计核算方法。通过财产清查，可以提高会计记录的正确性，保证账实相符。同时，还可以查明各项财产物资的保管和使用情况以及各种结算款项的执行情况，以便对积压或损毁的物资和逾期未收到的款项及时采取措施进行清理，并且保护财产物资的安全、完整，从而挖掘财产物资的潜力，加速资金的周转。财产清查对于保证会计核算资料的正确性，监督财产的安全完整与合理使用都具有重要作用。因此，它是会计核算必不可少的方法。

7. 编制财务会计报告

财务会计报告，是根据日常会计核算资料定期编制的，总括反映企业在某一特定日期的财务状况和某一会计期间的经营成果、成本费用以及现金流量等情况的书面文件。编制财务会计报告是会计核算的一种专门方法，也是会计工作的一项重要内容。财务会计报告由会计报表、会计报表附注和财务情况说明书组成。通过财务会计报告可以使企业内部与外部的会计信息使用者从总体上集中而概括地了解企业的财务状况和经营成果，预测今后的发展趋势，并据以做出正确的决策。

上述七种会计核算的方法，虽然各有其特定的含义和作用，但它们之间并不是独立的，而是相互联系、相互依存、彼此制约，共同构成了一个完整的方法体系。当会计主体的经济业务发生后，首先要填制或取得并审核原始凭证，按照设置的会计科目与账户，运用复式记账法编制记账凭证；其次，要根据会计凭证登记会计账簿；第三，根据会计账簿资料和其他相关资料，对生产经营过程中发生的各项费用进行成本计算，并依据财产清查的方法对账簿记录加以核实；最后，在账实相符的基础上，根据会计账簿资料编制财务会计报告。

思考练习题

一、思考题

1. 为什么经济越发展，会计越重要？

2. 什么是会计？会计有哪些特点？

3. 会计职能是什么？它们之间的关系如何？

4. 会计核算的方法有哪些？为什么说它们构成了一个完整的方法体系？

5. 会计的一般对象是什么？工业企业会计的具体对象是什么？

二、单选题

1. 会计的基本职能是（　　　）。

　　A. 预算和核算　　　　　　　　B. 核算与监督

　　C. 核算与反映　　　　　　　　D. 核算与记录

2. 会计主要是利用（　　），综合反映各单位的经济活动情况。

　　A. 货币计量　　　　　　　　　B. 实物计量

　　C. 劳动计量　　　　　　　　　D. 货币、实物和劳动计量

3. "四柱结算法"是我国古代会计模式。四柱中的"实在"是指（　　　）。

　　A. 期初结存　　　　　　　　　B. 本期收入

　　C. 本期支出　　　　　　　　　D. 期末结存

4. 会计的对象是社会再生产过程中的（　　　）。

　　A. 经济活动　　　　　　　　　B. 经济资源

　　C. 资金运动　　　　　　　　　D. 劳动成果

5.会计方法体系中，最基本的方法是（　　　　）。

  A.会计预测方法　　　　　　　　　　B.会计分析方法

  C.会计核算方法　　　　　　　　　　D.会计监督方法

6.下列不属于会计核算专门方法的是（　　　　）。

  A.会计分析　　　　　　　　　　　　B.成本计算

  C.复式记账　　　　　　　　　　　　D.财产清查

三、多选题

1.除了基本职能外，会计还具备的派生职能有（　　　　）。

  A.参与经济决策　　　　　　　　　　B.决定绩效工资

  C.预测经济前景　　　　　　　　　　D.控制经济过程

2.会计方法体系中不属于最基本的方法是（　　　　）。

  A.会计核算方法　　　　　　　　　　B.会计分析方法

  C.会计监督方法　　　　　　　　　　D.会计预测方法

3.下列属于会计核算的专门方法的是（　　　　）。

  A.设置会计科目和账户　　　　　　　B.填制和审核会计凭证

  C.复式记账　　　　　　　　　　　　D.登记账簿

4.会计中期包括（　　　　）。

  A.年度　　　　　　B.半年度　　　　　　C.季度　　　　　　　D.月度

四、判断题

1.会计的基本职能是会计核算和会计监督，会计监督是首要职能。

                                （　　　　）

2.凡是特定会计主体能以货币表现的经济活动，都是会计核算和会计监督的内容，也是会计的对象。（　　　　）

3.会计的具体目标就是为投资人、债权人、管理机构提供决策有用的会计信息。（　　　　）

4.会计的一般对象就是在社会再生产过程中能够用货币表现的经济活动。

                                （　　　　）

5.货币资金既是资金运动的起点，也是资金运动的终点。（　　　　）

第 2 章

会计核算的基本前提与要求

本章学习目标

★ 掌握会计核算的四项基本假设

★ 了解会计处理基础及其应用范围

★ 熟悉会计的计量属性

★ 掌握会计信息质量要求

2.1　会计核算的基本前提

会计核算的基本前提又称会计基本假设，它是对会计工作的客观环境所做的假设，是指会计工作赖以进行的基本前提条件。会计基本假设是会计核算的基础，是保证会计工作顺利进行的前提。会计核算对象的确定、会计方法的选择、会计数据的搜集都将以会计假设为依据。它是人们在长期会计实践中逐步认识和总结而成的。只有规定了这些会计核算的前提条件，会计核算才能正常进行下去。按照我国会计准则的规定，会计核算的基本前提包括会计主体、持续经营、会计分期、货币计量。

1. 会计主体

会计主体是指会计工作为其服务的特定单位或组织，是会计确认、计量和报告的空间范围。《企业会计准则——基本准则》第五条规定："企业应当对其本身发生的交易或事项进行会计确认、计量和报告。"即会计要明确其反映的对象是谁的经济活动（即区分自身的经济活动与其他单位的经济活动）。只有反映特定对象的经济活动才能予以确认，才能保证会计核算工作的正常开展，从而实现本单位的会计目标。明确界定会计主体是开展会计确认、计量和报告工作的重要前提。会计工作中通常所讲的资产和负债的确认、收入的实现、费用的发生等，都是针对特定会计主体而言。

需要注意的是，会计主体与法律主体是不同的概念。一般来说，法律主体必然是会计主体，但会计主体不一定就是法律主体。会计主体可以是一个有法人资格的企业；也可以是由若干家企业通过控股关系组织起来的集团公司；还可以是企业、单位下属的二级核算单位。独资、合伙形式的企业都可以作为会计主体，但都不是法人。会计主体是持续经营、会计分期和其他会计核算基础的基础，这是因为，如果不划定会计工作的空间范围，会计核算工作就无法进行，指导会计核算工作的有关要求就失去了存在的意义。

2. 持续经营

持续经营是指在可以预见的未来，会计主体将会按当前的规模和状态持续经营下去，不会破产清算。《企业会计准则——基本准则》第六条规定："企业会计确认、计量和报告应当以持续经营为前提。"只有在持续经营这一正常前提下，企业才能有长远规划，在会计上才能按照预计的使用年限计提固定资产折旧，按照受益期摊销各项跨期费用等。否则，资产的评估、费用在受益期的分配、负债的按期偿还、所有者权益和经营成果都将无法确认。

在市场经济条件下，每个企业都存在经营失败的风险，都有可能出现资不抵债而被迫宣告破产和进行法律上的改组。如果企业发生破产清算，所有以持续经营为前提的会计程序与方法就不再适用了。而应当采用破产清算的会计程序与方法。企业只有在持续经营的前提下，企业的资产和负债才能区分为流动的和非流动的，收入与费用的确认才能采用权责发生制，企业才有必要确立会计分期假设和配比原则，划分收益性支出和资本性支出、历史成本等会计确认与计量要求。

综上所述，会计主体规定了会计核算的空间范围，而持续经营则界定了会计核算的时间范围。如果持续经营这一前提不存在了，那么一系列的会计准则和会计方法也就丧失了存在的基础。因此，作为一个会计主体，必须以持续经营为前提条件。

3. 会计分期

所谓会计分期，就是将一个会计主体持续经营的生产活动，人为地划分为一个个连续的、长短相同的期间，以便分期确认某个会计期间的收入、费用、利润，确认某个会计期末的资产、负债、所有者权益，并编制会计报表。《企业会计准则——基本准则》第七条规定："企业应当划分会计期间，分期结算账目和编制财务会计报告。会计期间分为年度和中期。中期是指短于一个完整的会计年度的报告期间。"这是对会计分期假设的描述。

会计分期假设是持续经营假设的必要补充，它可以使会计能够及时地满足会计信息使用者的不同要求，并为会计帮助和促进会计主体持续有效经营和定期考核提供必要的前提条件。否则，收入的实现、费用的分配、收益的确认以及财务报告的编制等会计活动将无法进行。会计分期假设是对会计工作时间范围的具体划分，主要是确定会计年度。世界各国所采用的会计年度一般都与本国的财政年度相同，我国以公历年度作为会计年度，即从公历的 1 月 1 日至 12 月 31 日为一个会计年度。美国从 10 月 1 日至次年 9 月 30 日为一个会计年度，日本、加拿大等国从 4 月 1 日至次年 3 月 31 日为一个会计年度。会计年度确定后，一般按日历确定会计半年度、会计季度和会计月度。其中，凡是短于一个完整的会计年度的报告期间均称为中期。也有的国家以营业年度作为会计年度。

会计分期假设具有重要意义。有了会计分期，才产生了本期与非本期的区别，产生了收付实现制和权责发生制，以及划分收益性支出和资本性支出、配比原则等要求。只有正确划分会计期间，才能准确地提供企业的财务状况和经营成果的资料，从而进行会计信息的对比。

4. 货币计量

企业的经济活动千差万别，财产物资种类繁多，选择一种合理的、实用的，简化的计量单位，对于保证会计信息质量具有至关重要的作用。货币计量是指会计以货币为计量单位来核算会计主体的经济活动，并假定在不同时期货币的币值是不变的。在商品经济条件下，货币有价值尺度、流通手段和支付手段的职能。因此，会计核算就必然要选择货币作为会计核算上的计量单位，以货币形式来反映企业的生产经营活动的过程。《企业会计准则——基本准则》第八条规定："企业会计应当以货币计量。"我国的相关法律要求企业对所有经济业务采用同一种货币作为统一尺度进行计量。若企业的经济业务有两种以上的货币计量，应当选用一种作为基准，称为记账本位币。记账本位币以外的货币则称为外币。人民币是我国企业会计核算的法定记账本位币。但业务收支以人民币以外的其他货币为主的企业，也可以选定该种货币作为记账本位币，但编制的会计报表应当折算为人民币反映。

货币本身也有价值，它是通过货币的购买力或物价水平表现出来的，但在市场经济条件下，货币的价值也在发生变动，价值很不稳定，甚至有些国家出现恶性循环的通货膨胀，对货币计量提出了新的挑战。因此，一方面，我们在确定货币计量假设时，必须同时确定币值稳定假设，假设货币是稳定的，不会有大的波动，或前后波动能够被抵消。另一方面，如果发生恶性通货膨胀，就需要采用特别的会计处理原则，如物价变动会计处理原则来处理有关的经济业务。

综上所述，会计假设虽然是人为确定的，但完全出于客观的需要。否则，会计核算工作就无法开展。以上四项假设是相互依存和相互补充的关系。会计主体确立了会计核算的空间范围；会计分期是在会计主体和持续经营假设的基础上对实际会计工作在时间上做出更具体的划分；而货币计量是进行会计核算的必要手段。因此，这四项会计假设共同为会计核算工作的顺利开展奠定了坚实的基础，且缺一不可。没有会计主体，就不会有持续经营；没有持续经营，就不会有会计分期；没有货币计量，就不会有现代会计。

2.2 会计处理基础

会计处理基础是指在会计确认、计量和报告过程中，对会计事项进行会计处理时采用的标准。企业的生产经营活动在时间上是连续不断的，不断地取得各项收入，同时也不断地发生各种成本、费用，将收入和相关的成本、费用相匹配，就可以计算和确定企业生产经营活动所产生的利润（或亏损）。但因为企业的生产经营活动是连续的，而会计期间则是人为划分的，所以难免有一部分收入和费用出现收支期和应归属期间不一致的情况。企业在一定会计期间，为进行生产经营活动而发生的费用可能在本期已经支付货币资金，也可能在本期未支付货币资金。所形成的收入可能在本期已经收到货币资金，也可能在本期未收到货币资金。同时，本期的费用可能与本期的收入取得有关，也可能与本期的收入取得无关。诸如此类的经济业务应如何处理，必须以会计处理基础为依据。会计处理基础主要有两种：权责发生制和收付实现制。

1. 权责发生制

《企业会计准则——基本准则》第九条规定："企业应当以权责发生制为基础进行会计确认、计量和报告。"

权责发生制也称为应收应付制，是指企业以收入的权利和支出的义务是否归属于本期为标准来确认收入和费用的一种会计处理基础。根据这一原则，凡是按收入实现原则应属本期的收入，不论其是否收到货币资金与何时收到货币资金，都应确认为本期的收入；凡是按配比原则应属本期的费用，不论其是否付出货币资金与何时付出货币资金，都应确认为本期的费用。反之，凡不属于本期的收入和费用，即使在本期已收到或已付出货币资金，也不能确认为本期的收入与费用。因为它不管款项的收付，只以收入和费用是否归属本期为准，所以也称应计制。

会计分期假设是权责发生制原则产生的直接原因。有了会计分期，就产生了本期与非本期的区别，从而就产生了权责发生制与收付实现制。采用权责发生制原则，就需要在会计期末对一些预收应收的收入和预付应付的费用项目进行调整，正确划分归属期限，以便准确计算各期的收入、费用、利润或亏损。

例如：某企业在 2016 年 7 月 31 日，按租赁合同规定收取下半年的房租费 6000 元存入银行。这笔收入实际收入期是 7 月份，但归属期却是 7—12 月份。按权责发生制 7 月份确认的收入为 1000 元，而不能将其余 6000 元全部确认为 7 月份的收入。又如，某企业 2016 年 12 月份以银行存款 3000 元支付明年上半年的报刊费，这笔支付实际付款期为 2016 年末，但应负担费用期为 2017 年 1—6 月，按权责发生制要求，将要确认为 2017 年 1—6 月的费用，每月应负担 500 元。

2. 收付实现制

收付实现制，也称现收现付制或现金基础，是与权责发生制相对应的，以款项实际收付为标准来确认本期收入和费用。在这种会计处理基础下，凡在本期实际收到的现款收入，不论其是否应由本期获得，均作为本期收入处理；凡在本期实际支付现款的费用，不论是否应由本期负担，均作为本期费用处理。反之，凡属于本期应获取的收入，没有实际收到现款，不列作本期收入；凡本期应负担的费用，只要没有实际付出现款，均不列作本期费用。从会计发展的历史看，权责发生制是从收付实现制发展而来的。收付实现制的核算程序比较简单，它是与商品经济初期业务简单、信用不发达的会计环境相适应的，随着商品经济的发展和信用制度的健全，收付实现制不能正确计算当期的收入与费用，因而逐渐被权责发生制取代。会计核算以权责发生制为基础，并不意味着对收付实现制完全不采用，实际上企业对外提供主要会计报表之一的现金流量表，其编制基础就是收付实现制，即按照权责发生制进行日常处理的会计记录，在期末将权责发生制调整为收付实现制，再进行现金流量表的编制。

目前，我国行政单位会计采用收付实现制；事业单位会计除了经营业务可以采用权责发生制外，其他大部分业务采用收付实现制；企业会计采用权责发生制。

3. 权责发生制与收付实现制的比较

从上述两种处理制度可知，收付实现制与权责发生制在处理收入和费用时的原则是不同的。所以同一会计事项按不同会计处理基础进行处理，其结果可能是一致的，也可能是不一致的。例如本期销售产品的货款已于本期收到，不管采用权责发生制还是采用收付实现制，这笔货款均应作为本期收入处理。因为一方面它是本期的收入，应当列作本期；另一方面本期也收到了货款，也应当列入本期收入，这种情况表现了两者的一致性。又如本期销售产品一批，货款尚未收到，在这种情况下，采用收付实现制，则该笔货款不能列入本会计期间，因为本期尚未收到现款。但采用权责发生制，则必须列作本期收入，因为它已经实现了销售，就已经取得了收回货款的权利。现列举例 2-1 业务，来说明两种不同的会计处理基础计算收入和费用的不同，因而计算的盈亏也不相同。

【例 2-1】ZL 公司 2016 年 6 月份发生以下经济业务：

（1）销售产品 12 000 元，通过银行收到 9000 元，余额暂欠；

（2）收到上月销售货款 6000 元，存入银行；

（3）销售产品一批，价款 4000 元，款已于上月预收；

（4）以银行存款预付下半年的报刊费 3000 元；

（5）预提本月应负担的短期借款利息 1000 元，尚未支付；

（6）以现金支付本月办公费 600 元；

（7）以银行存款支付本季度短期借款利息 3500 元，原已预提 2000 元；

（8）以银行存款上缴上月所得税 2000 元。

根据以上经济业务，按权责发生制和收付实现制原则，计算 ZL 公司 2016 年 6 月份的收入和费用及盈亏情况如表 2-1 所示。

表 2-1　两种会计处理基础下收入和费用及盈亏情况表

单位：元

经济业务序号	权责发生制		收付实现制	
	收　入	费　用	收　入	费　用
1	12 000		9000	
2	—		6000	
3	4000		—	
4		—		3000
5		1000		—
6		600		600
7		1500		3500
8		—		2000
合计	16 000	3100	15 000	9100
盈亏	12 900		5900	

通过上述比较，两种不同的会计处理基础，其处理的结果是不一样的。两者计算收入和费用金额不完全相同，因而计算出来盈亏结果也不一样。权责发生制实现盈利 12 900 元（16 000 － 3100），而收付实现制实现盈利为 5900 元（15 000 － 9100）。

由例 2-1 可知，在收付实现制会计处理基础下，对收入和费用的确认是以实收和实付为标准，而不是以应收和应付为标准，所以收付实现制不符合配比原则的要求，因此计算出来的盈亏结果不准确。目前，我国只有行政事业单位会计处理基础采用收付实现制；与收付实现制相反，在权责发生制会计处理基础上，对收入和费用的确认是以应收和应付为标准，而不是以实收实付为标准。因此，权责发生制能弥补收付实现制的不足，符合配比性原则的要求，能正确地计算各期盈亏。目前，我国企业会计核算统一采用权责发生制作为会计处理基础。

2.3 会计的计量属性

会计计量是指为了将符合确认条件的会计要素登记入账并列报于财务报表而确定其金额的过程。它用货币量度来表示每笔经济业务事项，以确定有关经济业务的影响程度，如资产、负债、所有者权益、收入、费用、利润各自增加或减少了多少，会计计量的主要目的是解决经济业务用什么计量属性来计量，确定相关金额。会计计量属性是会计要素金额的确定标准或确定基础。在企业的经济活动中，对会计事项可以从不同角度予以量化，从而得到不同的计量结果。我国《企业会计准则——基本准则》第四十一条规定："企业在将符合确认条件的会计要素登记入账并列报于会计报表及其附注时，应当按照规定的会计计量属性进行计量，确定其金额。"同时，在第四十二条规定，会计计量属性主要包括历史成本、重置成本、可变现净值、现值、公允价值，并对每一会计计量属性加以定义。

1. 历史成本

历史成本，又称为实际成本，从一般的意义上讲，指取得资源时的原始交易价格，是以实际发生的交易为前提并从企业投入价值角度所进行的计量。在直接的现金交易时，历史成本表现为付出的现金或承诺付出的现金；在非现金交易时，历史成本则表现为被交易资产的现金等价物。例如，ZL公司花费 160 000 元购买了一台机器设备，160 000 元就是该台设备的历史成本。我国《企业会计准则——基本准则》第四十二条规定："在历史成本计量下，资产按照购买时支付的现金或者现金等价物的金额，或者按照购买资产时所付出的对价的公允价值计量。负债按照因承担现时义务而实际收到的款项或者资产的金额，或者承担现时义务的合同金额，或者按照日常活动中为偿还负债预期需要支付的现金或现金等价物的金额计量。"

历史成本计量属性以币值不变为基础，它要求对企业资产、负债等会计要素的计量应当基于实际交易价格或成本。历史成本一直是几个世纪以来会计计量的基本原则，是会计计量中最重要的计量属性。它之所以受到普遍推崇和应用，主要原因在于：第一，历史成本是以实际交易并经交易双方认可为基础，因而具有可靠性，有利于对各项资产、负债项目确认和计量的结果进行检查、核证和控制；第二，企业与企业之间以及同一企业不同时期之间资产、负债等会计要素都按历史成本计量，能够避免由于采用不同计量属性而引起的会计信息的差异，确保会计信息的可比性；第三，在价格明显变动时，虽然历史成本计量属性的相关性会下降，但可以采用表外方式予以弥补。而在经济现实中，物价通常是变动的，在物价变动特别是通货膨胀的情况下，历史成本计量属性也显示出其内在的缺陷：首先，基于各交易时间点的历史成本代表着不同的价值量，严格来说，其可比性是有限的；其次，按历史成本确定的资产的账面价值难以反映资产的实际价值；最后，以历史成本进行计量难以分清企业的实际经营效益和由于价格变动而引起的持有损益。比如，ZL公司去年支付40万元购入一台设备，并以40万元入账。如果由于通货膨胀等因素影响，该设备的市场价格为50万元，而我们还是按照40万元计量，这就严重低估了企业实际资产价值，使得会计信息失真，从而影响信息使用者做出正确决策。

2. 重置成本

重置成本又称为现行成本，是指按照当前市场条件，重新取得同样一项资产所需支付的现金或现金等价物金额，是站在企业主体角度的投入价值。我国《企业会计准则——基本准则》第四十二条规定："在重置成本计量下，资产按照现在购买相同或者相似资产所需支付的现金或者现金等价物的金额计量；负债按照现在偿付该项债务所需支付的现金或者现金等价物的金额计量。"重置成本和历史成本之间存在着密切的联系，当两者都发生在原始交易日，重置成本和历史成本之间在数量上是相等的；但由于资产供求关系、技术水平和生产成本会发生变化，二者往往又不相等。重置成本这种计量属性能避免价格变动虚计收益，反映真实财务状况，客观评价企业的经营业绩。但确定重置成本较困难，无法与原持有资本完全吻合；同时，它仍然不能消除货币购买力变动所带来的影响，也无法以持有资本的形式解决资本保值问题。

在会计实务中，一般对盘盈的资产入账时采用重置成本进行计量。由于盘盈的资产本来没有账面信息，盘盈后需要在账上确认和计量该资产的信息，所以用重置成本计量比较合适。

3. 可变现净值

可变现净值是指在正常生产经营过程中，以预计售价减去进一步加工成本和销售所必需的预计税金和费用后的净值。我国《企业会计准则——基本准则》第四十二条规定："在可变现净值计量下，资产按照其正常对外销售所能收到现金或者现金等价物的金额扣减该资产至完工时估计将要发生的成本、估计的销售费用及相关税费后的金额计量。"可变现净值这种计量属性能反映预期变现能力，体现了稳健性原则，保证了会计信息的可靠性，但它不适用于所有资产，例如无形资产的可变现净值就很难确定。

在会计实务中，会计期末计提存货跌价准备时，经常用可变现净值与历史成本比较来确定企业是否需要计提存货跌价准备。如ZL公司某批存货历史成本为10万元，在会计期末，该批存货的可变现净值只有95 000元，那么该企业应该为该批存货计提5000元的存货跌价准备。

4. 现值

所谓现值是指对未来现金流量以恰当的折现率进行折现后的价值，是考虑货币的时间价值等因素的一种计量属性。在现值计量模式下，资产按照预计从其持续使用和最终处置中所产生的未来净现金流入量的折现金额计量，负债按照预计期限内需要偿还的未来净现金流出量的折现金额计量。因为都要折现计量，现值计量属性考虑了货币时间价值，与决策的相关性较强。但由于现值计量是基于一系列假设与判断，因而较难实现客观准确的计量，则未来现金流入量也有很大的不确定性。所以，使用现值计量也需要一定的条件。我国《企业会计准则第8号——资产减值准则》第九条要求，"资产预计未来现金流量的现值，应当按照资产在持续使用过程中和最终处置时所产生的预计未来现金流量，选择恰当的折现率对其进行折现后的金额加以确定。预计资产未来现金流量的现值，应当综合考虑资产的预计未来现金流量、使用寿命和折现率等因素。"可见，现值计量属性在我国企业会计准则中的应用较广。未来现金流量现值这种计量属性考虑了货币时间价值，最能体现决策相关性的要求，但未来现金流量现值是不确定的，特别是贴现率的确定可能是困难的和主观的。在会计实务中，一般以融资租赁方式获得的资产入账时可以采用现值作为计量基础。

5. 公允价值

我国《企业会计准则——基本准则》第四十二条规定："公允价值是指市场参与者在计量日发生的有序交易中，出售一项资产所能收到或者转移一项负债所需支付的价格。"准则规定，企业以公允价值计量相关资产或负债，应当假定市场参与者在计量日出售资产或者转移负债的交易，是在当前市场条件下的有序交易。有序交易是指在计量日前的一段时间内，相关资产或负债具有惯常市场活动的交易。清算等被迫交易不属于有序交易。企业以公允价值计量相关资产或负债，应当假定出售资产或者转移负债的有序交易在相关资产或负债的主要市场进行。主要市场是指相关资产或负债交易量最大和交易活跃程度最高的市场。

长期以来，我国都是以历史成本为基本计量原则，历史成本是传统会计计量的核心。历史成本是指据以入账的原始交易价，其账面价值是历史成本最确切的表述。但是随着经济活动的日趋复杂，大量的兼并、重组、联营行为使资产价值频繁变动；通货膨胀时期货币币值剧烈变动，使各个时期以历史成本计量的会计信息失去了可比性；金融工具不断创新，期权、期货等衍生金融工具给传统的会计计量提出了新的挑战；商誉、人力资源等隐性资产在一些企业中变得越来越重要。这对历史成本形成了较大的冲击，历史成本的缺陷也暴露无遗。公允价值正是由于历史成本满足不了新经济形式的需求而被提出的。

我国 2006 年颁布的企业会计准则中适度、谨慎地引入公允价值这一计量属性，是因为随着我国资本市场的深入发展，金融市场的交易已经较为活跃，我国已经具备了引入公允价值的条件。在这种情况下，引入公允价值，更能反映企业的现实情况，对投资者等会计信息使用者的决策更有用。2014 年《企业会计准则第 39 号——公允价值计量》的发布和《企业会计准则——基本准则》的修订，反映了企业会计准则体系中公允价值计量模式的日臻完善。

在实务中，一般对金融市场的许多金融产品采用公允价值计量，如对交易性金融资产和交易性金融负债的计量；在估计资产可收回金额时也经常用公允价值进行计量。

从上述对不同计量属性的阐述中可以看出，不同的计量属性会使相同的会计要素表现为不同的货币数量，从而使会计信息反映的经营成果和财务状况不同，这就要求企业应当按照规定的会计计量属性进行计量。对会计要素进行计量是否符合实际，关键在于计量属性的选择，它与会计信息质量有十分密切的关系。

我国的《企业会计准则——基本准则》第四十三条明确规定，企业在对会计要素进行计量时，一般应当采用历史成本；采用重置成本、可变现净值、现值、公允价值计量的，应当保证所确定的会计要素金额能够取得并可靠计量。可见，这一规定说明，在会计计量属性中，历史成本计量是基础。在某些情况下，为了提高会计信息质量，实现财务报告目标，企业会计准则允许采用重置成本、可变现净值、现值和公允价值计量，但是应当保证所确定的会计要素金额能够取得并可靠计量，如果这些金额无法取得或者无法可靠计量，则不允许采用这些计量属性，而只能采用历史成本计量属性。

2.4 会计信息质量要求

会计作为一项管理活动，其主要目的之一就是向企业的利益相关者提供反映经营者受托责任和供投资者决策有用的会计信息。为达到此目的，就必须要求会计信息具有一定的质量特征，也称会计信息的质量要求。根据我国 2006 年颁布的《企业会计准则——基本准则》第二章的规定，对会计信息质量要求共八项，即可靠性、相关性、明晰性、可比性、实质重于形式、重要性、谨慎性和及时性。

1. 可靠性

《企业会计准则——基本准则》第十二条规定："企业应当以实际发生的交易或者事项为依据进行会计确认、计量和报告，如实反映符合确认和计量要求的各项会计要素及其他相关信息，保证会计信息真实可靠，内容完整。"

可靠性也称真实性、客观性，是对会计信息的一项基本要求。因为会计所提供的会计信息是投资者、债权人、政府管理当局及有关部门和社会公众的决策依据，如果会计信息不能客观、真实地反映企业经济活动的实际情况，那么就无法满足各有关部门了解企业的财务状况和经营成果以进行决策的需要，甚至可能导致错误的决策。可靠性要求会计核算的各个阶段，包括会计确认、计量、记录和报告，必须力求真实客观，必须以实际发生的经济活动及表明经济业务发生的合法凭证作为依据。例如职工出差借支差旅费，必须有本人签字、有权审批人批准的借条，用以证明借款人、借款金额、借款理由的客观真实性。

为了满足会计信息使用者的决策需求，企业提供的会计信息应当做到内容真实、数字正确、手续完备、资料可靠。决不允许弄虚作假，隐瞒经济活动的真相，也不能发生错记、漏记、不记等现象，更不能有意作假。在会计核算工作中应当坚持以上原则，客观地反映企业的财务状况、经营成果和现金流量，保证会计信息的真实性。

2. 相关性

《企业会计准则——基本准则》第十三条规定："企业提供的会计信息应当与财务会计报告使用者的经济决策需要相关，有助于财务会计报告使用者对企业过去、现在或者未来的情况做出评价或者预测。"

会计的主要目的是向有关利害关系人提供决策有用的会计信息。会计信息是否有用，是否具有价值，关键是看其与信息使用者的决策需求是否相关，是否有助于决策或提高决策水平。相关的会计信息应当能够有助于使用者评价企业过去的决策，证实或修正过去的有关预测，因而具有反馈价值。相关的会计信息还应当具有预测价值，有助于使用者根据财务报告所提供的会计信息预测企业未来的财务状况、经营成果和现金流量。例如，区分收入和利得、费用和损失、流动资产和非流动资产、流动负债和非流动负债以及适度引入公允价值等，都可以提高会计信息的预测价值，进而提升会计信息的相关性。但是，相关性是以可靠性为基础的，两者之间也并不矛盾，不应将两者对立起来。也就是说，会计信息应在可靠性前提下，尽可能地做到相关性，才能满足投资者等财务报告使用者的决策需要。

3. 明晰性

《企业会计准则——基本准则》第十四条规定："企业提供的会计信息应当清晰明了，便于财务会计报告使用者理解和使用。"

明晰性也称可理解性，是对会计信息质量的一项重要要求。企业编制财务报告，提供会计信息的目的在于使用，而要让使用者有效地使用会计信息，应当让其了解会计信息的内涵，弄懂会计信息的内容，因而财务报告所提供的会计信息应当清晰明了，易于理解。只有这样，才能提高会计信息的有用性，达到财务报告的目的，满足向使用者提供决策有用信息的要求。

4. 可比性

《企业会计准则——基本准则》第十五条规定："企业提供的会计信息应当具有可比性。"

可比性是企业会计信息质量的一项重要要求。它应包括两个方面的含义：一是同一企业在不同时期的纵向可比，同一企业在不同时期发生的相同或相似的交易或者事项，应当采用一致的会计政策，不得随意变更。需要变更的，应当在附注中说明；二是不同企业在同一时期的横向可比，不同企业发生的相同、相似的交易或事项，应当采用规定的会计政策确保会计信息口径一致，相互可比。

为了明确企业财务状况和经营业绩的变化趋势，使用者必须能够比较企业不同时期的财务报告。为了评估不同企业相对的财务状况、经营业绩和现金流量等情况，使用者还必须能够比较不同企业的财务报告。因此，对整个企业的不同时期或对不同企业而言，同类交易或其他事项的计量和报告，都必须采用一致的方法，使其提供的会计核算资料和数据便于比较、分析和汇总，做到不同企业、不同行业的会计信息相互可比，以满足各方的需求。

5. 实质重于形式

《企业会计准则——基本准则》第十六条规定："企业应当按照交易或者事项的经济实质进行会计确认、计量和报告，不应仅以交易或者事项的法律形式为依据。"

企业发生的交易或事项在多数情况下其经济实质和法律形式是一致的。但在有些情况下也会出现不一致。例如，以融资租赁方式租入的固定资产，虽然从法律形式上来讲企业并不拥有其所有权。但是由于租赁合同中规定的租赁期较长，每期租赁费较高，当租赁期结束时，承租企业有优先购买该资产的选择权，在租赁期内的承租企业有权支配资产并从中受益。所以，从经济实质来看，企业能够控制其创造的未来经济利益等。在会计确认、计量和报告上就应当将融资租赁方式租入的固定资产视为企业的资产，列入企业的资产负债表。

又如，企业按照销售合同销售商品，但同时又签订了售后回购协议，虽然从法律形式上实现了销售收入，但如果企业没有将商品所有权上的主要风险和报酬转移给购货方，没有满足收入确认的各项条件，即使签订了商品销售合同或已将商品交付给购货方，也不应当确认销售收入。

6. 重要性

《企业会计准则——基本准则》第十七条规定："企业提供的会计信息应当反映与企业财务状况、经营成果和现金流量等有关的所有重要交易或者事项。"

重要性是指财务报告在全面反映企业的财务状况和经营成果的同时，应当区别经济业务的重要程度，采用不同的会计处理程序和方法。具体来讲，对于重要的经济业务，应当单独核算、分项反映，力求准确，并在财务报告中重点说明；而对于那些不重要的经济业务，在不影响会计信息真实性的情况下，则可适当简化会计核算或合并反映，以便集中精力抓好关键。一项会计事项是否重要，是否单独核算、分项反映，应视企业生产的特点、管理的要求及其具体情况而定。因为一项会计事项是否重要是相对的，对于一个企业是重要的会计事项，而对另一个企业来讲可能并不重要。对某项会计事项判断其重要性，在很大程度上取决于会计人员的职业判断能力。一般来讲，重要性可以从质和量两个方面进行判断。从性质方面来讲，如果某会计事项的发生能对企业决策产生重大影响，则该事项属于重要性的事项；从数量方面来讲，如果某会计事项的发生达到一定的数量或比例，可能对决策产生重大影响，则该事项属于重要性的事项。

由此可见，运用重要性原则，一方面可使会计人员适当简化核算程序，减少核算工作量；另一方面可使会计信息使用者抓住重点和关键，更好地利用会计信息，为企业快速、高效发展服好务。

7. 谨慎性

《企业会计准则——基本准则》第十八条规定："企业对交易或者事项进行会计确认、计量和报告应当保持应有的谨慎，不应高估资产或者收益，低估负债或者费用。"

谨慎性又称稳健性，它是指在处理不确定性经济业务时，应持谨慎态度。如果一种经济业务有多种处理方法可供选择，应选择不导致夸大资产、虚增利润的方法。在进行会计核算时，应当合理预计可能发生的损失和费用，而不应预计可能发生的收入和过高估计资产的价值。谨慎性原则既不是会计假设的逻辑产物，也不是会计信息更具相关性的必要条件，而是会计人员在处理会计信息时所遵循的惯例。

在市场经济条件下，企业不可避免地会遇到各种风险。为了防止企业在损失发生时对正常的生产经营活动产生严重影响，必须对面临的风险及可能发生的损失和费用做出合理预计。例如，对应收账款提取坏账准备，就是对预计不能收回的货款先行作为本期费用，记入当期损益，以确保无法收回时再冲销坏账准备；还有如无形资产计提减值准备等。

谨慎性原则要求广大财会人员在处理会计业务时应持谨慎态度。即确认一切可能的损失，避免预计任何可能的利润，不高估资产，不低估负债。因此，谨慎性原则通常被表述为"充分预计损失而不预计收益"。应当指出，谨慎性原则有可能产生一定的副作用，即高估损失、低估收入，从而歪曲企业的真实经营成果，因此对该原则的采用，本身就应谨慎。

8. 及时性

《企业会计准则——基本准则》第十九条规定："企业对于已经发生的交易或者事项，应当及时进行会计确认、计量和报告，不得提前或者延后。"

会计信息的价值在于帮助使用者或有关方面做出决策，具有时效性。即使是可靠、相关的会计信息，如果不能及时提供，就失去了时效性，对于使用者的效用就会大大降低，甚至可能不再具有实际意义。特别是在市场经济条件下，各方面对会计信息的及时性要求越来越高，这一原则显得更加重要。在会计确认、计量和报告过程中贯彻及时性，一是要求及时收集会计信息，即在经济交易或事项发生后，及时收集整理各种原始单据或凭证；二是要求及时处理会计信息，即按照会计准则的要求，及时对经济交易或事项进行确认或记录，并编制出财务报告；三是要求及时传递会计信息，即按照国家规定的有关时限，及时地将编制的财务报告传递给财务报告使用者，便于其及时使用和决策。

及时性是相关性的保证，及时性本身不能增加相关性，但如果会计信息不及时，则将有可能使相关性失效。

以上会计信息的质量要求中，可靠性、相关性、明晰性（或可理解性）和可比性属于会计信息的首要质量要求，是企业财务会计报告中所提供会计信息应具备的基本质量特征；实质重于形式，重要性、谨慎性和及时性属于会计信息的次要质量要求，是对可靠性、相关性、明晰性和可比性首要质量要求的补充和完善。实质重于形式，重要性和谨慎性主要是针对某些特殊会计事项进行处理时必须把握的；及时性则是对会计信息相关性和可靠性的制约因素，企业管理者需要在相关性和可靠性之间寻求一种平衡，以确定会计信息及时披露的时间。

思考练习题

一、思考题

1.《企业会计准则》规定的基本假设有哪些？

2.试举例说明权责发生制与收付实现制有何区别。

3.我国《企业会计准则》规定的计量属性有哪些？

4.会计信息质量要求有哪些？其内容如何？

二、单选题

1.一般来说，会计主体与法律主体是（　　）。

A.有区别的 　　　　　　　　 B.不相关的

C.相互一致的 　　　　　　　　 D.相互替代的

2.会计核算上将融资租入的固定资产视为承租企业的资产进行核算，体现了（　　）要求。

A.重要性 　　　　　　　　 B.谨慎性

C.实质重于形式 　　　　　　　　 D.及时性

3.某企业本月发生的部分支出如下：

（1）支付本季度房租 12 000 元；

（2）支付上季度借款利息 3000 元；

（3）支付本月水电费 2000 元；

（4）预付下季度报刊费 600 元。

根据权责发生制原则，以上支出中应当计入本月费用的是（　　）元。

A. 2000 　　　　　 B. 6000 　　　　　 C. 9000 　　　　　 D. 17 600

4.在会计核算的基本前提中，确定会计核算空间范围的是（　　）。

A.会计主体 　　　　　　　　 B.会计分期

C.持续经营 　　　　　　　　 D.货币计量

5.根据《企业会计准则》的规定，下列时间段中，不作为会计期间的是（　　）。

A.年度 　　　　　 B.季度 　　　　　 C.半月 　　　　　 D.月度

三、多选题

1.在下列组织中可以作为会计主体的是（　　）。

A.事业单位 　　　　　　　　 B.分公司

C.企业集团 　　　　　　　　 D.销售部门

2.下列属于会计基本假设的是（　　）。

A.会计主体 　　　　　　　　 B.持续经营

C. 货币计量　　　　　　　　　　D. 会计分期

3. 根据权责发生制原则，下列应计入本期收入或费用的有（　　　　）。

　　A. 本期耗用的水电费本月支付　　　B. 销售产品未收到货款

　　C. 购买办公用品，款以现金支付　　D. 收到上月销货款

4. 企业会计准则规定的会计计量属性有（　　　　）。

　　A. 历史成本　　　　　　　　　　B. 重置成本

　　C. 可变现净值　　　　　　　　　D. 公允价值

5. 下列组织中，应当采用收付实现制记账基础的有（　　　　）。

　　A. 国家机关　　　　　　　　　　B. 各级政府

　　C. 公立学校　　　　　　　　　　D. 国有企业

四、判断题

1. 会计主体假设为会计核算确定了空间范围，会计分期假设为会计核算确定了时间范围。　　　　　　　　　　　　　　　　　　　　　　（　　　）

2. 业务收支以外币为主的单位，也可以选择某种外币作为记账本位币，并按照记账本位币编制财务会计报表。　　　　　　　　　　　　　　（　　　）

3. 目前我国行政单位会计采用的会计基础是权责发生制。　　　（　　　）

4. 法律主体一定是会计主体，但会计主体不一定是法律主体。　（　　　）

5. 会计中期，是指短于一个完整的会计年度的报告期间，一般指半年度。

　　　　　　　　　　　　　　　　　　　　　　　　　　　　（　　　）

6. 会计也可以采用实物量度作为主要计量单位。　　　　　　　（　　　）

五、业务题

1. 目的：练习权责发生制与收付实现制的应用。

2. 资料：NF 公司 2016 年 6 月份发生下列经济业务：

（1）销售产品一批，价值 8000 元，货款已通过银行收到；

（2）销售产品一批，价值 10 000 元，货款尚未收到；

（3）销售产品一批，价值 100 000 元，通过银行收到 50 000 元，余款尚未收到；

（4）以银行存款 30 000 元，预付购料款；

（5）以银行存款支付本月水电费 6000 元；

（6）收到上月赊销产品 40 000 元的货款，存入银行；

（7）收到某购货单位预付货款 50 000 元，下月交货。

3. 要求：根据以上资料，按权责发生制与收付实现制原则，分析计算 NF 公司 2016 年 6 月份的收入与费用，并分别计算其盈亏。

第3章

会计核算的理论依据和基本方法

本章学习目标

★ 了解总分类账和明细分类账的概念和适用范围

★ 熟练掌握会计要素、会计科目和会计账户的概念和内容

★ 熟练掌握会计恒等式的概念和内容

★ 能熟练掌握和运用复式记账的原理与方法

3.1 会计要素

第 2 章已经明确了会计对象是资金运动，这为会计核算规定了范围和空间。但资金运动是个非常笼统的概念，要想从质和量上去具体、清楚地反映和把握会计对象，还需要对会计对象进行一系列具体的分类。在对会计对象的一系列具体分类中，最概括最基本的分类就是会计要素。

会计要素是对会计对象按经济特征所做的基本分类，是构成会计对象具体内容的主要因素，是会计对象的具体化，会计要素又称为会计对象要素或会计报表要素。

依据《企业会计准则》，企业的会计对象共划分为资产、负债、所有者权益、收入、费用和利润六个要素。资产、负债和所有者权益三项会计要素是资金运动的静态表现（时点数），反映企业的财务状况，也是资产负债表的基本要素；收入、费用和利润三项会计要素是资金运动的动态表现（时期数），反映企业的经营成果，是利润表的基本要素。

3.1.1 资产

1. 资产的定义

在从事经营活动过程中，企业必须拥有一定数量的资产。资产是企业生产

经营活动的物质基础，能够用货币计量，并且能给企业带来经济利益的资源。

资产是指企业过去的交易或者事项形成的、由企业拥有或者控制的、预期会给企业带来经济利益的资源。它包括各种财产、债权和其他权利。企业过去的交易或者事项包括购买、生产、建造行为或其他交易或者事项。预期在未来发生的交易或者事项不形成资产；由企业拥有或者控制，是指企业享有某项资源的所有权，或者虽然不享有某项资源的所有权，但该资源能被企业所控制；预期会给企业带来经济利益，是指直接或者间接导致现金和现金等价物流入企业的潜力。

2. 资产的类型

按照其是否能在企业的"正常营业周期"内变为现金，资产可以分为流动资产和非流动资产两类。

（1）流动资产。流动资产是指可以在一年或者超过一年的一个营业周期内变现或者耗用的资产。包括货币资金、交易性金融资产、应收及预付款项和存货等。

① 货币资金。货币资金是指存在于货币形态，用于购买材料物资、支付工资以及支付各种零星开支的现款。包括库存现金、银行存款和其他货币资金。

②交易性金融资产。交易性金融资产是指企业持有的以公允价值计量且其变动计入当期损益的金融资产，包括为交易目的所持有的债券投资、股票投资、基金投资、股权投资等和直接指定为以公允价值计量且其变动计入当期损益的金融资产。

③ 应收及预付账款。应收及预付账款包括应收票据、应收账款、其他应收款、预付账款等。

④ 存货。存货是指企业在生产经营过程中为销售或者耗用而储存的各种资产，包括库存商品、产成品、半成品、在产品以及原材料、燃料、包装物、低值易耗品等。

（2）非流动资产。非流动资产是指除了上述流动资产以外的所有其他资产，即在一年以上或者超过一年的一个营业周期以上能变现的资产，如长期股权投资等；或使用期在一年以上的资产，如固定资产、长期投资等。

① 长期股权投资。长期股权投资是指不准备在一年内变现的投资。

② 固定资产。固定资产是指同时具有以下特征的有形资产：

a. 为生产商品、提供劳务、出租或经营管理而持有的；

b. 使用年限超过 1 年；

c. 单位价值在规定标准以上。如企业的房屋及建筑物、机器设备、运输设备等。

③ 无形资产。无形资产是指企业为生产商品或者提供劳务、出租给他人，或为管理目的而持有的、没有实物形态的非货币性长期资产。包括专利权、非专利技术、商标权、著作权、土地使用权等。

④ 长期待摊费用。长期待摊费用是指企业已经支出，但不能完全计入当年损益，摊销期限在一年以上（不含一年）的各项费用，包括租入固定资产改良支出等。

⑤ 其他非流动资产。其他非流动资产是指除上述非流动资产以外的资产，如特准储备物资、银行冻结存款和冻结物资、涉及诉讼中的财产等。

3. 资产的特征

根据资产的定义，可知资产有以下三个特征：

（1）预期会给企业带来经济利益（直接或间接）；

（2）它是企业现实拥有或者控制的资源，而不是预期的资产；

（3）它是由过去的交易或事项形成的。

3.1.2　负债

1. 负债的定义

负债是指过去的交易或者事项形成的、预期会导致经济利益流出企业的现实义务。现时义务是指企业在现行条件下已承担的义务。未来发生的交易或者事项形成的义务，不属于现时义务，不应当确认为负债。

2. 负债的类型

负债按其流动性分为流动负债和非流动负债。

（1）流动负债。流动负债是指将在一年（含一年）或者超过一年的一个营业周期内偿还的债务，包括短期借款、交易性金融负债、应付及预收款项等。

① 短期借款。短期借款是指偿还期在一年以内的各种借款。

② 交易性金融负债。交易性金融负债是指企业持有的以公允价值计量且其变动计入当期损益的金融负债和直接指定为以公允价值计量且其变动计入当期损益的金融负债。

③ 应付及预收款项。应付及预收款项包括应付票据、应付账款、预收账款、应付职工薪酬、应付股利、应交税费、其他应付款、应付利息等。

（2）非流动负债。非流动负债是指偿还期在一年或者超过一年的一个营业周期以上的负债，包括长期借款、应付债券、长期应付款等。

应付债券是指企业为筹集长期资金而发行的有价证券。长期应付款是指除长期借款和企业债券以外的其他各种长期应付款项，包括以分期付款方式购入固定资产和无形资产而发生的应付款项、应付融资租入固定资产的租赁费等。

3．负债的特征

从负债的定义中可以看出，负债具有如下特征：

（1）负债是由于过去的交易、事项引起的。也就是说，企业预期在未来要发生的交易和事项可能产生的负债不能作为企业负债加以处理，如企业与其他企业签订的购货合同，它会导致在未来交易时可能产生负债，但此时不能作为负债处理。

（2）负债是企业承担的现时义务。负债可能是由具有约束力的合同或因法定要求而产生的可由法律强制执行的义务，如因企业向银行借款而产生的还款义务，因购买商品而产生的应付货款义务等。

（3）负债最终导致企业经济利益的流出。负债通常是在未来某一时日通过交付资产或提供劳务来偿还。有时企业可以通过承诺新的负债或转化为所有者权益来了结一项现有的负债，但最终都会导致企业经济利益的流出。

3.1.3　所有者权益

1．所有者权益的定义

所有者权益是指所有者在企业资产中享有的经济利益，代表企业所有者的权益，其金额为资产减去负债后的余额。股份公司的所有者权益又称为股东权益。

企业资产的来源都源于负债和所有者权益。债权人和所有者（投资人）都对企业资产享有要求权，但两者的权利和义务是有区别的。债权人有到期收回本金和利息的权利，但无权参与企业生产经营管理和分享红利；而投资人则拥有相应的经营决策权、企业盈利分配权以及资本增值的拥有权。企业对于负债要在约定的日期偿还，而在企业持续经营期间，投资人一般不能收回所有者权益，只有当企业破产或解散时，清偿债务并支付清算费用后，如有余额才能在投资人之间进行分配。

2．所有者权益的分类

所有者权益包括投资者投入的实收资本（或股本）、资本公积、盈余公积和未分配利润等。

（1）实收资本。实收资本是指投资者按照企业章程，或合同、协议的约定，实际投入企业的各种财产物资。

（2）资本公积。资本公积是指企业取得的不是由生产经营活动本身带来的，而是为投资者共同拥有的各种资本增值，包括资本（或股本）溢价、接受捐赠非现金资产、法定财产重估增值等。

（3）盈余公积。盈余公积是指企业从税后利润中提取的各种公积金，包括法定盈余公积金和任意盈余公积金等。

（4）未分配利润。未分配利润是企业历年以来留待以后年度分配的利润或本年度待分配利润。盈余公积和未分配利润又统称为留存收益。

3. 所有者权益的特点

所有者权益与负债是有本质区别的，相对负债而言，所有者权益具有如下特征：

（1）负债需要偿还，而所有者权益不需要偿还，除非企业发生减资、清算，企业不需要偿还其所有者。

（2）在企业清算时，负债具有优先清偿权，而所有者权益只有清偿完全部负债后才能返还给所有者。

（3）所有者权益可参与企业的利润分配，而负债则不参与企业的利润分配，只能按照预先约定的条件取得利息收入。

3.1.4 收入

收入是一个时期数指标，是指企业在日常活动中形成的、会导致所有者权益增加、与所有者投入资本无关的经济利益的总流入。

收入通常是企业在销售商品、提供劳务及让渡资产使用权等日常活动中所形成的经济利益的总流入，包括主营业务收入和其他业务收入。其中主营业务收入是指销售商品的收入，主要指取得货币资产方式的商品销售，以及正常情况下的以商品抵偿债务的交易等；其他业务收入是指提供劳务的收入和销售材料等的收入，主要有提供各种劳务服务和销售多余材料所获取的收入；让渡资产使用权所获取的收入则包括因他人使用本企业现金而收取的利息收入、因他人使用本企业的无形资产等而形成的使用费收入，以及他人使用本企业固定资产取得的租金收入等。

从收入的概念中可以看出，收入具有如下特征：

（1）收入主要是销售商品、提供劳务或让渡资产使用权等日常活动所产生的，而不是从偶发的交易或事项中产生。但与企业日常活动无关的收入，如出售固定资产的收益、罚款所得等不属于企业的收入。

（2）收入可能表现为企业资产的增加或企业负债的减少。收入可能表现为企业资产的增加，如增加现金、银行存款、应收账款等；也可能表现为负债的减少，如减少预收账款等。

（3）收入会导致企业所有者权益的增加。企业所取得的收入将增加企业的利润，即增加企业所有者权益。这里所说的收入能增加企业所有者权益，仅指收入本身的影响，而收入扣除相关成本费用后的净额，既可能增加企业所有者权益，也可能减少企业所有者权益。

3.1.5　费用

费用是一个时期数指标，是指企业在日常活动中发生的、会导致所有者权益减少的、与向所有者分配利润无关的经济利益的总流出。

费用通常是企业为销售商品、提供劳务等日常活动所发生的经济利益的流出。企业的费用由营业成本和期间费用构成。营业成本是指企业为生产产品、提供劳务而发生的各种耗费，是按一定产品或劳务对象所归集的费用，是对象化的费用；期间费用是指企业当期发生的必须从当期收入中得到补偿的费用，包括销售费用、管理费用和财务费用。两者之间的区别是费用与一定的会计期间相联系，而与生产哪一种产品或提供哪一种劳务无关；成本则与一定种类和数量的产品或某种劳务相联系，无论发生在哪一个会计期间。

相对于收入，费用具有如下特征：

（1）费用产生于过去的交易或事项，是企业在销售商品、提供劳务等日常活动中发生的经济利益的流出，与日常活动无关的支出，如营业外支出不属于本要素的内容。

（2）费用可能表现为企业资产的减少或负债的增加。费用的发生可能减少企业的资产，如用银行存款支付营业费用或管理费用等；费用的发生也可能导致负债的增加，如预提银行借款的利息或预提固定资产修理费等。

（3）费用会导致所有者权益减少。企业发生的费用作为企业利润的减项，一定会导致企业所有者权益的减少。

3.1.6　利润

利润是指企业在一定会计期间的经营成果，是一个时期数指标。利润包括收入减去费用后的净额、直接计入当期利润的利得和损失等。主要分为营业利润、利润总额和净利润。

营业利润是指营业收入（包括主营业务收入和其他业务收入）减去营业成本（包括主营业务成本和其他业务成本）、税金及附加、销售费用、管理费用和财务费用等后的金额。

利润总额是指营业利润加上营业外收支净额后的金额。

净利润是指利润总额减去所得税后的金额。

这些不同层次的利润可列为如下公式：

$$营业利润＝营业收入－营业成本－税金及附加－销售费用－$$
$$管理费用－财务费用－资产减值损失 \pm$$
$$公允价值变动损益 \pm 投资损益$$

其中：　　营业收入＝主营业务收入＋其他业务收入

营业成本＝主营业务成本＋其他业务成本

投资损益＝投资收益－投资损失

公允价值变动损益＝公允价值变动收益－公允价值变动损失

利润总额＝营业利润＋营业外收支净额

净利润＝利润总额－所得税费用

利润表示企业最终经营的成果，由收入与费用的差额确定，与收入和费用要素密切相关。

以上六项会计要素是会计对象最基本层次的分类，它们概括了企业会计对象的具体内容，它们既具有各自不同的性质和特点，同时相互之间又存在着紧密的内在联系。任何企业单位的经济活动都会涉及上述六类会计要素的增减变化。这六项会计要素及其增减变动情况就是企业会计对象的具体内容。

3.2 会计恒等式

3.2.1 会计恒等式的概念

在 3.1 节中已经介绍了会计对象的基本分类，包括：资产、负债、所有者权益、收入、费用和利润共六个会计要素。这些会计要素相互之间并不是孤立和互不联系的，它们之间存在一定的数量关系。揭示会计要素之间的数量关系是会计实现其核算职能的基本要求。

一般把这种会计要素之间的基础的数量关系称为"会计恒等式"或者"会计平衡公式"，它是揭示各大会计要素之间基本关系的等式，在会计实务中是设置会计科目和账户、复式记账和编制会计报表的依据，也是整个会计核算体系的基础。会计等式有静态和动态两种表述方式。它们分别从时点上和时期上来表述六大会计要素之间的关系。时点是指某一个具体的时间点，是很短暂的一个瞬间，例如 8 点；时期是指从一个时点到另一个时点之间的时间段，例如说一个月、一个季度、半年、一年。

1. 从静态（时点）上表述的会计等式：资产＝负债＋所有者权益

企业要进行生产经营活动必须拥有一定数量的资产。当资金运动处于相对静止状态时，一方面，资金表现为某一特定时点（如某一天、月末、季末、年末、月初、季初、年初）上的具体财产物资，这些具有不同形态的财产物资在会计上称为"资产"，它代表企业可以支配和运用的资源。这些资产分布在经济活动的各个方面，表现为各种不同的实物占有形态，如现金、银行存款、原材料、房屋建筑物等。另一方面，在市场经济的环境中，任何一种资产的取得总有其来源，如所有者投入、从债权人手中借入等，对于这些资产的来源，会计上又称之为"权益"。资产表明企业拥有什么资源和拥有多少资源，权益则表明企业的这些资源是从哪里来的，谁提供的这些资源，谁就对这些资源拥有要求权。在一定的时点上，资产的占用数量必定与其取得的数量是相等的，也就是说，资产＝权益。由于资产取得的来源不同，使得权益又可以分为"负债"（也称为"债权人权益"）和所有者权益两种。因此，"资产＝权益"这一等式就可变为

$$资产＝负债＋所有者权益 \tag{3-1}$$

资产、负债、所有者权益三者关系的恒等式，反映的是企业资金运动的相对静止状态，即在某一特定时点上企业资产的构成以及资产的来源渠道。式（3-1）反映企业资产的归属关系，它是资产负债表要素之间的数量关系，所以也称为资产负债表等式。

【例3-1】 某公司由甲、乙两人各出资120万元（甲以100万元的厂房和20万元的货币资金，乙以60万元的设备和60万元的货币资金）于2016年1月1日设立。同时，公司以厂房为担保取得银行贷款100万元，所有款项均已到账。则公司在设立之日的资产、负债、所有者权益的数量关系如表3-1所示。

表3-1　2016年1月1日公司账目

单位：元

资　　产	金　　额	负　　债	金　　额
银行存款	1 800 000	借款	1 000 000
厂　　房	1 000 000	所有者权益	
设　　备	600 000	实收资本	2 400 000
合　　计	3 400 000	合　　计	3 400 000

从表3-1可以看出，在设立日该公司的资产为340万元，分别以银行存款、厂房和设备三种形式存在。这些资产的来源为两条渠道：投资者投入的240万元和从银行借入的100万元。用公式表示，则有（金额单位为万元）：

$$资产（180＋100＋60）＝负债（100）＋所有者权益（240）$$

2. 从动态（时期）上表述的会计等式：利润＝收入－费用

企业在一定时期的经营过程中，一方面，运用资产通过生产经营活动提供商品和劳务以获取相应的资金回报，形成企业的收入；另一方面，为了提供商品和劳务，又要发生各种经济资源的耗费和银行存款的流出，这种资源流出称为费用。将一定会计期间内实现的收入与发生的费用相配比，就可以确定该期间的经营成果。当收入大于费用时，表明企业获得了利润；当收入小于费用时，表明企业发生了亏损。收入、费用、利润的关系如果用公式表示，可以得出以下会计恒等式：

$$收入－费用＝利润 \tag{3-2}$$

收入、费用和利润这三要素是从某一段时期来考察的，式（3-2）反映的是一定期间内企业的资金运动所取得的经营成果，它是利润表要素之间的数量关系，因此也称为利润表等式。

【例3-2】 某公司在1月份发生商品销售收入为150 000元，销货款已收并存入银行；1月为获取收入而发生的各种营业成本（耗用材料等存货55 000元）和期间费用（直接支付现金35 000）共计90 000元，通过收入与费用的配比可得，该月获得了利润60 000元。用公式表示，则有：

收入（150 000）－费用（55 000 ＋ 35 000）＝利润（60 000）

3. 动态与静态的衔接：两个等式之间的内在关系

静态和动态的两个等式之间是否有内在联系呢？六个会计要素之间存在着怎样的数量关系？

企业在刚刚创立时，还没有收入、费用和利润这三个要素。但是在企业创立日的这个时点上，资产的占用数量必定与其取得的来源是相等的，这也就是开始论证过的从静态来看"资产＝负债＋所有者权益"。这时，"资产＝负债＋所有者权益"这个会计恒等式是成立的。随着企业的建立和生产经营活动的展开，企业渐渐通过提供商品和劳务取得了一定的收入。获取收入通常会导致企业的资产发生增加，或者是负债发生减少，例如销售商品获得了现金收入，或者销售商品抵消了以前所欠的债务。同时，企业为了提供商品和劳务也会不断地发生各种各样的耗费，这些耗费就是企业的费用。发生费用通常会消耗企业的资产或者增加企业的负债。收入和费用相抵减后的结果就是获得利润（收入大于费用）或者是亏损（收入小于费用），而无论是盈是亏，其相应的结果都应该归企业的所有者来承担。这样的过程用公式来表示就是：

资产＋（收入引起的资产增加－费用引起的资产减少）

＝负债＋（费用引起的负债增加－收入引起的负债减少）＋

（所有者权益＋收入－费用） (3-3)

从式（3-3）中可以看出六个会计要素之间（即两个报表等式之间）有内在的联系。"收入引起的资产增加"与"费用引起的资产减少"都是对原来的资产在量上所做的增减，而"费用引起的负债增加"和"收入引起的负债减少"也都是对原来的负债在量上所做的增减。若"收入引起的资产增加－费用引起的资产减少"用"Δ资产"表示；而"费用引起的负债增加－收入引起的负债减少"用"Δ负债"表示，"收入－费用"可用"利润（或亏损）"来表示，则式（3-3）式可简化为：

资产＋Δ资产＝负债＋Δ负债＋（所有者权益＋利润（或亏损）） (3-4)

合并同类项可得：

$$资产＝负债＋（所有者权益＋利润（或亏损）） \tag{3-5}$$

由于利润（或者是亏损）都是归投资者所有的，期末结账后可并入所有者权益项目，故式（3-5）又变回了最基本的会计恒等式：

$$资产＝负债＋所有者权益$$

由此可以看出，"资产＝负债＋所有者权益"，即式（3-1）是最基本的会计等式，也就是常规上所说的会计恒等式。式（3-2）～式（3-5）只是式（3-1）的不同表现形式。式（3-1）是设置账户、复式记账、编制财务会计报表等会计核算方法建立的理论基础，在会计核算中具有十分重要的地位。

3.2.2　经济业务对会计恒等式的影响

经济业务是指企业在生产经营过程中发生的，能引起会计要素增减变化的经济活动，又称为会计事项。企业在生产经营过程中会发生各种不同的经济业务，例如接受投资、购买材料、支付工资、销售产品、偿还债务等。每项经济业务的发生必然会引起资产、负债、所有者权益等会计要素的增减变化，这些变化对会计恒等式的平衡关系是否会产生影响呢？下面就来进行一个详细的分析。

企业发生的经济业务虽然纷繁复杂，但从对会计恒等式的影响来说，可分为以下四类。

1. 引起等式两边会计要素同时增加的经济业务

引起等式两边会计要素同时增加的经济业务可分为两类。

（1）引起资产和所有者权益同时增加的经济业务。举例如下：

【例3-3】 1日，ZL公司注册成立，收到李宜和王雷各投入资本60 000元，当日解缴开户银行。

该项经济业务的发生，使得企业拥有120 000元的资产，也使得李宜和王雷各对ZL公司享有60 000的权益，即银行存款增加120 000元，实收资本也增加120 000元。由于等式两边的资产和所有者权益同时发生相同数额的增加，因此该等式左右相等。该会计事项用会计等式表示如下：

资产	=	负债	+	所有者权益
银行存款				实收资本
（60 000＋60 000）	=	0	+	（60 000＋60 000）

（2）引起资产和负债同时增加的经济业务。举例如下：

【例3-4】 5日，ZL公司向建设银行借入一个月期借款50 000元，款项已经到账。

该项经济业务的发生，使得公司银行存款增加了50 000元，也使得公司承担了50 000元的负债。由于等式两边的资产和负债同时发生了相同数额的增加，该等式仍然相等。此会计事项用会计等式表示如下：

资产	=	负债	+	所有者权益
银行存款	=	短期借款	+	实收资本
（120 000＋50 000）	=	50 000	+	（60 000＋60 000）

【例 3-5】 6 日，ZL 公司从 H 工厂购入原材料一批，价值 12 000 元，款项尚未支付。

该项经济业务的发生，使得公司的资产（原材料）增加了 12 000 元，同时，公司也对 H 工厂承担了新的债务（应付账款）12 000 元。此业务仍然是等式两边的会计要素（资产和负债）同时发生了相同数额的增加，该等式依然相等。该经济业务可用会计等式表示如下：

资产	=	负债	+	所有者权益
（银行存款＋原材料）	=	（短期借款＋应付账款）	+	实收资本
（170 000＋12 000）	=	（50 000＋12 000）	+	（60 000＋60 000）

2. 引起等式左边会计要素发生增减的经济业务

等式左边的会计要素为资产，资产发生增减，即资产要素内部的增减，也即一项资产发生增加，另一项资产发生减少的经济业务。

【例 3-6】 9 日，ZL 公司购入设备一台，价值 20 000 元，设备款已用银行存款付清。

该项经济业务的发生，使得公司增加了一项资产（固定资产）20 000 元；同时，公司付出了另一项资产（银行存款）20 000 元，从而使公司的资产项目发生同额的一增一减，资产的总额不变。此项交易中，右边会计要素没有变化，等式的左边会计要素总额不变，因此等式两边仍然相等。此项业务用会计等式表示如下：

资产	= 负债＋所有者权益
（银行存款＋固定资产＋原材料）	= （短期借款＋应付账款）+ 实收资本
（150 000＋20 000＋12 000）	= （50 000＋12 000） + （60 000＋60 000）

3. 引起等式两边会计要素同时减少的经济业务

引起等式两边会计要素同时减少的经济业务分为两类。

（1）引起资产和负债同时减少的经济业务。举例如下：

【例 3-7】 12 日，ZL 公司以银行存款偿还前欠 H 工厂的部分货款 2000 元。

该项经济业务的发生，使公司减少了 2000 元的资产（银行存款），同时，公司的债务（应付账款）也减少了 2000 元。此业务中，等式左边的会计要素资产和等式右边的会计要素负债同时发生了等额减少，等式两边仍然相等。该会计事项用会计等式表示如下：

资产	= 负债	+ 所有者权益
（银行存款＋固定资产＋原材料）	= （短期借款＋应付账款）	+ 实收资本
（148 000＋20 000＋12 000）	= （50 000＋10 000）	+ （60 000＋60 000）

（2）引起资产和所有者权益同时减少的经济业务。举例如下：

【例3-8】15日，王雷要求撤回其对ZL公司的部分投资20 000元，当日办妥相关手续，银行已将款项从ZL公司户头划出。

该项经济业务的发生，使得公司的银行存款减少了20 000元，同时，投资人王雷对公司享有的权益也减少20 000元。此项交易中，等式左边的资产与等式右边的所有者权益同时发生等额减少，等式两边仍然相等。该会计事项用会计等式表示如下：

资产　　　　　　　　　　　＝负债　　　　　　　　＋所有者权益

（银行存款＋固定资产＋原材料）＝（短期借款＋应付账款）＋实收资本

（128 000＋20 000＋12 000）　＝（50 000＋10 000）　＋（60 000＋40 000）

4. 引起等式右边会计要素发生增减的经济业务

等式右边的会计要素为负债和所有者权益，引起这两个要素相互之间以及自身内部增减的经济业务有如下四类。

（1）引起负债内部发生增减的经济业务。举例如下：

【例3-9】20日，ZL公司开出一张面值10 000元、期限为6个月的商业汇票，支付前欠H公司的货款。

该项经济业务的发生，使得公司增加了一项负债（应付票据）10 000元，同时，使得公司减少了一项负债（应付账款）10 000元，从而使公司的负债项目发生等额的增减，负债项目的总额不变。等式左边的资产要素和等式右边的所有者权益要素没有变化，等式右边的负债要素总额也没有变化，因此等式两边仍然相等。此项经济业务用会计等式表示如下：

资产　　　　　　　　　　　＝负债　　　　　　　　＋所有者权益

（银行存款＋固定资产＋原材料）＝（短期借款＋应付票据）＋实收资本

（128 000＋20 000＋12 000）　＝（50 000＋10 000）　＋（60 000＋40 000）

（2）引起所有者权益内部发生增减的经济业务。举例如下：

【例3-10】22日，王某将其对ZL公司的投资40 000元转让给李某。

该项经济业务导致王某对公司的投资减少为零，而李某对公司的投资增加为100 000元，但公司总的实收资本不变，即所有者权益总额不变，仍为100 000元。等式左边的资产要素和右边的负债要素没有变化，等式右边的所有者权益要素的总额也不变，因此等式两边仍然相等。该业务用会计等式表示如下：

资产　　　　　　　　　　　＝负债　　　　　　　　＋所有者权益

（银行存款＋固定资产＋原材料）＝（短期借款＋应付票据）＋实收资本

（128 000＋20 000＋12 000）　＝（50 000＋10 000）　＋（100 000＋0）

（3）引起负债减少、所有者权益增加的经济业务。举例如下：

【例3-11】25日，H工厂将其对ZL公司的应收票据10 000元转作对ZL公司的投资。

该项经济业务使得ZL公司的负债（应付票据——付款义务）减少了10 000元，同时，H工厂也成为ZL公司新的投资者，在ZL公司享有相应的权益，即所有者权益增加10 000元。该业务中，等式左边的资产要素没有变化，等式右边的负债和所有者权益要素同时发生等额的增减，等式两边仍然相等。该业务用会计等式表示如下：

资产 ＝ 负债 ＋ 所有者权益
（银行存款＋固定资产＋原材料）＝（短期借款＋应付票据）＋实收资本
（128 000 ＋ 20 000 ＋ 12 000）＝（50 000 ＋ 0）＋（100 000 ＋ 10 000）

（4）引起负债增加，所有者权益减少的经济业务。举例如下：

【例3-12】30日，按照之前与C广告公司签订的协议，计算出本月应支付的广告费为5000元，款项尚未支付。

该项经济业务中，广告费5000元为公司的费用支出，费用是利润的减项，这项费用将使得企业利润相应减少5000元，利润最终归所有者所有，是所有者权益的范畴，因此使得所有者权益减少5000元；同时，因为应付款项尚未支付，所以企业承担了5000元的债务，即负债增加了5000元。与上例一样，该业务同样是等式左边的资产要素没有变化，等式右边的负债和所有者权益要素同时发生了等额的增减，等式两边仍然相等。此业务用会计等式表示如下：

资产 ＝ 负债 ＋ 所有者权益
（银行存款＋固定资产＋原材料）＝（短期借款＋应付账款）＋（实收资本＋利润）
（128 000 ＋ 20 000 ＋ 12 000）＝（50 000 ＋ 5000）＋｛110 000 ＋（-5000）｝

从上述举例中可以看出，企业在生产经营中发生的经济业务具有多样性，任何经济业务的发生都会引起资产负债所有者权益项目发生增减变动。但是不论发生何种经济业务，对会计等式的影响都是双向的。故无论经济业务的类型如何变化，都不会影响资产、负债、所有者权益之间的恒等关系，不会破坏会计等式的恒等关系。正确的理解和运用这种平衡关系将为3.4节借贷复式记账法的学习打下坚实的基础。

3.3 会计科目和账户

3.3.1 会计科目的设置

1. 会计科目的意义和本质

在3.1节中已经学习了对会计对象的基本分类，即资产、负债、所有者权益、收入、费用和利润六个会计要素。但是仅仅用这六要素来记录所有的经济业务还不够具体，容易造成混淆。例如，银行存款和原材料都是属于企业的资产，但如果都用"资产"这个要素作为名称来记录显然是不合理的，不能区分各种不同类别的资产。再如，对于"企业用银行存款3500元购进货物作为商品"这样一笔经济业务，如果仅按照六要素加以记录的话，只能反映为"资产增加3500元，资产减少3500元，资产总量不变"。这种记录并不能提供任何新的有用的信息。为了在记账时更好地记录各种经济业务，需要把六个会计要素进行更细的分类，即会计科目。

会计科目是指根据管理的需要和信息使用者的具体要求对会计要素的内容所做的再分类。它是对会计对象的具体内容（即会计要素）进行分类核算的标志或项目，是设置账户、处理账务所必须遵守的规则和依据，是正确组织会计核算的一个基本条件。

2. 会计科目设置的原则

要利用会计科目来记录会计业务，首先要设置会计科目。设置会计科目是指在满足管理要求的基础上，对会计要素预先设计和提供科学分类，以及对这种分类的使用程序（包括登记的内容和方法）的规定。由于这种分类是在记录之前进行的，而不是在记账时才临时考虑的，因此不能由记账人员各自决定、自行其是。

会计科目的设置作为一种活动或行为，有其行为主体。在我国，根据《会计法》的规定，国家实行统一的会计制度。国家统一的会计制度由国务院财政部制定，国务院有关部门可以依照国家统一的会计制度制定实施的具体办法或者补充规定。所以，设置会计科目的行为主体主要是财政部。财政部所制定的全国通用的会计科目，包括会计科目名称和编号、会计科目使用说明等，是国家统一会计制度的组成部分。

其次，国务院有关部门、企事业等单位，按照统一性与灵活性相结合的原则，在不影响会计核算要求和会计报表指标汇总，以及对外提供统一的财务会计报告的前提下，可以根据实际情况自行增设、减少或合并某些会计科目；这些部门和单位也是会计科目设置的行为主体。

因此，对企业财务会计来说，设置会计科目首先是根据财政部设置的通用会计科目具体开设和使用适用于本企业的会计科目，在这一过程中，企业可根据实际情况自行增设、减少或合并某些会计科目，包括在不违反统一会计核算要求的前提下，设置统一会计制度未予设置的明细科目；其次，企业可以根据具体情况，在不违背会计科目使用原则的基础上，确定适合于本企业的会计科目名称。

一般而言，企业设置会计科目的原则有以下四点。

（1）全面完整、满足需要。会计科目的设置必须结合会计对象的特点，全面反映会计对象的内容，应能全面、概括地反映企业的各项会计要素，满足有关各方了解企业经济活动情况的需要。做到既要满足对外报告的要求，又要符合内部经营管理的需要。

（2）保持一致、适用具体。会计科目的设置必须与会计准则和会计制度在口径上保持一致，以满足国家宏观经济管理的需要，使会计信息具有可比性，便于会计信息的对比、分析和汇总。目前，我国企业、行政单位会计所用的总账科目都是由财政部统一制定的，非经财政部同意，不得任意减并（不需用的科目可以不用）。各地区、各单位可以根据需要进行必要的补充，并因地制宜地设置明细科目。总之，会计科目的设置应结合本企业、本单位的具体情况，充分考虑经济管理上的需要，提供企业内部经营管理所需的会计信息，做到统一性与灵活性相结合。

（3）科学合理、可操作性强。比如，对资产要素的分类，就应当考虑资产的特性，以及不同企业持有资产的不同目的等。具体地说，将负债按照其借入时间的长短不同，可分为长期负债和流动负债。但如果按照金额的大小将金额大的作为长期负债，而将金额小的作为流动负债，这种分类就是错误的。

（4）清晰准确、简明通俗。设置会计科目应简明扼要、内容清晰，原则上每个会计科目应反映一项特定的经济内容，不可模棱两可、相互包含，既要尽可能简化会计核算，又要提供明确清晰的信息，便于有关各方了解企业的财务状况。会计科目的含义要能够明确反映核算的内容和范围。会计科目要简明通俗、科学实用，并且要合理分类、科学编号。例如，在资产要素中要进一步分为流动资产、固定资产等，因为它们具有不同的经济内容，流动资产各个组成部分也有不同的经济内容，相应地分为"现金""银行存款""房屋机器""应收账款""材料""库存商品"等，由此产生了"库存现金""银行存款""固定资产""应收账款""原材料""库存商品"等会计科目。

3. 会计科目的分类

会计科目可以按其所反映的经济内容和隶属关系的不同等进行分类。

（1）按反映的经济内容分类。会计科目按其所反映的经济内容不同，即会计对象的具体内容不同，可以划分为资产类、负债类、所有者权益类、成本类和损益类等六个大类科目。在每个大类下根据各个会计要素的内容等可做出进一步的分类，其详细的类目如表3-2所示。

（2）会计科目按隶属关系分类。会计科目按其隶属关系及其提供信息的详细程度不同可以划分为总账科目和明细科目。

总账科目又称为一级科目，用于概括地反映企业的各项经济业务。明细科目又称为子目（二级科目）和细目（三级科目）等，是对总账科目的进一步分类，用于详细反映各项经济业务。例如，工业企业的"原材料"科目是总账科目，其下可设有"原料及主要材料""包装材料""燃料"等子目（二级科目）用以区分不同用途的原材料，并且在二级科目之下还应按照材料的类别、品种和规格等分设细目（三级科目）。一级科目的名称及核算内容一般由财政部通过会计制度统一明确，企业不得随意更改。当然，企业也可以根据自身的特点和管理需要进行必要的选择和设置。

4. 会计科目一览表

为了便于以后的学习，并且进一步认识会计科目，下面参照我国《企业会计制度》，给出企业常用的会计科目表（见表 3-2）。

表 3-2　工业企业常用会计科目一览表

顺序号	编号	会计科目名称		顺序号	编号	会计科目名称	
		第一类　资产类					
1	1001	库存现金	※	22	1501	持有至到期投资	
2	1002	银行存款	※	23	1502	持有至到期投资减值准备	
3	1012	其他货币资金	※	24	1503	可供出售金融资产	
4	1101	交易性金融资产	※	25	1511	长期股权投资	
5	1121	应收票据	※	26	1512	长期股权投资减值准备	
6	1122	应收账款	※	27	1521	投资性房地产	
7	1123	预付账款	※	28	1531	长期应收款	
8	1131	应收股利	※	29	1532	未实现融资收益	
9	1132	应收利息	※	30	1601	固定资产	※
10	1221	其他应收款	※	31	1602	累计折旧	※
11	1231	坏账准备	※	32	1603	固定资产减值准备	
12	1401	材料采购	※	33	1604	在建工程	※
13	1402	在途物资	※	34	1605	工程物资	※
14	1403	原材料	※	35	1606	固定资产清理	※
15	1404	材料成本差异	※	36	1701	无形资产	※
16	1405	库存商品	※	37	1702	累计摊销	※
17	1406	发出商品		38	1703	无形资产减值准备	
18	1407	商品进销差价		39	1801	长期待摊费用	※
19	1408	委托加工物资		40	1811	递延所得税资产	
20	1411	周转材料		41	1901	待处理财产损益	
21	1471	存货跌价准备					

顺序号	编号	会计科目名称		顺序号	编号	会计科目名称	
		第二类　负债类					
42	2001	短期借款	※	51	2232	应付股利	※
43	2101	交易性金融负债		52	2241	其他应付款	※
44	2111	卖出回购金融资产款		53	2501	长期借款	※
45	2201	应付票据	※	54	2502	应付债券	※
46	2202	应付账款	※	55	2701	长期应付款	
47	2203	预收账款	※	56	2702	未确认融资费用	
48	2211	应付职工薪酬	※	57	2711	专项应付款	
49	2221	应交税费	※	58	2801	预计负债	
50	2231	应付利息	※	59	2901	递延所得税负债	
		第三类　共同类（普通企业极少使用）					
60	3001	清算资金往来		63	3201	套期工具	
61	3002	货币兑换		64	3202	被套期项目	
62	3101	衍生工具					
		第四类　所有者权益类					
65	4001	实收资本	※	68	4103	本年利润	※
66	4002	资本公积	※	69	4104	利润分配	※
67	4101	盈余公积	※				
		第五类　成本类					
70	5001	生产成本	※	72	5201	劳务成本	※
71	5101	制造费用	※	73	5301	研发支出	
		第六类　损益类					
74	6001	主营业务收入	※	82	6403	营业税金及附加	※
75	6011	利息收入		83	6601	销售费用	※
76	6051	其他业务收入	※	84	6602	管理费用	※
77	6101	公允价值变动损益		85	6603	财务费用	※
78	6111	投资收益	※	86	6701	资产减值损失	※
79	6301	营业外收入	※	87	6711	营业外支出	※
80	6401	主营业务成本	※	88	6801	所得税费用	※
81	6402	其他业务成本	※	89	6901	以前年度损益调整	※

"※"表示基础会计学中常用的科目。

3.3.2　账户

1. 设置账户的意义

会计科目只是分类核算的项目或标志，但仅仅设置好会计科目是不够的，核算指标的具体数据资料还需要通过账户记录取得。所有经济业务的发生都会引起企业资产、负债和所有者权益发生增减变化，而且都要反映到企业财务报表内有关项目的记录中去。所以，为了系统、分门别类、连续记载企业的生产经营情况及其资产、负债和所有者权益的增减变化结果，便于提供完整的财务报表信息，在设置会计科目以后，还必须根据规定的会计科目开设一系列反映不同经济内容的账户，用来对各项经济业务进行分类记录。

账户具有一定的格式和结构，是根据会计科目设置的，用于分类反映会计要素增减变动情况及其结果的载体，是用以系统连续地记录、整理和汇总会计数据的重要手段。设置账户后，就可以对所发生的经济业务在相应的账户中进行分门别类地记录和计算，从而全面、序时、连续、系统地记录和反映有关会计要素具体内容的增减变动及其结果，进而编制会计报表。因此，设置账户是会计核算的重要方法之一。

企业日常发生的大量经济业务全部要按照会计科目分门别类地记载在各个账户之中，并在账户之间进行清理结算；企业的财务状况和生产经营结果需要通过各个账户来反映；企业的债权、债务及所有者权益需要通过有关账户来监督以保证其财产完整无缺。因此，设置账户是做好会计工作，完成会计任务，实现会计目标的重要环节。

企业应该怎样设置账户，设置多少账户，是由企业会计科目决定的。而会计科目的设置又取决于会计要素分类的大小。会计要素分类的大小最终取决于企业的管理要求、规模大小和业务的繁简。设置账户既不应过分复杂烦琐，增加不必要的工作量，又不应过分简单粗糙，使各项会计要素混淆不清，不能满足会计信息使用者的需要。综上所述，设置账户具有以下两个重要作用：

（1）设置账户能按照经济管理的要求分类地记载和反映经济业务的内容；

（2）设置账户能为编制财务报表提供重要依据。

2. 账户与会计科目的关系

在3.3节中已经介绍了会计科目是对会计要素对象的具体内容进行分类核算的类目，设置会计科目就是对会计对象的具体内容加以科学归类，进行分类核算和监督的一种方法。而会计账户是根据会计科目开设的，具有一定结构，用来系统、连续地记载各项经济业务的一种手段。

任何一个账户应该符合以下两个规定：

（1）账户应具有标准的名称，它是对会计要素的再分类，也就是任何一个账户都应该隶属于具体的某个会计要素；

（2）账户应该具有具体的结构，可以用来反映经济业务对各账户的增减变动影响。综上所述，会计科目与账户是相互联系的。会计科目与账户都是对会计对象要素具体内容进行的分类。会计科目是账户的名称，也是设置账户的依据，会计科目决定着账户核算内容的性质，会计账户是会计科目的具体运用，没有账户也就无法发挥会计科目的作用，会计科目所反映的经济内容就是会计账户所要登记的内容。因此，两者核算内容的性质是一致的。没有会计科目，账户就失去了设置的依据。两者的区别在于会计科目只是对会计要素具体内容的分类，本身没有结构，会计账户则有相应的结构，具体反映资金活动状况。因此，会计账户比会计科目分户更为明晰，内容更为丰富。此外，会计科目一般由会计制度统一规定，会计账户除了规定的以外，还可以根据各单位实际情况自行确定。

3．账户的基本结构

会计科目，即账户的名称决定了账户所记录和反映的经济业务的内容。从数量上来说，任何一项经济业务，所引起的某一具体会计要素项目的数量变化，不外乎是"增加"与"减少"这两种情况；变化后的结果则是增加或减少后的"余额"。因而账户也分为两个部位，即左方和右方，一方登记本会计科目的增加额，一方登记本会计科目的减少额，这两个部位就成为一切账户的基本结构。在借贷记账法下，人们将账户的左方规定为"借方"（debter），将账户的右方规定为"贷方"（creditor）。为了方便后面的教学及演练，借贷记账法下的账户的结构往往采用如图 3-1 所示的简化格式。

借(左)方	账户名称(会计科目)	贷(右)方
增加额		减少额

或者是：

借(左)方	账户名称(会计科目)	贷(右)方
减少额		增加额

图 3-1 借贷记账法的账户结构

由于这种简化的格式有点类似于中文的"丁"字或者英文字母 T，所以也被称为"丁字账"或者"T 型账"。

在账户中，除了设立"借方"和"贷方"这两个基本部位之外，在实务中一般还包括以下内容：

（1）账户的名称（会计科目）；

（2）日期和摘要（记录经济业务的发生日期，概括经济业务的内容）；

（3）借方金额、贷方金额和余额；

（4）凭证号数等。

实际工作中，上述内容一般被编列成如下的三栏式账户，如表 3-3 所示。

在借贷复式记账法下，每个账户的左方都是借方，右方都是贷方，分别用来登记增加数和减少数。当具体到每一个账户，究竟哪一方登记增加数，哪一方登记减少数，则取决于该账户的性质类别和经济业务的内容。

表3-3　三栏式账户

账户名称：_____　　　　　　　　　　　　　　　　　　　　　　单位：元

年		凭证号数	摘　要	借方金额	贷方金额	借　或　贷	余　额
月	日						

通常也将账户按其反映的经济内容从总体上划分为资产类、负债类、所有者权益类、收入类、费用类来进行解释，这与会计要素的分类是基本一致的。在"资产＝负债＋所有者权益"和"收入－费用＝利润"这两个等式中，资产类账户与负债类、所有者权益类账户之间存在对应关系，收入类账户、费用类账户和利润类账户之间也存在着相应的对应关系。根据3.2节所介绍的衍生会计等式"资产＝负债＋所有者权益＋利润或亏损（即收入－费用）"所演变出的变形式"资产＋费用＝负债＋所有者权益＋收入"可知，资产和费用要素列在等号左边，负债、所有者权益及收入要素列在等号的右边，左右两边的合计数永远相等，即保持平衡。为了在账户记录过程中不破坏会计恒等式，如果将资产和费用的增加记在账户左边的话，负债和所有者权益以及收入的增加就应相反地记在账户的右边；对于资产和费用的减少因和它们的增加是相反的，增加记在了账户的左边，减少就应该记在账户的右边。负债、所有者权益及收入与资产相对应，其减少应与资产和费用相反，记在账户的左边。这样，虽然每一类账户都有借（左）方和贷（右）方，但对于不同性质的账户而言，借方、贷方的含义是不一样的。换言之，"借方"和"贷方"同"增加"和"减少"并不能等同起来，借方不一定表示增加，贷方也不一定表示减少，而应该看它是什么账户。根据上述原理，人们规定：资产类与费用类账户的结构基本一致（差别在于费用类账户一般没有余额），而负债类、所有者权益类和收入类账户的结构基本相同（差别在于收入内账户一般也无余额）。因此，各类账户的增加和减少、借方和贷方的分布情况如图3-2所示。

4．本期发生额、期初余额、期末余额及其相互关系

会计期间内的增加额、减少额称为"本期发生额"。如果更详尽一些，则可分别称之为"本期借方发生额""本期贷方发生额"。发生额是记账的直接对象，是记入账户的初始信息。对于资产类和费用类账户来说，本期的借方发生额就是本期资产和费用的增加额，本期贷方发生额就是本期资产和费用的减少额。负债类、所有者权益类、收入类账户则正好相反。

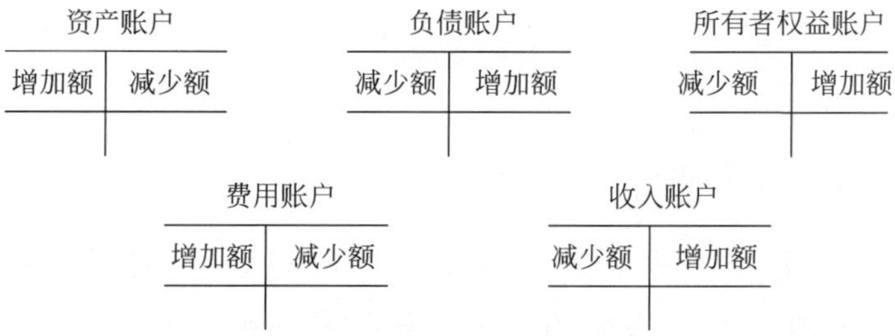

图 3-2　各类账户的分布情况

截至会计期间结束时，某些账户中借贷双方的发生额不能完全抵消，所出现的差额，会计上称为余额。通常，账户的正常余额应该是处于登记增加数的那一方。因此，资产类账户的正常余额应该在借方，而负债类、所有者权益类账户的正常余额应该在贷方。由于收入类和费用类账户在每一会计期末其余额都将转入利润类账户进行结算，因此通常情况下是没有余额的，具体情况将在 5.2 节中予以阐述。

账户的发生额与正常余额的关系，如图 3-3 所示。

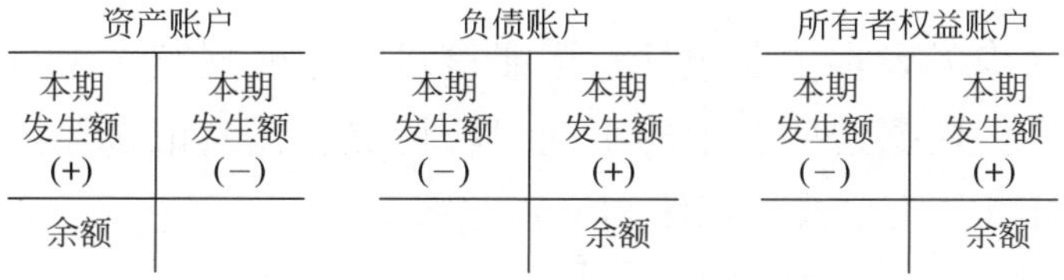

图 3-3　账户的发生额与正常余额的关系

在这里所说的发生额和余额都是建立在会计期间的基础上。这里的"期"是指会计期间，即会计报告期。一般的会计报告期是指月、季、年。通常，我们把账户记录按这样的期间进行总结，提供资产、负债、所有者权益、收入、费用和利润等各方面的经营活动及其成果的财务会计信息，以满足有关各方面定期了解企业生产经营状况和财务状况的需要。然而，会计期间是持续不断、前后相连的，因此本期的期末余额即是下一期的期初余额。这样，期初余额、本期发生额、期末余额之间就形成了如下的等式关系。

资产类账户：

$$\binom{\text{期末余额}}{\text{（借方）}} = \binom{\text{期初余额}}{\text{（借方）}} + \binom{\text{本期借方}}{\text{发生额}} - \binom{\text{本期贷方}}{\text{发生额}}$$

负债类及所有者权益类账户：

$$\binom{\text{期末余额}}{\text{（贷方）}} = \binom{\text{期初余额}}{\text{（贷方）}} + \binom{\text{本期贷方}}{\text{发生额}} - \binom{\text{本期借方}}{\text{发生额}}$$

收入和费用类账户在尚未结转时如有余额，则收入类账户的余额与负债及所有者权益类账户一致，费用类账户的余额则可参照资产类账户来计算。

3.4 借贷复式记账法

3.4.1 记账方法的意义

所谓记账方法是指根据会计的一定原理和规则，采用统一的货币计量单位，运用一定的记账符号将发生的经济业务记录到账簿中的方法。

把经济业务中包含的数据，按一定的方式方法科学地记入有关账户，是会计核算系统中处理数据的一个基本步骤，这一步骤称为"记账"。要保证记账的正确性，就必须选用科学的记账方法。记账方法是通过账户（会计科目）记录经济业务的一种手段，按照会计科目开设的账户，将发生经济业务如实地在相关账簿中进行登记，从而连续、系统、完整地记录和反映各项经济业务，这就是记账方法的意义。

3.4.2 记账方法的种类

记账方法的构成要素主要包括：记账符号、记账规则、记录方式、对账方法和平衡公式等。根据这些要素的不同组合情况，按其记录经济业务方式的不同，记账方法可以分为单式记账法和复式记账法。

1. 单式记账法

单式记账法是指对发生的经济业务只在一个账户中单方面进行反映的记账方法。单式记账法的主要特征是一般只登记现金、银行存款的收付业务和人欠、欠人等各项往来账款。单式记账法是一种比较简单的记账方法，也是一种不完整的记账方法，尽管其具有手续比较简单的优点，但是因为它没有完整的账户体系，账户之间不能形成相互对应和平衡的关系，所以不能全面系统地反映经济业务的来龙去脉，也不便于检查账户记录的正确性。

2. 复式记账法

复式记账法，它是由单式记账法逐步发展演变而来的一类科学的记账方法，复式记账法与单式记账法相对应，它是以资产与权益平衡关系为记账基础，对于每一笔经济业务，都以相等的金额在两个或两个以上相互联系的账户中进行登记，系统全面地反映资金运动变化及其结果的一种记账方法。与单式记账法相比，复式记账法具有两个特点。

（1）发生的每一项经济业务都要在两个或两个以上相互联系的账户中同时进行登记。因此，通过账户记录不仅可以全面、清晰地反映出经济业务的来龙去脉，而且还能通过会计要素的增减变动，全面、系统地反映经济活动的过程和结果。

（2）因为每项经济业务发生后，都要以相等的金额在有关账户中进行登记，所以可以对账户记录的结果进行试算平衡，以检查账户记录是否正确。

综上所述，复式记账法虽然相对单式记账法而言记账手续比较复杂，但是因为其能全面系统地反映经济业务的来龙去脉，保持账户之间的相互对应和平衡关系，所以能够提高会计信息的清晰度，有利于账户记录的正确性和结账前后进行试算平衡的检查。

3.4.3　复式记账法的基本原理

会计方程式（又叫会计恒等式）"资产＝负债＋所有者权益"集中体现了资产、负债和所有者权益之间的关系，它是企业财务状况的表达式，实际上也是会计对象即资金运动的公式化。资产就其主体而言，是企业所拥有或控制的资源，是会计主体本身获得未来经济利益的权利；从价值形式上看，则一定有相应的提供渠道，由此产生了资金提供者对企业资产提出要求的权利，即权益，也是会计主体自身对债权人和所有者义务的量化体现。由于权益表明了资产的来源，使资产与权益相互依存，因此在任何时候，作为独立经济主体的资产必然恒等于相应的权益，形成会计方程式。当资金呈现显著变动状态时，有三种表现形式，即资金的投入与退出、资金的循环与周转、资金的耗费与收回，形成了以循环与周转为特征的运动，其公式可表述为

$$资产＝负债＋所有者权益＋（收入－费用）$$

企业无论发生何种类型的经济交易或事项，只要这些交易或事项符合会计要素的定义且能计量，都不会破坏"资产＝负债＋所有者权益"这一基本等式，如企业接受投资者出资 150 万元，使得资产和所有者权益同时增加 150 万元，会计等式还是保持平衡。综上所述，所有的事项对会计等式都会产生双重影响，但这些都是等式内部各项目的变化。

复式记账法主要有借贷复式记账法、增减复式记账法和收付复式记账法等三种，目前世界最通用的记账方法是借贷复式记账法。我国 1993 年 7 月 1 日开始实施的企业会计准则中就已经明确规定我国采用借贷复式记账法。因此，本书将以借贷复式记账法来解释复式记账。

3.4.4　借贷复式记账法

1. 借贷复式记账法的概念

借贷复式记账法（简称借贷记账法）是指以"借"和"贷"为记账符号，反映会计要素增减变动情况的一种复式记账法。借贷记账的主要特点是以"借"与"贷"为记账符号。

借贷记账法下账户的基本结构是左方为借方，右方为贷方。至于究竟是哪方登记增加，哪方登记减少，则要取决于账户所反映的经济内容。

2. 借贷复式记账法的要素

构成借贷记账法的主要因素有记账符号、记账规则、会计分录以及过账与试算平衡等。下面就这些问题分别加以说明。

（1）记账符号。借贷记账法产生于13世纪的意大利。由于当时意大利的商业十分发达，对记账方法的探索也领先于其他国家。早先在佛罗伦萨的钱庄业中出现了借贷复式记账法。在复式簿记发展早期曾赋予"借""贷"二字以特殊含义。最初的"借"与"贷"是与商品经济中的借贷关系相联系的经济范畴，是与经济往来中的债权债务相关的借贷关系的一种表示方法。人们习惯于将债权记入"借方"，而将债务记入"贷方"。随着商品经济的发展，借贷记账法在其他地区和行业逐渐流传开来。随着经济业务的内容日趋复杂，"借"与"贷"也就逐渐地失去了其原有的"借"进来和"贷"出去的含义，而成为一种单纯的记账符号。就像人的名字只是识别每个人的一种符号而已。所以"借""贷"二字不能从字面上去理解，它们不是指谁欠了谁，而仅仅只是一种符号，没有实在的意义。而在借贷记账法中，用"借"表示增加，还是用"贷"表示增加，则取决于经济业务的内容和账户的性质。

（2）记账规则。记账规则就是指记录经济业务时所应遵循的规则。复式记账的理论依据是资金运动及其数量变化的规律性，具体的记账规则也由这一规律所决定。从会计等式出发也能总结出相同的规则。

前面已经说明，虽然一个会计主体的经济业务千差万别，但是任何经济业务从会计记账的角度来看，均可以归结为3.2节中所述的四种类型。

① 引起等式两边会计要素同时增加的经济业务——资金投入企业的业务。

这类业务主要包括：投资者向企业投入资金；企业向银行借入资金，以及赊购材料、设备等；取得主营业务收入，导致资产增加等等（收入使得利润发生增加，利润在分配给投资者前可以视为投资者投放在企业的资金）。在3.2节中的例3-3（投资人投入资金120 000元），例3-4（借入银行借款50 000元），例3-5（赊购材料12 000元）就是典型的此类业务。相关分析已在3.2节完成，此处不再赘述。

② 引起等式两边会计要素同时减少的经济业务——资金退出企业的业务。

此类业务主要是指经济资源流出企业的业务。这类业务主要包括：向投资者分配利润、投资人撤资、偿还各种借款、缴税、发生各种费用耗用资产等。在3.2节中的例3-7（偿还前欠货款2000元）、例3-8（投资人撤资20 000元）均属此类业务。例如，企业用银行存款180 000元归还银行的一笔长期借款，这笔经济业务将会使"银行存款"资产类账户和"长期借款"负债类账户同时减少 180 000 元。

③引起等式左边会计要素发生增减的经济业务——资金内部循环业务。

此类业务主要是指资产内部形态的相互转换业务。企业的资产在使用过程中会不断地变换其实物形态，从而导致各种资产相互之间不断的转换形态。例如，用银行存款购买材料和设备，将各种材料投入生产，产品生产完工入库等，都会引起资产要素内部的增减。3.2 节中的例 3-6（用银行存款购买价值 20 000 元的设备）就是典型的此类业务。

④引起等式右边会计要素发生增减的经济业务——资金来源转换业务。

会计恒等式的右边包括负债和所有者权益两个要素，因此这类业务主要包括四种可能的分类：负债内部一增一减，所有者权益内部一增一减，负债减少、所有者权益增加，所有者权益减少、负债增加。从现实可能性来看，前三种业务会经常发生。例如，企业从银行借入短期借款 50 000 元并直接用于偿还了一笔应付账款这样的经济业务发生时，将会使"短期借款"和"应付账款"两个负债类账户一增一减 50 000 元。再如 3.2 节中的例 3-9（用商业汇票偿还前欠购货款 10 000 元）、例 3-10（投资人王某转让投资 40 000 元）、例 3-11（H 工厂将债务 10 000 元转为对 ZL 公司的投资）都属于此类业务。

根据借贷记账法下的账户结构，将这四种类型的经济业务运用借贷记账法登记到账户之中，由于复式记账法是建立在"资产＝负债＋所有者权益＋（收入－费用）"会计等式理论基础之上的，因此借贷记账法下这四种类型的经济业务可归纳如图 3-4 所示。

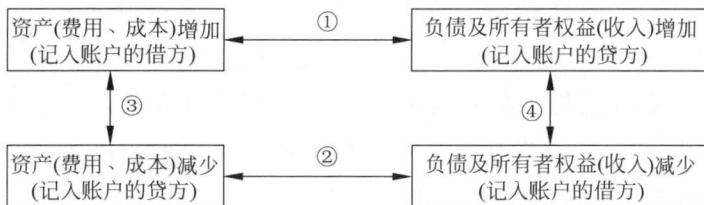

图 3-4　借贷复式记账法的记账规则

从图 3-4 中可以看出以下规则。

第一，任何经济业务发生后，应同时在至少两个或两个以上的账户中相互联系地进行记录，这就是所谓的"复式"；

第二，一项业务应记入两个以上的账户，所记入的几个账户所属的类别，可以是会计等式的同一方向的，也可以是不同方向的；但是每一笔经济业务发生以后，必须至少记入一个账户的借方和另一个账户的贷方。如果某项经济业务同时涉及三个以上的账户时，至少要在一个或几个账户的借方和一个或几个账户的贷方进行登记（可以是一个借方、多个贷方，或一个贷方、多个借方，或者多个借方、多个贷方）。总之，是有借必有贷。

第三，每项经济业务所记入的几个账户的金额，借方发生额合计和贷方发生额合计必须相等。本期发生的全部经济业务在进行正常的处理后，记入所有账户借方的发生额合计，应当等于记入所有账户贷方的发生额合计。这个结论对单一的经济业务时是如此，对于一个企业一定时期内所有的经济业务也同样适用。也就是说，借贷要相等。

以上三条规则总结起来可以表述为一句话："有借必有贷，借贷必相等"。

（3）会计分录。在明确了记账规则之后，就可以根据记账规则对会计事项或交易进行记录。企业所需应用的账户在实际工作中往往多至几十个甚至上百个，如果将每笔经济业务所应借记和贷记的数额直接记入各有关账户，难免会发生错误。例如，错记了账户、记错了金额、漏记了借方或是贷方金额、一方多记了金额或者一方少记了金额等。常常不容易发现或查对这些错误，如果要查出某个期间内究竟发生了多少笔或某期间内发生了哪些经济业务，就更为困难了。为了克服这些缺点，在记账以前的会计处理上就将日常发生的经济业务先做成一种叫作"会计分录"的初步记录，再根据会计分录记入各有关账户。

会计分录，是指为了方便记账，根据借贷记账法的记账规则对经济业务进行分析后，按一定格式预先列示经济业务应借或应贷账户及其金额的一种书面记录，也称为"记账公式"。它实际上可以看作是记账的草稿，是正式登账前的一种准备。一笔完整的会计分录通常应包括记账方向、账户名称和金额这三个要素。

在教学和演练中，会计分录的格式存在着一些习惯做法：除了特定格式外，任何会计分录都应该是借方在上、贷方在下，或者说借方的记账符号、账户和金额都要在贷方的上一行；为了便于识别，每个会计分录也都是借方在左、贷方在右，或者说贷方的记账符号、账户和金额都要比借方退后一格，归纳起来就是"借在左上，贷在右下"；账户名称和金额之间也应留有一定的间隔，金额的计量单位则一般可以省略。

作为会计分录的初学者，在处理经济业务编制会计分录时，应当按照以下四个步骤来进行：

① 判断所处理的经济业务引起了哪些会计科目的变化，也就是这笔经济业务涉及了哪些会计账户；

② 判断会计账户的增减，即这笔经济业务是引起这些会计账户的增加还是减少；

③ 判断这些账户所属的性质，即这些账户各属于什么类别、什么大类的会计要素，是位于等式的左边还是右边；

④ 根据账户的性质及其增减确定记账方向。

以"用银行存款 80 000 元购买设备"这笔业务为例:

① 判断其所影响的会计账户,这笔业务涉及"银行存款"和"固定资产"两个账户。

② 判断这两个账户的增减,这笔业务将会使"银行存款"账户减少 80 000 元,同时"固定资产"账户增加 80 000 元。

③ 判断账户的性质,"银行存款"属于资产类的账户,"固定资产"也属于资产类的账户。

④ 根据账户的性质及其增减确定记账方向。资产类的账户是借方登记增加数,贷方登记减少数。因此,"固定资产"的增加记入"固定资产"账户的借方,"银行存款"的减少记入"银行存款"账户的贷方。

根据以上步骤编制的会计分录如下:

借:固定资产　　　　　　　　　　　　　　　　　80 000

　　贷:银行存款　　　　　　　　　　　　　　　　　80 000

在熟练了借贷记账法编制会计分录的原理和步骤之后,就可以不需要按照上述步骤逐一进行了,而可以直接写出最后的会计分录。

为了进一步举例说明,现将 3.2 节中的 10 个例题(例 3-3 ~ 例 3-12)逐一编制成会计分录如下:

【例 3-3】借:银行存款　　　　　　　　　　　　120 000

　　　　　　贷:实收资本　　　　　　　　　　　　120 000

【例 3-4】借:银行存款　　　　　　　　　　　　　50 000

　　　　　　贷:短期借款　　　　　　　　　　　　　50 000

【例 3-5】借:原材料　　　　　　　　　　　　　　12 000

　　　　　　贷:应付账款　　　　　　　　　　　　　12 000

【例 3-6】借:固定资产　　　　　　　　　　　　　20 000

　　　　　　贷:银行存款　　　　　　　　　　　　　20 000

【例 3-7】借:应付账款　　　　　　　　　　　　　　2000

　　　　　　贷:银行存款　　　　　　　　　　　　　　2000

【例 3-8】借:实收资本　　　　　　　　　　　　　20 000

　　　　　　贷:银行存款　　　　　　　　　　　　　20 000

【例 3-9】借:应付账款　　　　　　　　　　　　　10 000

　　　　　　贷:应付票据　　　　　　　　　　　　　10 000

【例 3-10】借:实收资本——王某　　　　　　　　40 000

　　　　　　　贷:实收资本——李某　　　　　　　　40 000

【例 3-11】借：应付票据   10 000

                 贷：实收资本   10 000

【例 3-12】借：销售费用   5000

                 贷：应付账款   5000

从上述例题中可以看到，在复式记账法下，对每项经济业务，要在两个或两个以上的账户中相互联系地进行反映以说明资金的一次运动，这样就在有关账户之间形成了一种相互依存的对应关系，这种关系称为账户的对应关系。存在着对应关系的账户就叫作"对应账户"。账户的对应关系在会计分录中表现得非常明显。在实际工作中，借助于账户的这种对应关系，也可以通过分析资金运动的来龙去脉，进而看到经济业务的真正面貌。

会计分录有简单分录和复合分录之分。简单分录又称为单项分录，它只有一借一贷的对应关系，即借方和贷方各只有一个对应账户。上面的例题中全部都是简单分录；复合分录指存在两个以上相互联系账户的分录，也就是指对应关系存在于一个账户的借方和另几个账户的贷方、一个账户的贷方和另几个账户的借方、几个账户的借方和另几个账户的贷方之间的分录，即一借多贷、一贷多借或者多借多贷。

例如：企业购买 2500 元的材料，用现金支付了 1500 元，另外 1000 元未付，则可作复合分录为：

借：原材料   2500

    贷：库存现金   1500

        应付账款   1000

实际上，复合分录也是由简单分录合并而成的。上例中的复合分录其实就是以下两笔简单分录的合并：

① 借：原材料   1500

      贷：库存现金   1500

② 借：原材料   1000

      贷：应付账款   1000

复合分录能简化会计分录的编制工作、提高记账的效率。但企业应根据经济业务的实际需要来选择编制简单会计分录和复合会计分录，既不能为了追求简化而将多笔经济业务拼凑在一起编制成复合会计分录，也不得任意将一笔复合会计分录分拆成几笔简单会计分录。为了清楚地反映账户之间的对应关系，原则上不编制多借多贷的会计分录。

（4）过账与试算平衡。

① 过账。通过编制会计分录，将经济业务的影响进行分类，并分别记录其

变动金额，是不可或缺的环节。但是，仅仅编制会计分录是不够的。会计分录将一个完整的经济业务一分为二，分别记入两个或更多的账户。如果某一个会计期间企业发生的经济业务数量较多，仅仅借助会计分录无法连续、完整地反映企业经济活动的影响。因此，上述十笔经济业务的会计分录在经过检查审核无误后，还应将会计分录中所记载的、分散的数据分别登记到有关账户中去，这一过程在会计上称为"过账"。

实际工作中，账户一般采用三栏式居多。过账时，根据各会计分录的记录，分别过入其借方和贷方。例如，根据例 3–6 的会计分录进行过账，如表 3–4、表 3–5 所示。

表 3–4　固定资产账户

固定资产　账户　　　　　　　　　　　　　　　　　　　　　　　　单位：元

2016 年		凭证号数	摘　要	借方金额	贷方金额	借 或 贷	余　额
月	日						
×	×	4	用银行存款购买固定资产	20 000			

表 3–5　银行存款账户

银行存款　账户　　　　　　　　　　　　　　　　　　　　　　　　单位：元

2016 年		凭证号数	摘　要	借方金额	贷方金额	借 或 贷	余　额
月	日						
×	×	4	用银行存款购买固定资产		20 000		

在实际工作中，过账前账户在上月末如有余额，应首先结转为账户中本月的"月初余额"。在教学和演练中，为了简化，后面将使用 T 型账户格式来说明过账程序。上列三栏式账户记录的简化格式如图 3–5 所示。

图 3–5　三栏式账户记录的简化格式

现引用上文中例 3–3 ~ 例 3–12 的 10 个例题的分录资料，先在 T 型账户上据以过账，再计算各账户的期末余额，如图 3–6 所示。

银行存款	
① 120 000	④ 20 000
② 50 000	⑤ 2000
	⑥ 20 000
170 000	42 000
余额：128 000	

实收资本	
⑥ 20 000	① 120 000
⑧ 40 000	⑧ 40 000
	⑨ 10 000
60 000	170 000
	余额：110 000

短期借款	
	② 50 000
	50 000
	余额：50 000

原材料	
③ 12 000	
12 000	
余额：12 000	

应付账款	
⑤ 2000	③ 12 000
⑦ 10 000	⑩ 5000
12 000	17 000
	余额：5000

固定资产	
④ 20 000	
20 000	
余额：20 000	

应付票据	
⑨ 10 000	⑦ 10 000
10 000	10 000

销售费用	
⑩ 5000	
5000	
余额：5000	

图 3-6 各账户过账及期末余额图

② 试算平衡。在借贷记账法下对每笔经济业务编制会计分录，根据"有借必有贷，借贷必相等"的记账规则，在据以过账后，不仅每笔会计分录中的借、贷双方金额，而且全部账户中借、贷发生额双方合计都能保持平衡。但是事实上并非都能做到，因为在编制会计分录和过账时，都有可能发生错漏，从而破坏上述两对平衡关系，这就需要进行检查和验证，即试算平衡。

试算平衡是在期末对所有账户的本期发生额和余额进行加总，以确定借贷是否相等，从而检查记账、过账过程是否存在差错的方法。进行试算平衡，离不开借贷记账法所依据的会计恒等式和记账规则。根据会计恒等式和记账规则，在过账后，借贷的平衡关系不仅体现在每一笔会计分录中，而且也反映在全部账户的关系上。其主要表现可以产生以下两个数量平衡关系式：

全部账户本期借方发生额合计＝全部账户本期贷方发生额合计　　（3-6）

全部账户期初（期末）借方余额合计＝全部账户期初（期末）

贷方余额合计　　（3-7）

根据式（3-6），可以进行全部账户本期借方发生额与本期贷方发生额的试算平衡；根据式（3-7），可进行全部账户的期初余额的试算平衡和全部账户的期末余额的试算平衡。这种平衡关系被称为"自动平衡"，体现了借贷记账法在记录和计算上的严密性和精确性。

在实际工作中，试算平衡是通过编制试算平衡表来完成的。试算平衡表是根据总分类账所提供的期初余额、本期发生额和期末余额来编制的。但在编表之前，需要检查、确定所有会计分录是否都正确过账，在此基础上还要计算出所有账户的期末余额。在结算出所有账户的期末余额后，就可据以编制试算平衡表了。该表可以据以发生额试算，也可以同时据以发生额和余额试算。

下面就以上文中 ZL 公司的 10 笔业务（例 3-3 ~ 例 3-12）登记的账簿资料（见图 3-6）为例，编制试算平衡表，如表 3-6 所示。

表 3-6　ZL 公司试算平衡表

2016 年 1 月 31 日　　　　单位：元

账户名称	本期发生额	期末余额	账户名称	本期发生额
	借　方	贷　方	借　方	贷　方
银行存款	170 000	42 000	128 000	
原材料	12 000		12 000	
固定资产	20 000		20 000	
短期借款		50 000		50 000
应付票据	10 000	10 000		
应付账款	12 000	17 000		5000
实收资本	60 000	170 000		110 000
销售费用	5000		5000	
合　计	289 000	289 000	165 000	165 000

从表 3-6 中可以看出，所有账户借方发生额合计等于贷方发生额合计，所有账户借方余额合计等于贷方余额合计，表明不存在明显的记账、过账错误。但应当注意的是：试算平衡只是检查账户记录是否正确的一种方法。如果试算结果借贷双方不平衡，则可以肯定账户发生了记录或计算上的错误；但如果试算结果借贷双方平衡，也只能证明账户记录本身的正确性，而不能保证账簿记录的绝对正确性。这是因为试算平衡正如"下雨则能肯定天上有云，而有云未必就一定下雨"的道理一样，它只是记账正确性的必要条件，而非充要条件。

有许多错误对于借贷双方的平衡并不发生影响，因而不能通过试算平衡表来发现。例如：

①一笔经济业务的记录全部被漏记或重记；

②一笔经济业务的借贷双方，在编制会计分录时，金额上发生了同样的错误；

③在编制会计分录时，一笔经济业务应借应贷的账户互相颠倒，或者误用了账户名称；

④会计分录的借贷双方或一方，在过账时误入了账户；

⑤借方或贷方的各项金额偶然一多一少，恰好相互抵消。

因为账户记录可能存在这些不能由试算平衡表发现的错误，所以需要对一切会计记录进行日常或定期的复核，以保证账面记录的正确性。

3.5 总分类账户与明细分类账户

3.5.1 总分类账户和明细分类账户的关系

1. 总分类账户和明细分类账户的概念

账户是根据会计科目开设的。与会计科目按其隶属关系分为总账科目和明细科目相对应，账户也分为总分类账户和明细分类账户。

（1）总分类账户简称总账账户或总账，是根据总分类科目开设的、对经济业务进行全面、总括反映的账户。为了保证会计信息的一致性和可比性，目前总分类账户一般根据国家统一的会计制度的有关规定设置。总分类账户根据不同的标准，可以有不同的分类。根据账户所反映的经济内容，通常可将其分为资产类账户、负债类账户、所有者权益类账户、成本类账户、损益类账户。

（2）明细分类账简称明细账，是根据明细科目开设的、对某一经济业务的具体内容进行明细分类核算的账户。同会计科目一样，明细分类账户也可再分为二级账户、三级账户等。在实际工作中，将总账账户称为一级账户，总账以下的账户称为明细账户。例如，"原材料"账户可分为"原料及主要材料""辅助材料""燃料"等二级账户；"原料及主要材料"又可以分为"钢材""铝材""铜材"等三级账户；"钢材"又可以分为"角钢""方钢"等四级账户；"角钢""方钢"还可以按照规格再细分。但并非账户设置越细越好，而要以既能满足管理需要、又能简化核算为原则。

2. 总分类账户和明细分类账户的关系

总分类账户与明细分类账户既有内在联系，又有区别。

总分类账户与明细分类账户之间的内在联系主要表现在：

① 所反映的对象和经济业务的内容相同；

② 登记账簿的原始依据相同，都是根据相同的原始凭证来登记的。

总分类账户和明细分类账户之间的区别主要表现在：

① 两者的作用不同。总账对明细账起着控制和统驭作用，明细账对总账起着辅助、补充说明的作用；

② 两者反映经济内容的详细程度不同。总分类账提供的是总括的核算指标，而明细分类账则可提供详细的核算指标；

③ 两者的度量指标不完全相同。总账只运用货币度量指标，明细账则可采用货币量度和实物量度；

④ 两者登记的方法不同。总账一般可定期汇总登记，明细账则应及时、逐笔登记；

⑤ 两者的格式不完全相同。总账一般只采用三栏式，明细账可采用三栏式、多栏式、数量金额式等多种格式。

从总分类账户和明细分类账户二者之间的关系可以看出，在日常工作中，应把总分类账和明细分类账结合起来使用，既概括又详细地反映同一项经济业务，以满足不同信息使用者，以及同一信息使用者不同层面的需要。

3.5.2 总分类账户和明细分类账户的平行登记

1. 平行登记的概念

平行登记是指对所发生的每项经济业务都要以会计凭证为依据，一方面记入有关总分类账户，另一方面记入有关总分类账户所属的明细分类账户的方法。总分类账户与明细分类账户的相互结合是通过平行登记的方式实现的。平行登记既可以满足管理上对总括会计信息和详细会计信息的需求，又可以检验账户记录的完整性和正确性。

2. 平行登记的要点

平行登记的要点可以概括为依据相同、期间相同、方向一致和金额相等。

（1）依据相同。对发生的每一笔经济业务，都要以相关的会计凭证为依据，既登记有关总分类账户，又登记其所属的明细分类账户。

（2）期间相同。对发生的每一笔经济业务，在将其记录于有关总分类账的同时（同一时期），还要在总分类账所属的明细分类账中进行登记。

（3）方向一致。将经济业务记入总分类账和明细分类账时，记账方向必须一致。即，如果在总账中记入的是借方，则其所属的明细账也要记借方；如果在总账中记贷方，则其所属明细账也要记贷方。

（4）金额相等。记入总分类账户的金额，应与记入其所属明细分类账户的金额相等。若总账的明细账不止一个，则记入总账的金额应与记入所属明细账的金额之和相等。这里包含两个含义，总分类账户本期发生额与其所属明细分类账户本期发生额之合计相等；总分类账户期初（期末）余额与其所属明细分类账户期初（期末）余额之合计相等。

3．平行登记的方法举例

【例3-13】ZL公司有甲、乙、丙三家材料供应商，某月初应付账款的期初余额为70 000元，其中应付甲公司30 000元，应付乙公司25 000元，应付丙公司15 000元。本月公司用银行存款偿付前欠的应付账款共计45 000元，其中，偿还甲公司20 000元，偿还乙公司15 000元，偿还丙公司10 000元。

根据上述本月发生的经济业务编制的会计分录如下：

借：应付账款——甲公司　　　　　　　　　　　　20 000

　　　　　　——乙公司　　　　　　　　　　　　15 000

　　　　　　——丙公司　　　　　　　　　　　　10 000

　　贷：银行存款　　　　　　　　　　　　　　　　　　45 000

根据上述分录，对总分类账和明细分类账进行平行登记：在"应付账款"总账中借记45 000元。同时，在"应付账款——甲公司"明细账中借记20 000元，在"应付账款——乙公司"明细账中借记15 000元，在"应付账款——丙公司"明细账中借记10 000元。平行登记后，应付账款总分类账户与其下属的三个明细分类账户的有关情况可用如下的T型账户来表示，如图3-7所示。

应付账款		应付账款——甲公司	
	期初余70 000		期初余30 000
偿还45 000		偿还20 000	
	期末余25 000		期末余10 000

应付账款——乙公司		应付账款——丙公司	
	期初余25 000		期初余15 000
偿还15 000		偿还10 000	
	期末余10 000		期末余5000

图3-7　总分类账户与其下属明细分类账户的平行登记

会计期末，将应付账款明细账的期初余额、本期发生额和期末余额的合计数与应付账款总分类账的期初余额、本期发生额、期末余额相核对，如果结果完全相等，则表明应付账款总分类账和所属明细分类账的记录是正确的。如果两者不相等，则表明记账有错误，应及时查明原因，并予以更正。

思考练习题

一、思考题

1. 会计要素包括哪几种？哪些是动态会计要素？哪些是静态会计要素？

2. 借贷复式记账法的记账规则是什么？主要因素有哪些？

3. 会计账户和会计科目的概念一样吗？有什么区别和联系？

4. 总分类账户和明细分类账户的关系是什么？什么是总分类账和明细分类账的平行登记？

5. 会计恒等式是什么？动态和静态恒等式之间有什么关系？

6. 编制会计分录时可按哪些步骤来进行？

7. 试算平衡包括哪些数量平衡关系式？

二、单选题

1. 对某项经济业务事项按照复式记账的要求，标明应借、应贷科目名称及其金额的记录称为（   ）。

  A. 科目   B. 对应关系

  C. 会计分录   D. 对应科目

2. 总分类账户与明细分类账户平行登记四要点中的"依据相同"是指（   ）。

  A. 总分类账要根据明细分类账进行登记

  B. 明细分类账要根据总分类账进行登记

  C. 根据同一会计凭证登记

  D. 由同一人员进行登记

3. 某公司 2017 年 1 月初"应付账款"科目余额 30 000 元，当月预收购货单位订金 1000 元，欠供货商货款 23 400 元（含增值税 3400 元），已归还原欠货款 20 000 元，当月"应付账款"科目期末余额为（   ）元。

  A. 33 400   B. 29 000   C. 31 000   D. 34 400

4. 复式记账法是以（   ）为记账基础的一种记账方法。

  A. 试算平衡   B. 资产和权益平衡关系

  C. 会计科目   D. 经济业务

5. 下列会计分录形式中，属于简单会计分录的是（   ）。

  A. 一借一贷   B. 一借多贷

  C. 一贷多借   D. 多借多贷

6. 下列关于试算平衡法的说法，不正确的是（   ）。

  A. 包括发生额试算平衡法和余额试算平衡法

B. 漏记某项经济业务，不会影响试算平衡

C. 试算平衡了，说明账户记录绝对正确

D. 理论依据是会计等式和记账规则

7. 在借贷记账法下，会计科目的贷方用来登记（　　　　）。

    A. 大部分收入类科目的减少

    B. 大部分所有者权益类科目的增加

    C. 大部分负债类科目的减少

    D. 大部分成本类科目的增加

8. 某公司月末编制的试算平衡表中，全部科目的本月贷方发生额合计为 240 万元，除银行存款外的本月借方发生额合计 208 万元，则银行存款科目（　　　　）。

    A. 本月借方余额为 32 万元　　　　　　B. 本月贷方余额为 32 万元

    C. 本月贷方发生额为 32 万元　　　　　D. 本月借方发生额为 32 万元

9. 下列表述中，正确的是（　　　　）。

    A. 从某个企业看，其全部科目的借方余额合计与全部科目的贷方余额合计不一定相等

    B. 从某个会计分录看，其借方科目与贷方科目之间互为对应科目

    C. 试算平衡的目的是验证企业全部科目的借方发生额合计与借方余额合计是否相等

    D. 企业常见会计分录为多借多贷的会计分录

10. 某企业库存商品总分类科目的本期借方发生额为 50 万元，贷方发生额为 30 万元，其所属的三个明细分类账中甲商品本期借方发生额为 20 万元，贷方发生额为 9 万元；乙商品借方发生额为 15 万元，贷方发生额为 11 万元；则丙商品的本期借、贷发生额分别为（　　　　）。

    A. 借方发生额为 85 万元，贷方发生额为 50 万元

    B. 借方发生额为 15 万元，贷方发生额为 10 万元

    C. 借方发生额为 15 万元，贷方发生额为 50 万元

    D. 借方发生额为 85 万元，贷方发生额为 10 万元

11. 下列属于反映企业财务状况的会计要素是（　　　　）。

    A. 收入　　　　　　　　　　　　　　　B. 所有者权益

    C. 费用　　　　　　　　　　　　　　　D. 利润

12. 下列各项中，不属于企业资产的是（　　　　）。

    A. 经营租出的厂房　　　　　　　　　　B. 融资租入的设备

    C. 股本　　　　　　　　　　　　　　　D. 非专利技术

13.下列应确认为资产的是（　　　）。

A.长期闲置且不再使用和转让的没有经济价值的厂房

B.已经超过保质期的食品

C.自然使用寿命已满但仍在使用的设备

D.已签订合同拟于下月购进的材料

14.流动资产是指变现或耗用期限在（　　　）的资产。

A.一年以内

B.一个营业周期以内

C.一年内或超过一年的一个营业周期以内

D.超过一年的一个营业周期内

15.下列关于所有者权益的说法，不正确的是（　　　）。

A.所有者权益包括实收资本（或股本）、资本公积、盈余公积和未分配
利润等

B.所有者权益的金额等于资产减去负债后的净额

C.盈余公积和未分配利润统称为留存收益

D.所有者权益包括实收资本（或股本）、资本公积、盈余公积和留存收益等

16.下列表述中，正确的是（　　　）。

A.所有者权益的金额应等于企业总资产金额

B.所有者权益的金额应等于企业总负债金额

C.所有者权益的金额应等于企业净利润金额

D.所有者权益的金额应等于企业总资产减去总负债后的余额

17.下列不属于所有者权益的是（　　　）。

A.实收资本　　　　　　　　　B.资本公积

C.盈余公积　　　　　　　　　D.主营业务收入

18.下列说法正确的是（　　　）。

A.收入是指企业在销售商品、提供劳务以及让渡资产使用权等活动中形
成的经济利益的总流入

B.所有者权益增加则表明企业一定获得了收入

C.狭义的收入包括营业外收入

D.收入按照性质不同，分为销售商品收入、提供劳务收入和让渡资产使
用权收入

19.会计科目是对（　　　）的具体内容进行分类核算的项目。

A.会计对象　　　　　　　　　B.会计要素

C.资金运动　　　　　　　　　D.会计账户

20. 企业在一定时期内通过从事生产经营活动而在财务上取得的结果称为（ ）。

A. 财务状况   B. 盈利能力

C. 经营业绩   D. 经营成果

三、多选题

1. 下列关于"有借必有贷，借贷必相等"记账规则的表述中，正确的有（ ）。

A. 记入一个科目的借方，必须同时记入该科目的贷方

B. 记入一个科目的贷方，必须同时记入另一个或几个科目的借方

C. 记入一个科目的借方，必须同时记入另一个或几个科目的贷方

D. 记入几个科目的贷方，必须同时记入另几个科目的贷方

2. 下列项目中，属于费用要素特点的有（ ）。

A. 与向所有者分配利润无关

B. 企业在日常活动中发生的经济利益的总流入

C. 经济利益的流出额能够可靠计量

D. 会导致所有者权益减少

3. 下列属于总分类科目的有（ ）。

A. 其他货币资金   B. 主营业务成本

C. 其他应收款   D. 银行本票存款

4. 下列各项中，属于平行登记要点的有（ ）。

A. 同期

B. 同向

C. 等额

D. 记入总分类账的金额与记入所属明细账的合计金额相等

5. 下列各项中，属于流动资产的有（ ）。

A. 应收账款   B. 存货

C. 长期股权投资   D. 货币资金

6. 下列各项中，属于反映企业经营成果要素的有（ ）。

A. 资产   B. 利润   C. 收入   D. 所有者权益

7. 下列有关收入的说法中，不正确的有（ ）。

A. 收入在扣除相关成本费用后，必然会导致企业所有者权益增加

B. 企业提供劳务采用预收货款形式的，应于提供劳务并达到要求时确认收入

C. 收入与所有者投入资本无关

D. 企业代收的款项不能作为收入确认

8. 下列会计科目中，属于资产类科目的有（　　　　）。

  A. 存货跌价准备   B. 营业外收入

  C. 预收账款   D. 长期应收款

9. 下列属于负债类科目的有（　　　　）。

  A. 短期借款   B. 预计负债

  C. 递延收益   D. 应交税费

10. 下列关于平行登记的说法正确的是（　　　　）。

  A. 总账账户的期初余额＝明细账账户期初余额合计

  B. 计入总分类账户的金额与计入其所属明细分类账户的合计金额相等

  C. 总账账户的本期发生额＝所属明细账户本期发生额合计

  D. 总账账户的期末余额＝所属明细账账户期末余额合计

11. 下列各项中，属于流动负债的有（　　　　）。

  A. 应付票据   B. 应付账款

  C. 应付利息   D. 应付债券

12. 某企业月末编制试算平衡表时，因"原材料"账户的余额计算不正确，导致试算平衡中月末借方余额合计为 65 000 元，而全部账户月末贷方余额合计为 60 000 元，则"原材料"账户（　　　　）。

  A. 余额多记 5000 元   B. 余额少记 5000 元

  C. 为贷方余额   D. 为借方余额

13. 下列关于会计等式的说法中，正确的有（　　　　）。

  A. "资产＝负债＋所有者权益"是最基本的会计等式，表明了会计主体在某一特定时期所拥有的各种资产与债权人、所有者之间的动态关系

  B. "收入－费用＝利润"这一等式动态地反映经营成果与相应期间的收入和费用之间的关系，是企业编制利润表的基础

  C. "资产＝负债＋所有者权益"这一会计等式说明了企业经营成果对资产和所有者权益所产生的影响，体现了会计六要素之间的内在联系

  D. 企业各项经济业务的发生并不会破坏会计基本等式

四、判断题

1. 构成会计分录要素的有借贷方向、科目名称、经济业务内容和金额。

                 （　　　）

2. 复式记账法可以保持会计科目之间的平衡关系。   （　　　）

3. 本年利润和主营业务收入一样是损益类科目。   （　　　）

4. 成本类科目包括制造费用、生产成本及主营业务成本等科目。 （　　　）

5. 会计科目是账户的名称，账户是会计科目的载体和具体运用。 （　　　）

6. 会计要素中既有反映财务状况的要素，又有反映经营成果的要素。（　　　）

7. 编制试算平衡表时，也应该包括只有期初余额而没有本期发生额的账户。

（　　　）

8. 发生额试算平衡是根据资产与权益的恒等关系，检验本期发生额记录是否正确的方法。（　　　）

9. "税金及附加"账户属于成本类账户。（　　　）

10. "资产＝负债＋所有者权益"体现了企业资金运动过程中某一特定时期的资产分布和权益构成。（　　　）

五、业务题

资料：2016 年 5 月，某公司发生有关经济业务如下：

1. 以现金 5000 元支付产品销售费用；

2. 销售产品 180 000 元，100 000 元已收存入银行，另 80 000 元尚未收到；

3. 本月应由行政管理部门负担的水电费 5000 元，款项尚未支付；

4. 以银行存款支付本月借款利息 2000 元；

5. 销售商品 80 000 元，有 20 000 元款项已收存入银行，另 60 000 元用来偿还原欠客户的货款；

6. 结转本月已销产品的成本 120 000 元。

要求：根据以上业务编制会计分录。

本期发生额及余额分析表

2016 年 5 月　　　　　　　　　　　　　　　单位：元

经济业务摘要	资产＝负债＋所有者权益＋收入－费用				
	资　　产	负　　债	所有者权益	收　　入	费　　用
期初余额					
本期发生额					
1.					
2.					
3.					
4.					
5.					
⋮					
本期发生额合计					
期末余额					

第**4**章

企业主要经济业务的核算

本章学习目标
- ★ 了解工业企业主要经济业务包括的内容
- ★ 熟练掌握资金筹集业务的核算
- ★ 熟练掌握生产准备业务的核算
- ★ 熟练掌握生产业务的核算
- ★ 熟练掌握销售业务的核算
- ★ 熟练掌握财务成果业务的核算

4.1 工业企业主要经济业务核算概述

1. 工业企业主要经济业务核算的内容

企业作为独立的经济实体，在经营活动过程中会不断地发生经济业务，不同性质的企业其经营活动的内容和过程也不同。相对于商品流通企业和其他性质的企业而言，工业企业由于其生产经营过程更为复杂、管理上所需要提供的会计信息更多，从而其业务核算的覆盖范围和复杂程度都要超过同规模的商品流通企业，以及政府部门与事业单位。因此，本书以更为复杂但全面的工业企业为基础来说明企业经济业务的基本会计核算方法，以便初学者能够更好地理解会计处理的逻辑顺序和会计核算的基本规律。

在工业企业中，资金运动包括资金筹集、资金投放和使用、资金的收回、资金的分配四个阶段。在各个阶段的资金运动过程中，经常发生各种不同的经济业务。

（1）资金筹集。企业要正常开展经营活动，就需要筹集大量的资金，企业必须采取适当的方式，从各种不同的渠道和方式来筹集资金，这是资金筹集阶段。这一阶段的主要经济业务就是接受投资和借入资金业务。

（2）资金投放和使用。筹资完成后，企业将筹到的资金拿去购买生产经营所需的生产资料，这就包括了购买原材料等生产所需的流动资产和购买机器设备等生产所需要的固定资产，同时还要聘请员工进行生产经营，这就是资金的投放阶段，也是工业企业生产前的准备过程；在这个过程中，原有的货币资金已转化为生产资料和储备资金，这一阶段中其主要业务是材料采购和因采购而引起的与供货商的款项结算、支付采购费和计算采购成本。正式生产过程开始后，需要耗费大量的原材料等流动资产，需要发放工人的工资，同时机器设备的价值也通过磨损转移到产品中去，这些成本和耗费都要按照一定的方法在各种产品之间进行分配，最终形成产品的成本，当产品完工入库时又转化为产品资金，这就是生产资料和储备资金的耗费与使用阶段，也是工业企业的生产过程；因此这一阶段工业企业的主要经济业务就是归集发生的生产费用，再将生产费用在完工产品和在产品之间进行分配，正确计算完工产品的成本。

（3）资金的收回。产品完工后，企业通过销售产品收回货款，这是企业的销售过程，也是资金的收回过程，这时商品资金又再次转换为货币资金；在这一过程中，销售商品、支付销售费用、交纳销售税金、与购货方的货款结算并计算销货成本是其主要经济业务。

（4）资金的分配。企业收回货币资金后，先要补偿在生产过程中发生的各种耗费，向国家缴纳税金，并计算盈亏，确定财务成果，再对实现的利润进行分配，这是资金的分配过程。在这一过程中其主要业务是缴纳税金、提取公积金、给投资者分红。

综上所述，企业的主要经济业务包括资金筹集业务、生产准备业务、生产业务、销售业务和财务成果业务。

2. 成本计算的内容

工业企业中的成本是一项综合性经济指标，成本计算能反映一个企业的效率和工作质量。正常运转的工业企业在供产销过程中，通常要计算三种成本：

（1）供应过程中的材料采购成本，由材料的买价和采购费用构成。

（2）生产过程中的生产成本，由直接材料、直接人工和制造费用构成。

（3）销售过程中的产品销售成本。

成本计算是会计的专门方法之一。所谓成本计算就是把企业的供应、生产、销售过程中发生的各项费用，按照一定的标准和对象进行归集和分配，以计算出各对象的总成本和单位成本。通过成本计算，也能为制定产品售价提供依据。为了全面地归集和分配生产费用，计算各类成本，应根据有关业务的具体内容和成本计算的具体要求，分别设置和运用不同的账户。

4.2 资金筹集业务的核算

4.2.1 资金筹集业务核算的内容

建立一个新的企业、维持企业正常生产经营或是企业扩张都离不开资金。因此，筹集资金是企业生产经营活动的首要条件。从企业的资金来源来看，不同的企业可以有不同的筹资渠道，各种筹资渠道筹到的资金，归纳起来主要包括两种来源：一是投资者投入企业的资金，包括国家投资、其他单位投资、个人投资、外商投资等；二是借入的资金，包括向银行借款和发行债券等。因此，筹资业务核算的内容就包括投入资本的核算和借入资本的核算两部分。

所谓投入资本是指企业的投资者实际投入企业经营活动的各种财产物资，这部分资金是企业从事生产经营活动的基本条件，是企业独立承担民事责任的资金保证。投入资本按其投资主体不同，分为国家投入资本、法人投入资本、个人投入资本和外商投入资本。

（1）国家投入资本是指有权代表国家投资的政府部门或者投资机构，以国有资产投入企业形成的资本金数额，包括国家以各种形式对企业的实物投资、货币投资，所有权属于国家的发明创造、技术成果等无形资产投资。

（2）法人投入资本是指其他法人单位以其依法可以支配的资产投入企业形成的资本金数额，包括实物资产、货币资产和无形资产。

（3）个人投入资本是指社会个人或本企业职工以其合法财产投入企业形成的资本金数额，个人资本金大部分是以货币形式投入的。

（4）外商投入资本是指外国投资者，以及我国港、澳、台地区投资者以其合法财产投入企业形成的资本金数额，包括实物资产、货币资产和无形资产等。

投入资本按其物质形态的不同可分为货币投资、实物投资和无形资产投资。货币投资是指投资者以货币形式投入的资金；实物投资是指投资者以厂房、设备、材料、商品等实物资产投入的资金；无形资产投资是指投资者以商标、专利、土地使用权等无形资产投入的资金。

除了从投资者处筹集资金外，企业为了进行生产经营活动或扩大生产经营规模，还经常需要向银行或其他金融机构借入资金，包括短期借款、长期借款和应付债券。短期借款是指企业向银行或其他金融机构借入的期限在 1 年以下（含 1 年）的各种借款；长期借款是指企业向银行或其他金融机构借入的期限在 1 年以上（不含 1 年）的各种借款；应付债券是指企业依照法定程序发行的，约定在一定期限内向债权人还本付息的具有一定价值的证券。债券的发行条件比较严格，只有完全满足条件的公司才能发行债券。所以，企业最为常见的是短期借款和长期借款。因此，借款业务核算的主要内容包括取得借款本金、计提利息、归还借款本金和利息等业务。

4.2.2　筹资业务核算应设置的账户

1. 投入资本核算应设置的账户

（1）"实收资本"或"股本"账户。"实收资本"账户用以核算企业实际收到投资人投入的资本，属于所有者权益类账户。该账户的贷方登记企业实际收到或者存入企业开户银行的货币资金，投资者投入的固定资产以及无形资产的价值；借方登记实收资本的减少，即投资者按法定程序收回投资或减少的股本数；期末余额在贷方，表示企业实际拥有的资本数额。该账户应按投资者的名称设置明细账，进行明细分类核算。

（2）"固定资产"账户。"固定资产"账户是用来核算和监督企业固定资产原始价值的增减变动和结存情况的账户，属于资产类账户。其借方登记因购建、调进、投入的固定资产所增加的原始价值，贷方登记因报废、毁损、调出、对外投资等而减少固定资产的原始价值，期末余额在借方，反映企业期末固定资产的账面原价。该账户应按固定资产类别、使用部门和每项固定资产设置固定资产登记簿或固定资产卡片，进行明细分类核算。

（3）"无形资产"账户。"无形资产"账户核算企业的专利权、非专利技术、商标权、著作权、土地使用权等各种无形资产的价值，属于资产类账户。其借方登记企业购入或自行创造并按法律程序申请取得和其他单位投资转入的无形资产的原值，贷方登记对外投资等减少的无形资产的原值，期末余额在借方，表示无形资产的现有价值。

（4）"库存现金"账户。"库存现金"账户属于资产类账户，核算企业的库存现金，借方登记现金的收入数，贷方登记现金的支出数。期末余额在借方，表示现金的期末库存数。

（5）"银行存款"账户。"银行存款"账户属于资产类账户，用以核算企业存入银行的各种款项。其借方登记存入款项，贷方登记提取或支出款项。期末余额在借方，表示企业存放在银行款项的实有数。

2. 借入资本核算应设置的账户

（1）"短期借款"账户。"短期借款"账户是用来核算和监督企业向银行或其他金融机构借入的期限在1年以下（含1年）的各种借款的账户，属于负债类账户。其贷方登记企业借入的各种短期借款的本金数额；借方登记企业归还的短期借款本金数额；期末余额在贷方，表示企业尚未偿还的短期借款本金数额。该账户应按债权人设置明细分类账，并按借款的种类进行明细分类核算。

（2）"长期借款"账户。"长期借款"账户是用来核算和监督企业借入的期限在 1 年以上（不含 1 年）的各种借款的账户，属于负债类账户。其贷方登记企业借入的各种长期借款的本金及利息数额，借方登记各种长期借款本金和利息的归还数额；期末余额在贷方，表示企业尚未偿还的各种长期借款本金和利息数额。该账户应按被借款单位设置明细账，并按借款种类进行明细分类核算。

（3）"应付债券"账户。"应付债券"账户是用来核算和监督企业为筹集长期资金而实际发行的债券及应付利息的账户，属于负债类账户。其贷方登记发行债券的票面金额、溢价金额、债券应计利息及应摊销的折价金额；借方登记实际归还的债券本息、折价以及应摊销的溢价金额，期末余额在贷方，表示尚未归还或尚未到期的本息数。该账户应按"债券面值""债券溢价""债券折价""应计利息"设置明细分类账户，并按债券的种类进行明细分类核算。

4.2.3　筹资过程主要经济业务的核算

1. 投入资本业务的核算

企业在吸收投入资本时，如果收到货币资产投资，应按实际收到的款项借记"库存现金""银行存款"等账户，贷记"实收资本"或"股本"账户；如果收到的是非货币性资产投资，则应按投资各方确认的资产公允价值借记"固定资产""无形资产""原材料"等账户。

【例 4-1】ZL 公司收到国家投入的货币资金投资 18 000 000 元，款项已存入银行。

该项经济业务的发生，一方面是款项已存入银行，使得公司的银行存款增加 18 000 000 元；另一方面是收到国家投资，使公司的资本金增加 18 000 000 元。因此，该项经济业务涉及"银行存款"和"实收资本"两个账户。银行存款的增加是公司资产的增加，应记入"银行存款"账户的借方；资本金的增加是所有者权益的增加，应记入"实收资本"账户的贷方。该项经济业务的会计分录如下：

借：银行存款　　　　　　　　　　　　　　　　　18 000 000
　　贷：实收资本（或股本）——国家　　　　　　　　　　18 000 000

如果公司收到的是一台价值 18 000 000 的设备、原材料或者无形资产时，则其会计分录如下：

借：固定资产（或原材料或无形资产）　　　　　　18 000 000
　　贷：实收资本（或股本）——国家　　　　　　　　　　18 000 000

2. 借入资本业务的核算

企业收到借入资金时，应按收到的借款金额借记"银行存款"账户，根据筹资的方式贷记"短期借款""长期借款""应付债券"账户。

【例4-2】ZL公司取得一项期限为3个月的银行借款500 000元，年利率为6%，到期还本付息，所得款项存入银行。

该项经济业务的发生，一方面使公司银行存款增加500 000元；另一方面使公司短期借款增加500 000元，故该项经济业务涉及"银行存款"和"短期借款"两个账户。银行存款的增加是企业资产的增加，应记入"银行存款"账户的借方；短期借款的增加是负债的增加，应记入"短期借款"账户的贷方。该项经济业务的会计分录如下：

借：银行存款　　　　　　　　　　　　　　　　　500 000
　　贷：短期借款　　　　　　　　　　　　　　　　　500 000

若本例中的借款期限为3年，则上述分录应为：

借：银行存款　　　　　　　　　　　　　　　　　500 000
　　贷：长期借款　　　　　　　　　　　　　　　　　500 000

【例4-3】ZL公司经批准，按面值发行5年期企业债券2500张，每张面值500元，票面利率10%。每半年计息一次，债券本息到期一次偿还。债券发行完毕，所得款项已存入银行。

该项经济业务的发生，一方面使公司银行存款增加1 250 000元；另一方面公司按面值发行5年期债券使企业长期负债增加1 250 000元，故该项经济业务涉及"银行存款"和"应付债券"两个账户。银行存款的增加是企业资产的增加，应记入"银行存款"账户的借方；应付债券的增加是负债的增加，应记入"应付债券"账户的贷方。该项经济业务的会计分录如下：

借：银行存款　　　　　　　　　　　　　　　　1 250 000
　　贷：应付债券——债券面值　　　　　　　　　　1 250 000

【例4-4】ZL公司上述短期借款到期，以银行存款偿还本金500 000元。

该项经济业务的发生，一方面使公司短期借款减少500 000元；另一方面使公司银行存款减少500 000元，故该项经济业务涉及"短期借款"和"银行存款"两个账户。短期借款的减少是企业负债的减少，应记入"短期借款"账户的借方；银行存款的减少是资产的减少，应记入"银行存款"账户的贷方。该项经济业务的会计分录如下：

借：短期借款　　　　　　　　　　　　　　　　　500 000
　　贷：银行存款　　　　　　　　　　　　　　　　　500 000

4.3 生产准备业务的核算

企业的生产准备过程主要是生产资料的准备过程，包括购置固定资产和采购材料物资的过程。因此，企业生产准备过程的业务主要包括固定资产的购进业务和材料的采购业务。

4.3.1 生产准备过程核算的内容

生产准备过程其实就是生产资料的供应过程，其主要内容是为生产经营需要准备各种材料物资和固定资产，即企业以货币资金购买各种厂房、机器设备等固定资产作为生产的必要条件，购买所需的各种原材料、燃料、低值易耗品等作为生产储备，以保证生产过程的顺利进行。在生产资料的采购过程中，企业要向有关单位支付机器设备和材料价款及运输费、装卸费等各种采购费用，还要同有关单位发生结算关系。因此，供应过程的主要经济业务就是采购业务和结算业务。

4.3.2 生产准备业务核算应设置的账户

企业采购是按计划进行的，材料资金的储备也有核定的定额。为了核算和监督材料的采购成本，考核采购储备资金的占用情况，以及核算和监督货款的结欠情况，需要设置和运用以下账户。

1. "在途物资"账户

"在途物资"账户是用来核算和监督企业各种外购材料的买价和采购费用，并据以计算材料物资采购实际成本的账户，属于资产类账户。其借方登记外购材料物资的实际采购成本，包括买价和采购费用；贷方登记已验收入库材料物资的实际成本；期末余额在借方，表示款已付但尚未运达企业，或已运到企业但尚未验收入库的在途材料物资的实际采购成本。为了具体反映每种材料的买价和采购费用，借以确定每种材料的实际采购数量和成本，应按购入材料的品种或类别设置明细账，进行明细分类核算。

2. "原材料"账户

"原材料"账户是用来核算和监督企业各种库存材料增减变化和结存情况的账户，属于资产类账户。其借方登记已验收入库材料的实际成本；贷方登记领用材料的实际成本，期末余额在借方，表示各种库存材料的实际成本。为了具体反映和监督每种库存材料的增减变化和结存情况，应按材料的品种、类别、规格等设置明细分类账，进行明细分类核算。

3. "应交税费"账户

"应交税费"账户是用来核算和监督企业与税务机关之间各种税费的应交和实交的结算情况的账户,属于负债类账户。其贷方登记应交纳的各种税费及增值税的销项税额、出口退税和进项税额转出;借方登记实际已交纳的各种税费及增值税的进项税额;期末既有可能出现借方余额,也有可能出现贷方余额;如果是出现贷方余额,就表示企业应交未交的各种税费;如果是出现借方余额,则表示企业多交的税费或尚未抵扣的增值税进项税额。

企业按照规定需要交纳各个不同种类的税,因此该账户应按税种设置明细账,进行明细分类核算。其中"应交税费——应交增值税"是用来核算和监督企业应交和实交增值税结算情况的账户,企业购买材料时向供货单位支付的增值税(进项税额)记入该账户的借方;企业销售产品时向购买单位收取增值税(销项税额)记入该账户的贷方。

4. "应付账款"账户

"应付账款"账户是用来核算企业因购买材料、物资和接受劳务供应等而应付给供应单位的款项,属于负债类账户。其贷方登记购入材料物资已验收入库,但尚未支付的货款;借方登记已偿还给供应单位的货款,期末余额在贷方,表示结欠供应单位的债务款,本账户应按照供应单位设置明细分类账,进行明细分类核算。

5. "预付账款"账户

"预付账款"账户是用来核算和监督企业按照购货合同规定预付给供应单位的款项的账户,属于资产类账户。其借方登记按照合同规定预付给供应单位的货款和补付的款项,贷方登记收到所购货物的货款和退回多付的款项;期末余额如在借方,表示企业尚未结算的预付款项;期末余额如在贷方,表示企业尚未补付的款项。本账户应按供应单位设置明细账,进行明细分类核算。

预付款项不多的企业,也可以将预付的款项直接记入"应付账款"账户的借方,而不设置"预付账款"账户。

6. "应付票据"账户

"应付票据"账户是用来核算企业购买材料、商品和接受劳务等而开出、承兑的商业汇票的账户,属于负债类账户。其贷方登记开出并承兑的应付票据的面值和利息;借方登记到期兑付的应付票据的本息;余额在贷方,表示尚未兑付的应付票据的本息。

4.3.3　生产准备过程主要经济业务的核算

1. 材料采购业务核算举例（假定材料按实际成本核算）

【例4-5】2016年6月，ZL公司（增值税一般纳税人）发生如下经济业务：

（1）1日，ZL公司向T工厂购入A材料，收到T工厂开来的增值税专用发票，数量是500千克，单价300元，价款150 000元，增值税19 500元，货款及增值税均以银行存款支付。

该项经济业务的发生，一方面使公司材料的买价支出增加150 000元，增值税进项税额增加19 500元；另一方面使公司银行存款减少169 500元。因此，该项经济业务涉及"在途物资""应交税费""银行存款"三个账户。支出的材料买价构成材料采购成本，应记入"在途物资"账户的借方；增值税进项税额应记入"应交税费——应交增值税"账户的借方；银行存款的减少是资产的减少，应记入"银行存款"账户的贷方。该项经济业务的会计分录如下：

借：在途物资——A材料　　　　　　　　　　150 000
　　应交税费——应交增值税（进项税额）　　　19 500
　　　贷：银行存款　　　　　　　　　　　　　　　169 500

（2）3日，ZL公司用银行存款支付上述购入A材料的运费9000元。（关于运费抵扣增值税的核算将在"中级财务会计"课程中予以介绍，为了简化计算，本书不做阐述。）

该项经济业务的发生，一方面使材料的采购费用支出增加9000元；另一方面使公司银行存款减少9000元。因此，该项经济业务涉及"在途物资"和"银行存款"两个账户。支出的材料采购费用构成材料采购成本，应记入"在途物资"账户的借方；银行存款的减少是资产的减少，应记入"银行存款"账户贷方。该项经济业务的会计分录如下：

借：在途物资——A材料　　　　　　　　　　9000
　　　贷：银行存款　　　　　　　　　　　　　　　9000

（3）7日，ZL公司向D工厂购入B材料和C材料，D工厂开具的增值税专用发票载明：B材料数量20 000千克，单价150元，C材料2000千克，单价200元，两材料共计3 400 000元；增值税442 000元。货款及增值税均未支付。

该项经济业务的发生，一方面使材料的买价支出增加3 400 000元，增值税进项税额增加442 000元；另一方面使公司应付账款增加3 842 000元。因此，该项经济业务涉及"在途物资""应交税费""应付账款"三个账户。支出的材料买价构成材料采购成本，应记入"在途物资"账户的借方；增值税进项税额应记入"应交税费——应交增值税"账户的借方，应付账款的增加是负债的增加，应记入"应付账款"账户的贷方。该项经济业务的会计分录如下：

借：在途物资——B 材料　　　　　　　　　　3 000 000

　　　　　——C 材料　　　　　　　　　　　 400 000

　　应交税费——应交增值税（进项税额）　　 442 000

　　贷：应付账款——D 工厂　　　　　　　　　　　3 842 000

（4）10 日，ZL 公司以银行存款偿还前欠 D 工厂货款 3 842 000 元。

该项经济业务的发生，一方面使 ZL 公司的应付账款减少 3 842 000 元；另一方面使公司银行存款减少 3 842 000 元。因此，该项经济业务涉及"应付账款"和"银行存款"两个账户。应付账款的减少是负债的减少，应记入"应付账款"账户的借方；银行存款的减少是资产的减少，应记入"银行存款"账户的贷方。该项经济业务的会计分录如下：

借：应付账款——D 工厂　　　　　　　　　　3 842 000

　　贷：银行存款　　　　　　　　　　　　　　　　3 842 000

（5）13 日，ZL 公司向 N 工厂购买 A 材料，根据合同规定预付款项 271 200 元，用银行存款支付。

该项经济业务发生，一方面使公司预付账款增加 271 200 元；另一方面使公司银行存款减少 271 200 元。因此，该项经济业务涉及"预付账款"和"银行存款"两个账户。预付账款的增加是资产的增加，应记入"预付账款"账户的借方；银行存款的减少是资产的减少，应记入"银行存款"账户的贷方。该项经济业务的会计分录如下：

借：预付账款——N 工厂　　　　　　　　　　271 200

　　贷：银行存款　　　　　　　　　　　　　　　　271 200

（6）18 日，ZL 公司收到上述 N 工厂发来的 A 材料，增值税专用发票载明数量 800 千克，单价 300 元，价款 240 000 元，增值税 31 200 元。

该项经济业务的发生，一方面使材料的买价支出增加 240 000 元，增值税进项税额增加 31 200 元；另一方面使公司预付账款减少 271 200 元。因此，该项经济业务涉及"在途物资""应交税费""预付账款"三个账户。支出的材料买价构成材料采购成本，应记入"在途物资"账户的借方；增值税进项税额应记入"应交税费——应交增值税"账户的借方；预付账款的减少是资产的减少，应记入"预付账款"账户的贷方。该项经济业务的会计分录如下：

借：在途物资——A 材料　　　　　　　　　　240 000

　　应交税费——应交增值税（进项税额）　　　31 200

　　贷：预付账款——N 工厂　　　　　　　　　　　271 200

（7）25 日，ZL 公司从 H 工厂购入 D 材料 200 公斤，单价 30 元，增值税专用发票上注明的增值税为 780 元，公司开出一张银行承兑汇票给 H 工厂。

该项经济业务的发生，一方面使得公司的材料买价支出增加 6000 元，增值税进项税额增加 780 元；另一方面使公司应付票据增加 6780 元。因此，该项经济业务涉及"在途物资""应交税费""应付票据"三个账户。购买的材料按采购成本，应记入"在途物资"账户的借方；增值税进项税额应记入"应交税费——应交增值税"账户的借方；开出银行承兑汇票是负债的增加，应记入"应付票据"账户的贷方。该项经济业务的会计分录如下：

借：在途物资——D 材料　　　　　　　　　　　　　　　　6000
　　应交税费——应交增值税（进项税额）　　　　　　　　780
　　　贷：应付票据　　　　　　　　　　　　　　　　　　6780

（8）30 日，公司以银行存款支付上述 B、C 两种材料的运费 13 000 元，入库前挑选整理费 3500 元。A、B、C、D 四种材料均已验收入库，结转其采购成本。

月末，计算验收入库材料的采购成本。购入材料的采购成本一般由买价和采购费用组成。其计算公式为

$$材料的采购成本＝买价＋采购费用$$

买价是指材料供应单位所开发货票上所填列的货款，买价可以直接确定为某种材料的成本。采购费用是指企业在采购材料过程中所发生的各项费用，包括材料的运输费、包装费、装卸费、保险费、仓储费、运输途中的合理损耗、入库前的挑选整理费及购入材料应负担的税金（如关税）和其他费用等。采购费用中有些可以分清是某种材料负担的，可以直接计入该种材料的采购成本，如上述第（2）笔业务中 A 材料的运费就属直接费用，直接记入 A 材料的成本；有些不能分清是某种材料负担的，应采用合理的分配标准，如材料的重量、买价等，按比例运用一定的方法，分配计入各种材料的采购成本。采购费用的分配，可用以下公式来计算：

$$分配率＝采购费用总额 / 材料总重量（或总买价）$$

某种材料应分摊的采购费用＝该种材料的采购重量（或买价）× 分配率

如本例中由 B、C 两种材料共同负担的运杂费和挑选整理费 16 500 元，按材料重量比例分配如下：

分配率＝（13 000 ＋ 3500）/（20 000 ＋ 2000）＝ 0.75（元 / 千克）

B 材料应分摊的采购费用＝ 20 000 × 0.75 ＝ 15 000（元）

C 材料应分摊的采购费用＝ 2000 × 0.75 ＝ 1500（元）

上述分配完成后，应在"在途物资——B 材料"和"在途物资——C 材料"明细分类账户的借方"运杂费"栏分别登记 15 000 元和 1500 元。编制会计分录如下：

借：在途物资——B 材料　　　　　　　　　　　　　　　15 000

   —C 材料   1500
  贷：银行存款   16 500

（9）A、B、C、D 四种材料实际采购成本确定以后，应从"在途物资"账户的贷方转入"原材料"账户的借方。编制会计分录如下：

  借：原材料——A 材料   399 000
     —B 材料   301 5000
     —C 材料   401 500
     —D 材料   6000
   贷：在途物资——A 材料   399 000
      —B 材料   3 015 000
      —C 材料   401 500
      —D 材料   6000

2. 固定资产购建业务核算举例

  企业的固定资产一般来源于投资人的投入、企业购入或者自建等。投资人投入固定资产的核算在资金筹集业务的核算中已经涉及，而自行建造固定资产的核算较为复杂，将在"中级财务会计"课程中学习。这里主要讨论固定资产的购进业务。

  固定资产购进业务主要反映固定资产增加的业务。下面以机器设备为例说明购进固定资产业务的会计处理。

  企业购入的机器设备中，有的不需要安装即可投入生产使用，有的则需要安装、调试后才能投入生产使用。如果购入的是不需要安装的设备，应按购入时的实际成本（即原始价值）入账，实际成本包括买价、运杂费、包装费等；如果购入的是需要安装的设备，则应通过"在建工程"账户核算其安装工程成本，将其购进时支付的买价、运杂费、包装费，以及安装时发生的安装费记入"在建工程"账户的借方。当安装工程达到预定可使用状态时，再按安装工程的全部支出（即实际成本），从"在建工程"账户的贷方转入"固定资产"账户的借方。

  【例 4-6】ZL 公司购入一台不需要安装的机器设备，买价 2 300 000 元，运杂费 40 000 元，包装费 20 000 元，增值税专用发票上注明的增值税额为 299 200 元，全部款项已用银行存款支付。

  该项经济业务的发生，一方面使公司固定资产增加 2 360 000 元，同时增值税进项税额增加 299 200 元；另一方面使公司银行存款减少 2 659 000 元。因此，该项经济业务涉及"固定资产""应交税费——应交增值税""银行存款"三个账户。固定资产的增加是企业资产的增加，应记入"固定资产"账户的借方；

增值税进项税增加应计入"应交税费——应交增值税"账户的借方；银行存款的减少是资产的减少，应记入"银行存款"账户的贷方。该项经济业务的会计分录如下：

```
借：固定资产                              2 360 000
    应交税费——应交增值税（进项税额）      299 000
    贷：银行存款                              2 659 200
```

该笔经济业务除了登记"固定资产"、"应交税费——应交增值税"和"银行存款"三个总分类账户外，还应在"固定资产"登记簿的借方登记 2 360 000 元，在"银行存款"日记账的贷方登记 2 659 200 元。

【例 4-7】ZL 公司购入一台需要安装的机器设备，买价 2 000 000 元，包装费 20 000 元，增值税专用发票上载明的增值税为 260 000 元，全部款项以银行存款支付。安装过程中应付人工费 8000 元，款项尚未支付。

该项经济业务的发生，一方面使公司的在建工程支出增加 2 028 000 元（2 000 000 + 20 000 + 8000），增值税进项税增加 260 000 元；另一方面使公司银行存款减少 2 280 000 元，应付职工薪酬增加 8000 元。因此，该项经济业务涉及"在建工程""银行存款""应交税费——应交增值税""应付职工薪酬"四个账户。在建工程支出的增加是费用的增加，应记入"在建工程"账户的借方；银行存款的减少是资产的减少，应记入"银行存款"账户的贷方；应交增值税的进项税额是增值税的抵扣项，应记入"应交税费——应交增值税"账户的借方；应付工资的增加是负债的增加，应记入"应付职工薪酬"账户的贷方。该项经济业务的会计分录如下：

```
（1）借：在建工程                          2 020 000
        应交税费——应交增值税（进项税额）  260 400
        贷：银行存款                          2 280 000
（2）借：在建工程                          8000
        贷：应付职工薪酬                      8000
```

该笔经济业务除了登记"在建工程""银行存款""应交税费""应付职工薪酬"四个总分类账户外，还应登记相关科目的明细分类账，进行明细分类核算。

【例 4-8】例 4-7 ZL 公司所购设备安装完毕，达到预定可使用状态，结转安装工程成本。

该项经济业务中，安装工程达到预定可使用状态，一方面使公司固定资产增加 2 028 000 元，应按实际成本记入"固定资产"账户的借方；另一方面使公司在建工程减少 2 028 000 元，结转完工工程成本，记入"在建工程"账户的贷方。应编制会计分录如下：

  借：固定资产   2 028 000

   贷：在建工程   2 028 000

  该笔经济业务除了登记"固定资产"和"在建工程"两个总分类账户外，还应在"固定资产"登记簿的借方登记2 028 000元，在"在建工程"明细账户贷方登记2 028 000元，进行明细分类核算。

4.4 生产过程业务的核算

4.4.1 生产过程业务核算的内容

  经过了生产准备过程后就可以进入生产过程。生产过程是工业企业再生产过程的中心环节，是人们利用各种生产资料进行加工形成产品的过程。企业的生产过程一方面是产品制造的过程；另一方面也是各种耗费发生的过程。生产业务核算的主要内容就是归集和分配各项费用，确定产品的制造成本。

  产品的制造成本并不是单一的，它包括几个方面的内容。

  （1）企业为了制造产品必然要使用各种材料。材料在生产过程中要么一次性被消耗掉，要么改变原有的实物形态，其价值也随之全部地转移到新产品的价值中去，构成产品成本的一部分。

  （2）产品的生产是通过劳动者的活劳动得以实现的。劳动者为自己的劳动所创造的那部分价值，企业以工资的形式支付给劳动者，形成企业的工资费用，这部分费用也构成产品成本的一部分。

  （3）产品在生产过程中还要使用机器、设备等固定资产对材料进行加工。这些固定资产可以被长期地使用而保持其原有的实物形态，但其价值随着固定资产的损耗，逐渐地转移到它所参与生产的新产品中去，成为产品成本的一部分。固定资产使用过程中逐渐损耗而转移到产品成本中去的那部分价值，称为固定资产折旧。

  （4）在生产过程中还会发生为组织和管理生产活动而支付的各项间接费用，如车间管理人员的工资及福利费、车间机物料消耗、修理费等，这些费用也成为产品成本的一部分。

  企业的生产费用应按一定种类的产品来归集，称为产品的生产成本和制造费用。生产费用归集时，若能分清属于哪种产品承担，可直接计入该种产品成本的费用，称之为直接成本或生产成本，如产品直接耗用的原材料、支付给直接生产工人的薪酬等；若当时不能分清应由哪种产品承担，需先归集后再按一定标准分配计入产品成本的费用，称之为间接成本或制造费用，如间接耗用的材料、车间管理技术人员的薪酬，厂房和设备的折旧费、水电费、修理费等。

综上所述，为制造产品所发生的各种耗费，包括材料费、人工费、折旧费，以及其他各项间接费用，构成了产品的成本。产品完工后，随着产成品的验收入库，为制造产品所发生的制造成本也应转入产成品成本中。此外，企业的行政管理部门还会发生为组织和管理生产活动而支付的各项费用，这些费用不构成产品的制造成本，而是形成期间费用的一部分，计入管理费用。期间费用不计入产品成本，月终直接计入当期损益。因此，生产过程中业务核算的内容包括材料消耗的核算、支付给职工的薪酬及福利费的核算、固定资产折旧费的核算、因生产经营管理活动而发生的各项费用支出的核算、产品成本归集计算和产品入库的核算。

4.4.2　生产过程核算应设置的账户

为了核算企业生产经营过程中所发生的各项生产费用，计算并确定产品的实际生产成本，工业企业一般应设置"生产成本""制造费用""管理费用""财务费用""累计折旧""应付职工薪酬""应付利息""库存商品"等账户。

1."生产成本"账户

"生产成本"账户是用来核算和监督企业生产产品所发生的各项生产费用的账户，属于成本类账户。该账户其借方登记为制造产品所发生的各项直接材料、直接人工等费用，以及由"制造费用"账户分配转入的制造费用；贷方登记产品生产完工并验收入库的产品、自制半成品等的实际成本；期末余额在借方，表示尚未加工完成的各项在产品的成本。

2."制造费用"账户

"制造费用"账户是用来核算和监督企业为生产产品和提供劳务所发生的各项间接费用，属于成本类账户。其借方登记各项制造费用的发生额，包括车间管理人员的工资和福利费、固定资产的折旧费、修理费、办公费、水电费、机物料消耗、劳动保护费、季节性停工损失和修理期间的停工损失等，这些费用先通过该账户进行归集，然后按一定标准分配计入产品成本；贷方登记计入有关产品成本的各项制造费用的分配额；月末，除季节性生产企业外，"制造费用"账户一般应无余额。该账户应按生产车间或部门设置明细账，并按费用项目设置专栏，进行明细分类核算。

3."管理费用"账户

管理费用是指企业管理部门为组织和管理生产经营活动所发生的各项费用，包括企业的董事会和行政管理部门在企业的经营管理中发生的，或者应当由企业统一负担的公司经费（包括行政管理部门职工薪酬、修理费、物料消耗、低值易耗品摊销、办公费和差旅费等）、工会经费、董事会费（包括董事会成员津贴、会议费和差旅费等）、聘请中介机构费、咨询费（含顾问费）、诉讼费、业务招待费、技术转让费、矿产资源补偿费、研究费、排污费等。

"管理费用"账户属于损益类账户，借方登记发生的各项管理费用，贷方登记期末转入本年利润账户的数额，期末结转后该账户无余额。该账户应按照费用项目设置明细账，进行明细分类核算。

4. "财务费用"账户

财务费用是指企业为筹集生产经营所需资金等而发生的费用，包括应当作为期间费用的利息支出（减利息收入）、汇兑损失（减汇兑收益）以及相关的手续费等。

"财务费用"账户属于损益类账户，是用来核算和监督企业为筹集生产经营所需资金而发生的各项费用的账户。其借方登记企业发生的各项财务费用；贷方登记发生的应冲减财务费用的利息收入、汇兑收益和结转到"本年利润"账户的财务费用；月末结转后该账户无余额。该账户应按照费用项目设置明细账，进行明细分类核算。

5. "累计折旧"账户

"累计折旧"账户是用来核算和监督固定资产累计损耗价值的账户，属于资产类账户。其贷方登记固定资产折旧的提取数和调入、盘盈固定资产的已提折旧额，即累计折旧的增加数；借方登记调出、投出、报废、毁损和盘亏固定资产的已提折旧额，即累计折旧的减少数；期末余额在贷方，表示现有固定资产累计折旧的实有数额。

6. "应付职工薪酬"账户

职工薪酬是指企业为获得职工提供的服务而给予各种形式的报酬以及其他相关支出。职工薪酬包括：

（1）职工工资、奖金、津贴和补贴；

（2）职工福利费；

（3）医疗保险费、养老保险费、失业保险费、工伤保险费和生育保险费等社会保险；

（4）住房公积金；

（5）工会经费和职工教育经费；

（6）非货币性福利；

（7）因解除与职工的劳动关系给予的补偿；

（8）其他与获得职工提供的服务相关的支出。

"应付职工薪酬"账户是用来核算和监督企业应付给职工的各种薪酬，属于负债类账户。该账户其借方登记实际支付给职工的各种薪酬，贷方登记实际发生应分配计入各项成本费用的职工薪酬；期末如有余额，应在贷方，表示已分配的超过已发放的职工薪酬数额之间的差额。该账户按职工薪酬种类开设明细账。

7. "应付利息"账户

"应付利息"账户用来核算企业按照规定预先提取但尚未实际支出的费用，如应付借款利息，此账户属于负债类账户。账户的贷方登记应按月预先提取的利息费用，借方登记已支付的利息费用，期末余额在贷方，表示已经预提但尚未支付的利息费用。

8. "库存商品"账户

"库存商品"账户是用来核算和监督企业库存各种商品的增减变动及结存情况的账户，属于资产类账户。其借方登记已验收入库商品的实际成本；贷方登记因销售等原因而减少的商品的成本；期末余额在借方，表示库存商品的实际成本。该账户应按商品的种类、品种和规格设置明细账，进行明细分类核算。

4.4.3 生产过程主要经济业务的核算

现举例说明生产过程中的各主要经济业务的核算，着重说明上述账户的运用，关于产品成本的计算则将在4.4.4节进行论述。生产业务的核算主要涉及生产费用的归集和分配以及产品制造成本的计算。

1. 材料费用的核算

工业制造企业在生产经营过程中要发生大量的材料费用。通常，生产部门或其他部门在领用材料时必须填制领料单，仓库部门根据领料单发出材料后，领料单的其中一联交给会计部门用以记账。会计部门对领料单进行汇总计算，按各部门及不同用途领用材料的数额分别计入有关账户。在实际工作中，材料费用的分配是通过编制"材料费用分配表"进行的。

【例4-9】ZL公司月末根据"领料单"编制"材料费用分配表"，如表4-1所示。

表4-1 材料费用分配表

2016年 × 月

用 途	A 材料		B 材料		C 材料		金 额 合 计
	数量/kg	金额/元	数量/kg	金额/元	数量/kg	金额/元	
生产甲产品耗用	30	9000	2000	300 000			309 000

用　　途	A 材料		B 材料		C 材料		金 额合 计
	数量 /kg	金额 / 元	数量 /kg	金额 / 元	数量 /kg	金额 / 元	
生产乙产品耗用	20	6000	6000	900 000			906 000
车间一般耗用					360	72 000	72 000
管理部门耗用					100	20 000	20 000
合计	50	15 000	8000	1 200 000	460	92 000	1 307 000

根据"材料费用分配表"可知，本月共发出材料 1 307 000 元。其中，直接用于甲产品生产的 309 000 元，用于乙产品生产的 906 000 元；应直接记入"生产成本"账户的借方，基本生产车间一般性耗用材料 72 000 元，不属于直接材料费用，应记入"制造费用"账户的借方，管理部门耗用材料 20 000 元，应计入"管理费用"账户的借方；同时，仓库发出材料，使库存材料减少 1 307 000 元，记入"原材料"账户的贷方。该项经济业务的会计分录如下：

借：生产成本——甲产品　　　　　　　　　　　309 000
　　　　　　——乙产品　　　　　　　　　　　906 000
　　制造费用　　　　　　　　　　　　　　　　72 000
　　管理费用　　　　　　　　　　　　　　　　20 000
　　贷：原材料——A 材料　　　　　　　　　　　　15 000
　　　　　　　——B 材料　　　　　　　　　　　1 200 000
　　　　　　　——C 材料　　　　　　　　　　　92 000

该笔经济业务除了登记"生产成本"、"制造费用"、"管理费用"和"原材料"四个总分类账户外，还应在"生产成本——甲产品""生产成本——乙产品"两个明细分类账户借方的"直接材料"成本项目内分别登记，在"制造费用"明细账的借方登记，在"管理费用"明细账的借方登记，在"原材料——A 材料"、"原材料——B 材料"和"原材料——C 材料"三个明细分类账的贷方分别登记，进行明细分类核算。

2. 应付职工薪酬的核算

应付职工薪酬是指企业支付给劳动者的劳动报酬和各种福利费，包括工资、奖金和各种津贴。为了正确计算产品成本，确定当期损益，企业必须进行应付职工薪酬的核算，正确地归集和分配公司的人工费用。

【例 4-10】ZL 公司本月共应付职工薪酬 840 000 元。其中，直接生产甲产品工人的薪酬为 273 200 元，直接生产乙产品工人的薪酬为 364 800 元，基本生产车间管理人员的薪酬为 182 000 元，行政管理人员的薪酬为 20 000 元，该薪酬暂未支付。该项经济业务的会计分录如下：

```
借：生产成本——甲产品                         273 200
        ——乙产品                         364 800
    制造费用                               182 000
    管理费用                                20 000
    贷：应付职工薪酬                                   840 000
```

【例 4-11】用银行存款支付本月职工薪酬 848 000 元。

```
借：应付职工薪酬                             848 000
    贷：银行存款                                       848 000
```

3. 制造费用的核算

如前所述，用于生产产品而耗费的材料和人工，直接记入生产成本，而为组织和管理生产活动而发生的各项制造费用，则不能直接计入产品的成本。为了正确计算产品的成本，必须将这些费用先记入"制造费用"账户，然后再按照一定的标准，将其分配计入有关产品成本。

【例 4-12】月末，公司计提生产用固定资产折旧费 80 000 元，

该项经济业务的发生，一方面是公司计提的生产用固定资产折旧费用增加 80 000 元，记入"制造费用"账户的借方；另一方面是固定资产损耗的价值增加 80 000 元，记入"累计折旧"账户的贷方。该项经济业务的会计分录如下：

```
借：制造费用                                80 000
    贷：累计折旧                                        80 000
```

【例 4-13】用银行存款支付本月车间电费 4100 元，其中，甲产品生产耗电 2000 元，乙产品生产耗电 1200 元，车间照明用电 900 元；支付车间修理费用 1900 元。

该经济业务说明，一方面公司修理费及车间用电费增加 2800 元，记入"制造费用"账户的借方，甲产品成本增加 2000 元，乙产品成本增加 1200 元，记入"生产成本"账户的借方；另一方面公司的银行存款减少 6000 元，记入"银行存款"账户的贷方。该项经济业务的会计分录如下：

```
借：生产成本——甲产品                           2000
        ——乙产品                           1200
    制造费用                                 2800
    贷：银行存款                                         6000
```

4. 其他费用的核算

在生产过程中，除了产品成本外，还会发生各种管理上的费用，以及财务费用，这些不计入产品的成本，但应作为期间费用进行核算。

【例 4-14】月末，计提行政管理部门用固定资产折旧 18 000 元。用银行存

款购买办公用品6000元，支付办公照明用电费3000元。

该经济业务说明，一方面企业办公用品费用、折旧费及办公用电费增加27 000元，记入"管理费用"账户的借方；另一方面累计折旧增加18 000元，记入"累计折旧"账户的贷方，银行存款减少9000元，记入"银行存款"账户的贷方。该项经济业务的会计分录如下：

借：管理费用　　　　　　　　　　　　　　　　　　27 000
　　贷：累计折旧　　　　　　　　　　　　　　　　　18 000
　　　　银行存款　　　　　　　　　　　　　　　　　　9000

【例4-15】 预提本月应负担的短期借款利息2500元。

该经济业务说明，一方面企业财务费用增加2500元，记入"财务费用"账户的借方；另一方面，企业应付利息增加了2500元，记入"应付利息"账户的贷方。该项经济业务的会计分录如下：

借：财务费用　　　　　　　　　　　　　　　　　　　2500
　　贷：应付利息　　　　　　　　　　　　　　　　　　2500

5. 制造费用分配计入生产成本

为了方便计算产品成本，产品制造费用最终也将按一定的方法分配计入各种产品的成本。假定ZL公司以生产工人的人工工时作为分配标准，则制造费用分配率应为

$$制造费用分配率＝制造费用总额 \div 生产工人的人工总工时$$

【例4-16】 据统计，生产甲产品的工人的人工总工时数为50 000小时，生产乙产品的工人的人工总工时数为30 000小时，制造费用总计为336 800元，则：

$$制造费用分配率＝336\,800 \div （50\,000＋30\,000）＝4.21（元 / 小时）$$
$$甲产品应负担的制造费用＝50\,000 \times 4.21＝210\,500（元）$$
$$乙产品应负担的制造费用＝30\,000 \times 4.21＝126\,300（元）$$

根据分配结果编制会计分录如下：

借：生产成本——甲产品　　　　　　　　　　　　　210 500
　　　　　　——乙产品　　　　　　　　　　　　　126 300
　　贷：制造费用　　　　　　　　　　　　　　　　336 800

4.4.4　产品生产成本的计算

产品生产成本是工业企业在一定时期内为生产一定品种和数量的产品所支出的一切费用，包括直接耗用的原材料、燃料和动力，人工费用及提取的福利费以及制造费用等。产品生产成本的计算就是将生产过程中发生的应计入产品

成本的生产费用，按照品种或类别，进行归集和分配，计算各种产品的总成本和单位成本。归集和分配各项生产费用的过程就是成本计算的过程。

成本的计算需遵循以下基本步骤。

1. 确定成本计算对象

成本计算对象是为计算产品成本而确定的归集生产费用的各个对象，也就是成本的承担者。一般来说，产品成本计算的对象都是产品，但在不同企业（车间），产品生产的特点往往是不同的。因而，具体的成本计算对象主要根据产品的生产特点并结合成本管理的要求来确定。

2. 按成本项目归集和分配生产费用

产品生产费用在生产过程中不断发生，具有不同的经济用途，需要通过一些类别和项目来将其归集在一起，为此，把产品生产费用按其经济用途划分成若干类，用以反映产品成本的构成。产品生产费用按其经济用途分类，称为成本项目。成本项目的分类是根据管理上的要求来确定的，一般可设置"直接材料""直接人工""其他直接费用""制造费用"四个成本项目。

（1）直接材料是指直接用于产品生产的各种材料消耗。

（2）直接人工是指直接从事产品生产人员的薪酬及福利费。

（3）其他直接费用是指直接为生产产品发生的其他直接费用，如动力费用等。

（4）制造费用是指企业内部的生产单位为组织和管理生产活动而发生的各项间接费用，如车间管理人员的薪酬及福利费、车间房屋建筑和机器设备的折旧费、修理费、办公费、水电费、机物料消耗和劳动保护费等。

除此之外，企业行政管理部门为组织管理生产经营活动而发生的管理费用，以及企业发生的各类利息等财务费用，应作为期间费用计入当期损益，不计入产品生产成本。

3. 确定成本计算期

成本计算期是在计算产品成本时，对生产费用计入产品成本所规定的起止日期，也就是每次计算产品成本的期间。根据产品的生产特点不同，对产品成本计算的要求也不相同，产品成本计算期也就有所区别。一般大量大批的工业生产中，都是按月计算产品成本的。

4. 计算完工产品成本

将本期所发生的产品生产费用按成本项目归集分配到各种产品成本明细账上后，就可以计算各种产品的总成本和单位成本。当成本计算期与产品的生产周期一致时，如果产品已经完工，发生的生产费用应全部计入完工产品成本；

如果产品尚未完工，则发生的生产费用都应作为在产品的成本。当成本计算期与生产周期不一致时，就要根据具体情况，选择合理的分配方法，将产品生产费用在完工产品和在产品之间进行分配。

在计算出完工产品成本后，还应按成本计算对象来编制产品成本计算表，按成本项目列示该完工产品的总成本和单位成本。

【例4-17】本月生产甲产品10 000件，全部完工验收入库，乙产品全部未完工，根据前述资料，登记生产成本明细分类账如表4-2、表4-3所示。

表4-2 生产成本明细分类账（一）

产品名称：甲产品 单位：元

2016年		凭证	摘 要	借 方				
月	日	号数		直接材料	直接人工	其他直接费用	制造费用	合 计
3	1		期初余额	15 000	7150	325	2825	25 300
		略	投入材料	309 000				309 000
			工人工资		273 200			273 200
			耗用电费				2000	2000
			分配制造费				210 500	210 500
			结转完工产品成本	324 000	280 350	2325	213 325	820 000
	31		期末余额	0	0	0	0	0

表4-3 生产成本明细分类账（二）

产品名称：乙产品 单位：元

2016年		凭证	摘 要	借 方				
月	日	号数		直接材料	直接人工	其他直接费用	制造费用	合 计
3	1		期初余额	29 000	4500	375	1800	35 675
		略	投入材料	906 000				906 000
			工人工资		364 800			364 800
			耗用电费			1200		1200
			分配制造费				126 300	126 300
			结转完工产品成本					
	31		期末余额	935 000	369 300	1575	128 100	1 433 975

根据生产成本明细分类账的资料，编制产品生产成本计算表，计算完工的甲产品实际生产总成本和单位成本，产品生产成本计算表的格式及其编制，如表4-4所示。

表 4-4　产品生产成本计算表

成 本 项 目	总成本（元）	单位成本（元/件）
直接材料	324 000	32.4
直接人工	280 350	28.035
其他直接费用	2325	0.2325
制造费用	213 325	21.3325
产品生产成本	820 000	82

根据产品完工结转资料，编制会计分录如下：

借：库存商品——甲产品　　　　　　　　　　820 000

　　贷：生产成本——甲产品　　　　　　　　　　820 000

4.5　销售过程业务的核算

4.5.1　销售过程业务核算的内容

产品销售过程是企业生产经营过程的最后阶段，也是产品价值实现的过程。在销售过程中，一方面，将生产出来的符合标准的产品，按照合同规定的条件发送给订货单位，并按照销售价格和结算制度的规定，向购货方办理结算手续，及时收取货款或形成债权，取得收入；另一方面，企业为取得一定数量的销售收入，必须付出相应数量的产品，为制造这些销售产品而耗费的生产成本，称为主营业务成本。

同时，企业为了促进产品销售，还会发生各种费用，如广告费、包装费和运输费等，称作销售费用。企业在取得销售收入时，按照国家税法规定，应计算缴纳企业生产经营活动应负担的税金。此外，企业还可能发生一些其他经营业务，取得其他业务收入和发生其他业务支出。

因此，销售过程的业务内容包括产品销售收入、销售成本、销售费用、销售税金的确认与计量、取得和补偿，以及货款的结算等内容。

4.5.2　销售业务核算应设置的账户

销售业务核算中，应设置以下主要账户。

1.“主营业务收入”账户

“主营业务收入”账户用来核算企业在销售商品、提供劳务等日常业务中所产生的主营业务的收入，属于损益类账户中的收入类账户。其贷方登记企业取得的主营业务的销售收入，借方登记因销售退回、销售折让或期末结转等原因产生的销售收入的减少数。期末应将本账户余额转入"本年利润"账户，结转后本账户无余额。

2."主营业务成本"账户

"主营业务成本"账户用于核算企业确认销售商品、提供劳务等主营业务收入时应结转的成本，属于损益类账户中的费用类账户。其借方登记企业销售各种商品、提供各种劳务等实际成本，贷方登记成本的减少或结转数。期末应将本账户余额转入"本年利润"账户，结转后本账户无余额。

3."销售费用"账户

"销售费用"账户属于损益类账户中的费用类账户，用来核算企业销售商品和材料、提供劳务的过程中发生的各种费用，包括保险费、包装费、展览费和广告费、商品维修费、预计产品质量保证损失、运输费、装卸费等，以及为销售本企业商品而专设的销售机构（包括销售网点、售后服务网点等）的职工薪酬、业务费、折旧费等经营费用。其借方登记销售费用的发生额，贷方登记期末转入"本年利润"账户的销售费用数，期末结转后本账户应无余额。销售费用应当按照费用项目进行明细核算。

4."税金及附加"账户

"税金及附加"账户是用来核算和监督企业日常活动应负担的税金及附加，包括营业税、消费税、城市维护建设税、资源税和教育费附加等相关税费，属于损益类账户中的费用类账户。其借方登记按照规定计算确定的与经营活动相关的税金及附加；贷方登记收到返还的各种税费以及期末转入"本年利润"账户中的税金及附加。期末结转后本账户应无余额。

5."应收账款"账户

"应收账款"账户是用来核算和监督企业因销售商品、产品、提供劳务等，应向购货单位或接受劳务单位收取的款项的账户，属于资产类账户。其借方登记经营收入发生的应收账款和已转作坏账损失又收回的应收账款，以及代购货单位垫付的包装费、运杂费等；贷方登记实际收到的应收款项和企业将应收账款改用商业汇票结算而收到承兑的商业汇票，以及转作坏账损失的应收账款，即应收账款的减少数，月末余额在借方，表示应收但尚未收回的款项。该账户应按照购货单位或接受劳务单位设置明细账，进行明细分类核算。

不单独设置"预收账款"账户的企业，预收的账款也在本账户进行核算。

6."预收账款"账户

"预收账款"账户是用来核算和监督企业按照合同规定向购货单位预收的款项的账户，属于负债类账户。其贷方登记预收购货单位的款项和购货单位补付的款项；借方登记向购货单位发出商品实现销售的货款和退回多付的款项；期末余额一般在贷方，表示预收购货单位的款项；如为借方余额，反映企业应由购货单位补付的款项。本账户应按照购货单位设置明细账，进行明细分类核算。

预收账款不多的企业，也可以将预收的款项直接记入"应收账款"账户的贷方，不设本账户。

7. "应收票据"账户

"应收票据"账户用来核算企业因销售商品、提供劳务等而收到的商业汇票的增减变动及其结余情况，属于资产类账户。其借方登记企业收到购货单位开出并承兑的应收票据面值和利息；贷方登记到期收回或转销的应收票据额；期末余额在借方，表示企业持有的商业汇票票面价值和应计利息。

8. "其他业务收入"账户

"其他业务收入"账户是用来核算和监督企业除了主营业务收入以外的其他业务所取得收入的账户，如材料销售、代购代销、包装物出租等，属于损益类账户中的收益类账户。其贷方登记企业获得的其他业务收入；借方登记期末结转到"本年利润"账户的其他业务收入；结转以后该账户应无余额、本账户应按其他业务的种类设置明细账。

9. "其他业务成本"账户

"其他业务成本"账户是用来核算和监督企业除了主营业务成本以外的其他销售或其他业务所发生的各项支出，如销售材料、提供劳务等发生的有关成本、费用，以及相关税金及附加等，属于损益类账户中的费用类账户。其借方登记其他业务所发生的各项支出；贷方登记期末结转到"本年利润"账户的其他业务支出；结转以后该账户应无余额。本账户应按其他业务的种类设置明细账。

4.5.3 销售过程中主要经济业务的核算

企业在销售过程中的主要经济业务的核算举例如下：

【例 4-18】 ZL 公司销售甲产品 1200 件，每件售价 150 元，货款计 180 000 元，增值税 23 400 元，款项已收，存入银行。

该项经济业务发生，一方面使企业银行存款增加 203 400 元，记入"银行存款"账户的借方；另一方面使企业主营业务收入增加 180 000 元，记入"主营业务收入"账户的贷方；企业向购货方收取的增值税销项税额增加 23 400 元，应记入"应交税费——应交增值税"账户的贷方。该项经济业务的会计分录如下：

借：银行存款　　　　　　　　　　　　　　　　203 400
　　贷：主营业务收入——甲产品　　　　　　　　　　180 000

应交税费——应交增值税（销项税额）　　　　　　　23 400

该笔经济业务除了登记"银行存款"、"主营业务收入"和"应交税费"三个总分类账户外，还应在"银行存款"日记账的借方登记203 400元，在"主营业务收入——甲产品"明细分类账户的贷方登记180 000元，在"应交税费——应交增值税（销项税额）"明细分类账户的贷方登记23 400元，进行明细分类核算。

【例4-19】　ZL公司向H公司销售甲产品1000件，每件150元，货款计150 000元，增值税19 500元，商品已发出，款项尚未收到。

该项经济业务发生，一方面使公司应收账款增加169 500元，记入"应收账款"账户的借方；另一方面使公司主营业务收入增加150 000元，记入"主营业务收入"账户的贷方；企业向购货方应收取的增值税销项税额增加19 500元，应记入"应交税费——应交增值税"账户的贷方。该项经济业务的会计分录如下：

借：应收账款——H公司　　　　　　　　　　　　169 500

　　贷：主营业务收入——甲产品　　　　　　　　　150 000

　　　　应交税费——应交增值税（销项税额）　　　　19 500

该笔经济业务除了登记"应收账款"、"应交税金"和"主营业务收入"三个总分类账户外，还应在"应收账款——H公司"明细分类账户的借方登记169 500元，在"主营业务收入——甲产品"明细分类账户的贷方登记150 000元，在"应交税金——应交增值税（销项税额）"明细分类账户的贷方登记19 500元，进行明细分类核算。

【例4-20】　根据合同规定，预收购货单位NH公司购买甲产品价款84 750元，存入银行。

该项经济业务发生，一方面使企业预收账款增加84 750元，记入"预收账款"账户的贷方；另一方面使银行存款增加84 750元，记入"银行存款"账户的借方。该项经济业务的会计分录如下：

借：银行存款　　　　　　　　　　　　　　　　　84 750

　　贷：预收账款——NH公司　　　　　　　　　　　84 750

该笔经济业务除了登记"银行存款"和"预收账款"两个总分类账户外，还应在"银行存款"日记账的借方登记84 750元，在"预收账款——NH公司"明细分类账户的贷方登记84 750元，进行明细分类核算。

【例4-21】　ZL公司向上述预付货款的NH公司发出甲产品500件，单价150元，价款75 000元，增值税9750元。

该项经济业务发生，一方面使企业预收账款减少84 750元，应记入"预收账款"账户的借方;另一方面使企业主营业务收入增加 75 000 元,记入"主营业务收入"账户的贷方;企业向购货方收取的增值税(销项税额)增加 9750 元,应记入"应交税费——应交增值税"账户的贷方。该项经济业务的会计分录如下:

借:预收账款——NH 公司　　　　　　　　　　　　　84 750
　　贷:主营业务收入——甲产品　　　　　　　　　75 000
　　　　应交税费——应交增值税(销项税额)　　　　9750

该笔经济业务除了登记"预收账款"、"主营业务收入"和"应交税费"三个总分类账户外,还应在"预收账款——NH 公司"明细账的借方登记 84 750 元,在"主营业务收入——甲产品"明细分类账户的贷方登记 75 000 元,在"应交税费——应交增值税(销项税额)"明细分类账户的贷方登记 9750 元,进行明细分类核算。

【例 4-22】 ZL 公司接到银行通知,收到前述销售甲产品给 H 公司的销货款 169 500 元。

该项经济业务的发生,一方面使公司银行存款增加 169 500 元,应记入"银行存款"账户的借方;另一方面使公司应收账款减少 169 500 元,应记入"应收账款"账户的贷方。该项经济业务的会计分录如下:

借:银行存款　　　　　　　　　　　　　　　　　169 500
　　贷:应收账款——H 公司　　　　　　　　　　　169 500

该笔经济业务除了登记"银行存款"和"应收账款"两个总分类账户外,还应在"应收账款——H 公司"明细分类账和"银行存款"日记账进行登记,进行明细分类核算。

【例 4-23】 ZL 公司以银行存款支付产品的广告费 5000 元,用库存现金支付销货运杂费 800 元。

该项经济业务的发生,一方面使得公司销售费用增加 5800 元,应记入"销售费用"账户的借方;另一方面使公司银行存款减少 5000 元,应记入"银行存款"账户的贷方,企业现金减少了 800 元,应记入"库存现金"账户的贷方。该项经济业务的会计分录如下:

借:销售费用　　　　　　　　　　　　　　　　　5800
　　贷:银行存款　　　　　　　　　　　　　　　5000
　　　　库存现金　　　　　　　　　　　　　　　800

该笔经济业务除了登记"销售费用"、"库存现金"和"银行存款"三个总分类账户外,还应在"销售费用"明细分类账户的借方登记 5800 元,在"银行存款"和"库存现金"日记账的贷方分别登记 5000 元和 800 元,进行明细分类核算。

【例 4-24】 企业本月销售不含税甲类应税消费品 15 000 元，消费税率 45%，应交消费税为 15 000×45% = 6750 元。

该项业务的发生，一方面使得公司税金及附加增加 6750 元，应记入"税金及附加"账户的借方；另一方面使得公司应交税费增加 6750 元，应记入"应交税费"账户的贷方，编制会计分录如下：

借：税金及附加　　　　　　　　　　　　　　　　　6750
　　贷：应交税费——应交消费税　　　　　　　　　　　6750

该笔经济业务除了登记"税金及附加"和"应交税费"两个总分类账户外，还应在"税金及附加"明细分类账户和"应交税费——应交消费税"明细分类账分别登记，进行明细分类核算。

【例 4-25】 月末，结算已售甲产品 2700 件的实际生产成本 221 400 元（2700×82 = 221 400 元）。

该项经济业务的发生，一方面使得公司主营业务成本增加，应记入"主营业务成本"账户的借方；另一方面使得公司库存商品减少，应记入"库存商品"账户的贷方，编制会计分录如下：

借：主营业务成本　　　　　　　　　　　　　　　221 400
　　贷：库存商品　　　　　　　　　　　　　　　　　221 400

该笔经济业务除了登记"主营业务成本"和"库存商品"两个总分类账户外，还应在"主营业务成本"明细分类账户和"库存商品"明细分类账分别登记，进行明细分类核算。

【例 4-26】 将库存多余的 C 材料 400 件出售，单价 220 元，款项已存入银行。

该项经济业务的发生，一方面使企业的其他业务收入增加 88 000 元，应记入"其他业务收入"账户的贷方，应交增值税增加了 11 440 元，应记入"应交税费——应交增值税"的贷方；另一方面使企业银行存款增加 99 440 元，应记入"银行存款"账户的借方。该项经济业务的会计分录如下：

借：银行存款　　　　　　　　　　　　　　　　　99 440
　　贷：其他业务收入　　　　　　　　　　　　　　　88 000
　　　　应交税费——应交增值税（销项税额）　　　　11 440

该笔经济业务除了登记"银行存款"、"其他业务收入"和"应交税费——应交增值税（销项税额）"三个总分类账户外，还应在"银行存款"日记账的借方登记 99 440 元，在"其他业务收入"明细分类账户的贷方登记 88 000 元，在"应交税费——应交增值税（销项税额）"账户的贷方登记 11 440 元，进行明细分类核算。

【例 4-27】 C 材料单位成本 200 元，结转出售的 400 件 C 材料的成本 80 000 元。

该项经济业务的发生，一方面使其他业务成本增加 80 000 元，应记入"其他业务成本"账户的借方；另一方面库存材料减少 80 000 元，应记入"原材料"账户的贷方。该项经济业务的会计分录如下：

借：其他业务成本　　　　　　　　　　　　　　　　80 000

　　贷：原材料　　　　　　　　　　　　　　　　　　　　80 000

该笔经济业务除了登记"其他业务成本"和"原材料"两个总分类账户外，还应在"其他业务成本"明细分类账户的借方登记 80 000 元，在"原材料——C 材料"明细分类账户的贷方登记 80 000 元，进行明细分类核算。

4.6　财务成果的核算

4.6.1　利润的构成内容

1. 利润的构成

利润是企业在一定会计期间的经营成果。获取利润是企业经营的目标。

利润包括收入减去费用后的净额以及直接计入当期利润的利得和损失等，主要为营业利润、利润总额和净利润。企业在销售产品过程中所发生的主营业务收入与主营业务成本相配比所产生的差额，即为主营业务毛利，但这并不是企业最终的财务成果。企业除了销售商品主营业务之外，还可能发生如出租包装物、销售库存材料等其他业务所获取的收入，与成本相比较，其差额构成其他业务毛利；企业若将暂时闲置或多余的资金对外投资，如购买股票、债券等，则可能获得投资收益。所以，营业利润是指营业收入（包括主营业务收入和其他业务收入）减去营业成本（包括主营业务成本和其他业务成本）和税金及附加，减去销售、管理和财务等费用后的金额。

在企业正常的生产经营活动以外，还可能发生一些与企业生产经营活动无直接关系的利得或支出（损失），如企业出售无形资产的利得、企业捐赠支出等，这些称为营业外收入和营业外支出。以上这些内容构成企业的利润总额。

按照税法规定，企业在一定时期形成的生产经营所得，应按一定的标准计算缴纳所得税。净利润就是利润总额减去所得税后的金额。

企业利润的具体构成可用下列公式分三个阶段进行计算。

营业利润＝营业收入－营业成本－税金及附加

　　　　　－销售费用－管理费用－财务费用－资产减值损失

$$\pm\ 公允价值变动损益\ \pm\ 投资损益；$$

其中：　　营业收入＝主营业务收入＋其他业务收入；

营业成本＝主营业务成本＋其他业务成本；

投资损益＝投资收益－投资损失；

公允价值变动损益＝公允价值变动收益－公允价值变动损失；

利润总额＝营业利润＋营业外收支净额

净利润＝利润总额－所得税费用

2. 利润的分配

企业实现的净利润应按照国家法律法规和公司、企业章程的规定进行分配，一般分配程序为

（1）提取法定盈余公积金；

（2）提取任意盈余公积金；

（3）向投资者分配利润或股利。

4.6.2　财务成果核算应设置的账户

1. "营业外收入"账户

"营业外收入"账户是用来核算企业发生的与企业生产经营无直接关系的各项收入的账户，包括处置固定资产净收益、非货币性交易收益、出售无形资产收益、罚款净收入等，属于损益类账户。其贷方登记企业发生的各项营业外收入；借方登记期末转入"本年利润"账户的营业外收入；期末结转后应无余额。该账户应按收入项目设置明细账，进行明细分类核算。

2. "营业外支出"账户

"营业外支出"账户是用来核算企业发生的与企业生产经营无直接关系的各项支出的账户，如固定资产盘亏、处置固定资产净损失、出售无形资产损失、罚款支出、捐赠支出、非常损失等，属于损益类账户。其借方登记企业发生的各项营业外支出；贷方登记期末转入"本年利润"账户的营业外支出；期末结转后该账户应无余额。该账户应按支出项目设置明细账，进行明细分类核算。

3. "投资收益"账户

"投资收益"账户是用来核算企业对外投资取得的收益或发生损失的账户，属于损益类账户。其贷方登记取得的投资收益或期末投资损失的转出数；借方登记投资损失和期末转入"本年利润"账户的数额；期末结转后该账户应无余额。该账户应按投资收益的种类设置明细账，进行明细分类核算。

4. "所得税费用"账户

"所得税费用"账户是用来核算企业按规定在本期损益中减去的所得税费用，属于损益类账户。其借方登记企业应计入本期损益的所得税额；贷方登记期末转入"本年利润"账户的所得税额；结转后该账户应无余额。

5. "本年利润"账户

"本年利润"账户是用来核算和监督企业实现的净利润（或发生的净亏损）情况的账户，属于所有者权益类账户。其贷方登记期末从"主营业务收入""其他业务收入""营业外收入"以及"投资收益"（投资净收益）等账户的转入数；借方登记期末从"主营业务成本""税金及附加""其他业务成本""销售费用""管理费用""财务费用""营业外支出""所得税费用"以及"投资收益"（投资净损失）等账户的转入数。将本期转入的收入与费用账户的发生额进行对比，若为贷方余额表示实现的净利润；若为借方余额表示发生的亏损。在年度中间，该账户的余额保留在本账户，不予结转，表示截止到本期的本年累计实现的净利润（或亏损）。年度终了，应将"本年利润"账户的余额转入"利润分配"账户。结转后该账户应无余额。

6. "利润分配"账户

"利润分配"账户是用来核算企业利润的分配（或亏损的弥补）和历年分配（或弥补）后的积存情况，或企业亏损弥补和历年弥补后的积存情况的账户，属于所有者权益类账户。其借方登记按规定实际分配的利润数，或年终时从"本年利润"账户的贷方转来的全年亏损总额；贷方登记年终时从"本年利润"账户借方转来的全年实现的净利润总额或亏损的弥补额；年终贷方余额表示历年积存的未分配利润，如为借方余额，则表示历年积存的未弥补亏损。该账户应按利润分配项目设置明细账。

7. "盈余公积"账户

"盈余公积"账户是用来核算企业从净利润中提取的盈余公积金的账户，属于所有者权益类账户。其贷方登记企业从净利润中提取的盈余公积金，包括提取的公益金；借方登记以盈余公积金转增资本、弥补亏损的数额；期末余额在贷方，表示企业提取的盈余公积金实际结存数额。企业应按盈余公积的种类设置明细账，进行明细分类核算。

8. "应付股利"账户

"应付股利"账户是用来核算企业对投资者的利润分配情况和实际支付情况的账户，属于负债类账户。其贷方登记计算出应支付给投资者的利润分配数；借方登记实际支付给投资者的利润数；期末余额在贷方，表示企业尚未支付的利润数。

4.6.3　财务成果业务核算

企业财务成果业务的核算举例如下：

【例4-28】企业收到违约金罚款65 000元存入银行。

该项经济业务发生，一方面使银行存款增加65 000元，记入"银行存款"账户的借方；另一方面使营业外收入增加65 000元，记入"营业外收入"账户的贷方。该项经济业务的会计分录如下：

借：银行存款　　　　　　　　　　　　　　　　　65 000

　　贷：营业外收入　　　　　　　　　　　　　　　　　65 000

该笔经济业务除了登记"银行存款"和"营业外收入"两个总分类账户外，还应在"银行存款"日记账的借方登记65 000元，在"营业外收入"明细分类账户的贷方登记65 000元，进行明细分类核算。

【例4-29】企业以银行存款45 000元支付税款滞纳金。

该项经济业务发生，一方面表明以银行存款支付的滞纳金与正常业务经营无关，使营业外支出增加45 000元，应记入"营业外支出"账户的借方；另一方面使银行存款减少45 000元，记入"银行存款"账户的贷方。该项经济业务的会计分录如下：

借：营业外支出　　　　　　　　　　　　　　　　　45 000

　　贷：银行存款　　　　　　　　　　　　　　　　　　45 000

该笔经济业务除了登记"营业外支出"和"银行存款"两个总分类账户外，还应在"营业外支出"明细分类账户借方登记45 000元，在"银行存款"日记账的贷方登记45 000元，进行明细分类核算。

【例4-30】企业收到从其他单位分得的投资利润160 000元，存入银行。

该项经济业务发生，一方面使银行存款增加160 000元，记入"银行存款"账户的借方；另一方面使投资收益增加160 000元，记入"投资收益"账户的贷方。该项经济业务的会计分录如下：

借：银行存款　　　　　　　　　　　　　　　　　160 000

　　贷：投资收益　　　　　　　　　　　　　　　　　160 000

该笔经济业务除了登记"银行存款"和"投资收益"两个总分类账户外，还应在"投资收益"明细分类账户贷方登记160 000元，在"银行存款"日记账的借方登记160 000元，进行明细分类核算。

【例4-31】期末，将各项收入、费用类账户余额转入"本年利润"账户。

根据例4-10至例4-30，"主营业务收入"账户贷方余额405 000元，"其他业务收入"账户贷方余额88 000元，"投资收益"账户贷方余额160 000元，"营业外收入"账户贷方余额65 000元。"主营业务成本"账户借方余额221 400元，

"税金及附加"账户借方余额 6750 元,"其他业务成本"账户借方余额 80 000 元,"销售费用"账户借方余额 5800 元,"管理费用"账户借方余额 67 000 元,"财务费用"账户借方余额 2500 元,"营业外支出"账户借方余额 45 000 元。

(1)结转各项收入,其会计分录如下:

借:主营业务收入		405 000
其他业务收入		88 000
投资收益		160 000
营业外收入		65 000
贷:本年利润		718 000

(2)结转各项费用支出,其会计分录如下:

借:本年利润		428 450
贷:主营业务成本		221 400
税金及附加		6750
其他业务成本		80 000
销售费用		5800
管理费用		67 000
财务费用		2500
营业外支出		45 000

【例 4-32】期末,计算本期应交所得税,所得税税率 25%。(假设无调整项目)。

该企业按实现的利润总额 289 550 元(718 000 − 428 450 = 289 550 元),计算应纳所得税款如下:

$$应纳所得税额 = 289\,550 \times 25\% = 72\,387.5(元)$$

该项业务计算出的企业应纳所得税,一方面反映企业所得税费用增加 72 387.5 元,记入"所得税费用"账户的借方;另一方面所得税在未实际支付前形成企业的一项负债,使得企业应交税金增加 72 387.5 元,记入"应交税费"账户的贷方。该项经济业务的会计分录如下:

借:所得税费用		72 387.5
贷:应交税费——应交所得税		72 387.5

【例 4-33】企业用银行存款向税务部门缴纳所得税 72 387.5 元。

该项经济业务发生,一方面使企业应交税费减少了 72 387.5 元,应记入"应交税费"账户的借方;另一方面使银行存款减少 72 387.5 元,记入"银行存款"账户的贷方。该项经济业务的会计分录如下:

借:应交税费——应交所得税		72 387.5

　　　贷：银行存款　　　　　　　　　　　　　　　　　72 387.5

【例 4-34】 将所得税费用账户余额转入"本年利润"账户。

　　该项经济业务发生，一方面使企业本年利润减少了 72 387.5 元，应记入"本年利润"账户的借方；另一方面使所得税费用减少 72 387.5 元，应记入"所得税费用"账户的贷方。该项经济业务的会计分录如下：

　　　借：本年利润　　　　　　　　　　　　　　　　　72 387.5

　　　　贷：所得税费用　　　　　　　　　　　　　　　72 387.5

【例 4-35】 将"本年利润"账户的余额转入"利润分配"账户。

　　公司在年终决算时，应将"本年利润"账户的借贷方差额转入"利润分配"账户及其所属的"未分配利润"明细账，结平"本年利润"账户。根据前述例题，例 4-31 和例 4-34 中的业务，"本年利润"账户的贷方余额为 217 162.5 元（718 000 − 428 450 − 72 387.5），即为本年的净利润。因此，企业应将该余额从"本年利润"账户的借方转入"利润分配"账户及"利润分配——未分配利润"明细账户的贷方。其会计分录如下：

　　　借：本年利润　　　　　　　　　　　　　　　　217 162.5

　　　　贷：利润分配——未分配利润　　　　　　　　217 162.5

【例 4-36】 企业根据规定按净利润的 10% 提取法定盈余公积金，5% 提取法定公益金。

$$应提取的法定盈余公积金 = 217\,162.5 \times 10\% = 21\,716.25（元）$$

$$应提取的法定公益金 = 217\,162.5 \times 5\% = 10\,858.13（元）$$

　　该项经济业务说明，企业计提法定盈余公积金和法定公益金属于利润分配的一项内容。一方面企业提取法定盈余公积金 21 716.25 元，法定公益金 10 858.13 元，记入"利润分配"账户的借方；另一方面盈余公积金共增加 32 574.38 元，分别记入"盈余公积"账户下的"法定盈余公积"和"法定公益金"二级科目的贷方。其会计分录如下：

　　　借：利润分配——提取法定盈余公积金　　　　　21 716.25

　　　　　　　　——提取法定公益金　　　　　　　　10 858.13

　　　　贷：盈余公积——法定盈余公积　　　　　　　21 716.25

　　　　　　　　——法定公益金　　　　　　　　　　10 858.13

【例 4-37】 企业根据批准的利润分配方案，向投资者分配利润 85 000 元。

　　该经济业务说明，企业向投资者分配利润，属于利润分配的一项内容。一方面，企业向投资者分配利润 85 000 元，记入"利润分配"账户的借方；另一方面，向投资者分配利润在没有实际支付之前，形成了企业的一项负债，记入"应付股利"账户的贷方。其会计分录如下：

借：利润分配——应付股利　　　　　　　　　　　　　　　85 000

　　贷：应付股利　　　　　　　　　　　　　　　　　　　　　85 000

【例 4-38】 将"利润分配"账户所属的各明细分类账户的借方合计数 117 574.38 元（21 716.25 ＋ 10 858.13 ＋ 85 000 ＝ 117 574.38）结转到"利润分配——未分配利润"明细分类账户的借方。其会计分录如下：

借：利润分配——未分配利润　　　　　　　　　　　117 574.38

　　贷：利润分配——提取法定盈余公积　　　　　　　　21 716.25

　　　　　　　　　——提取法定公益金　　　　　　　　　10 858.13

　　　　　　　　　——应付股利　　　　　　　　　　　　85 000

思考练习题

一、思考题

1. 资金筹集业务包括哪些内容？

2. 生产准备过程包括什么内容？需要核算哪些业务？

3. 材料的采购成本包括哪些？如何计算？

4. 材料的运杂费等如何在各种材料间进行分配？

5. 生产业务核算主要设置哪些账户？如何进行会计处理？

6. 销售业务核算主要设置哪些账户？如何进行会计处理？

7. 企业经营资金的运动过程是如何进行的？

8. 物资采购成本包括哪些内容？

9. 产品的生产成本包括哪些？

10. 利润形成与利润分配的内容是什么？

二、单选题

1. 制造企业主营业务利润的计算公式是（　　　　）。

　　A. 主营业务利润＝主营业务收入－主营业务成本

　　B. 主营业务利润＝主营业务收入＋其他业务利润

　　C. 主营业务利润＝主营业务收入－主营业务成本－主营业务税金及附加

　　D. 主营业务利润＝主营业务收入－管理费用－财务费用

2. "制造费用"账户属于（　　　　）。

　　A. 损益类账户　　　　　　　　　　B. 资产类账户

　　C. 成本类账户　　　　　　　　　　D. 所有者权益类

3. 企业的资金从成品资金转化为货币资金是企业生产经营过程中的

（　　　　）。

  A. 生产业务   B. 购进业务

  C. 销售业务   D. 其他业务

4. 企业最终的财务成果表现为利润总额，其计算公式为（   ）。

  A. 利润总额＝主营业务利润

  B. 利润总额＝主营业务利润＋其他业务利润

  C. 利润总额＝营业利润＋投资净收益＋补贴收入＋营业外收入－营业外
   支出

  D. 利润总额＝营业利润

5. "本年利润"账户属于（   ）。

  A. 资产类账户   B. 负债类账户

  C. 所有者权益账户   D. 损益类账户

6. 某企业销售产品 8 万元，购买方支付货款 5 万元，余款暂欠，本期实现
的销售收入是（   ）。

  A. 8 万元   B. 5 万元   C. 3 万元   D. 13 万元

7. 购进材料过程中发生的增值税应计入（   ）。

  A. "物资采购"账户的借方

  B. "应交税金——应交增值税"账户的贷方

  C. "应交税金——应交增值税"账户的借方

  D. "原材料"账户的借方

8. 期末，应将"其他业务收入"账户的余额结转到（   ）账户。

  A. 主营业务收入   B. 其他业务支出

  C. 本年利润   D. 利润分配

9. 企业从银行借入三年期借款，应贷记的科目是（   ）。

  A. 库存现金   B. 短期借款

  C. 长期借款   D. 长期应付款

10. 企业从银行借入的短期借款利息费用的核算所运用的账户是（   ）。

  A. 经营费用   B. 管理费用

  C. 财务费用   D. 销售费用

11. 下列项目中，属于投资收益的是（   ）。

  A. 存款利息收入   B. 债券利息收入

  C. 租金收入   D. 固定资产清理收入

12. 下列项目中不属于外购存货成本的是（   ）。

  A. 运杂费   B. 入库前的挑选整理费

  C. 运输途中的合理损耗   D. 入库后的保管费用

三、多选题

1. 下列项目中属于外购存货成本的是（　　　　）。

 A. 材料买价
 B. 入库前的挑选整理费
 C. 运输途中的合理损耗
 D. 运杂费

2. 企业的资本金按照投资主体的不同分为（　　　　）。

 A. 国家投入资本
 B. 法人投入资本
 C. 个人投入资本
 D. 外商投入资本
 E. 社团法人

3. 某企业向银行借入 3 个月的借款，下列表述中正确的是（　　　　）。

 A. 借记"短期借款"科目
 B. 借记"银行存款"科目
 C. 贷记"短期借款"科目
 D. 贷记"长期借款"科目

4. 企业的主要经济业务包括（　　　　）。

 A. 资金筹集业务
 B. 购进业务
 C. 产品生产业务
 D. 产品销售业务
 E. 利润形成及分配业务

5. 企业用存款购买一批材料，涉及的账户有（　　　　）。

 A. 在途物资
 B. 应交税费
 C. 银行存款
 D. 应收账款

6. 企业收到投资人一台机器设备的作价投资，涉及的科目有（　　　　）。

 A. 固定资产
 B. 实收资本
 C. 银行存款
 D. 长期借款

7. 某企业从银行提取现金 1 万元备用，下列表述中，正确的有（　　　　）。

 A. 借记"库存现金"科目
 B. 借记"银行存款"科目
 C. 贷记"库存现金"科目
 D. 贷记"银行存款"科目

8. "制造费用"借方登记的内容包括（　　　　）。

 A. 车间辅助人员的工资及福利费
 B. 车间厂房、机器设备折旧费
 C. 车间办公费、水电费
 D. 利息支出
 E. 行政管理人员的工资福利费

9. 下列账户年末应无余额的有（　　　　）。

 A. "管理费用"账户
 B. "主营业务成本"账户
 C. "制造费用"账户
 D. "本年利润"账户
 E. "利润分配"账户

10. "生产成本"账户借方登记的内容有（　　　　）。

 A. 直接材料
 B. 直接人工

C. 其他直接支出　　　　　　　　　D. 制造费用

E. 完工产品实际生产成本

11. "利润分配"账户一般应设置的明细账户有（　　　）。

A. 提取法定盈余公积　　　　　　　B. 提取法定公益金

C. 应付股利　　　　　　　　　　　D. 未分配利润

E. 应交消费税

12. 在销售收入核算中所设置和运用的账户包括（　　　）。

A. "主营业务收入"账户　　　　　　B. "税金及附加"账户

C. "预收账款"账户　　　　　　　　D. "物资采购"账户

E. "应收账款"账户

13. "应付职工薪酬"账户的借方登记支付给职工的工资，贷方按工资用途分配计入（　　　）。

A. "生产成本"账户　　　　　　　　B. "管理费用"账户

C. "制造费用"账户　　　　　　　　D. "库存商品"账户

E. "应付福利费"账户

14. "本年利润"账户结构所反映的内容（　　　）。

A. 借方为转入的各项费用数额　　　B. 贷方为转入的各项收入数额

C. 贷方余额为实现的利润总额　　　D. 借方余额表示亏损总额

E. 会计年末结转后无余额

15. 企业当期实现的净利润，要按照法定程序进行分配，即（　　　）。

A. 计提所得税　　　　　　　　　　B. 计提法定盈余公积和法定公益金

C. 计提资本公积　　　　　　　　　D. 提取任意盈余公积

E. 对投资者分配利润

四、判断题

1. 利润分配的明细科目包括：盈余公积补亏、提取法定盈余公积、转作股本的股利和应付现金股利或利润。　　　　　　　　　　　　　（　　　）

2. 车间管理人员的工资应计入"生产成本"账户。　　　　　（　　　）

3. 企业投资人投资时只能用现金投资。　　　　　　　　　　（　　　）

4. 借款时间超过一年的借款就叫作长期借款。　　　　　　　（　　　）

5. 购买机器设备等固定资产的时候，支付的增值税应计入固定资产的成本。

（　　　）

6. 短期借款的利息可以预提，也可以在实际支付时直接记入当期损益。

（　　　）

7. 销售费用账户年底结转后应无余额。　　　　　　　　　　（　　　）

8. 未分配利润有两层含义：一是留待以后年度分配的利润；二是未指定用途的利润。（　　　）

9. 企业货币资金主要包括库存现金、银行存款、银行汇票存款、银行本票存款、信用证保证金存款、信用卡存款、外埠存款和存出投资款等。（　　　）

10. 销售材料时，销售收入应计入"主营业务收入"账户。（　　　）

五、业务题

1. 练习筹集资金业务的核算

资料：XY 集团 2016 年 12 月份发生下列经济业务：

（1）收到投资人李宜投入资金 600 000 元，款项已存入银行。

（2）收到投资人王彬投入材料 400 000 元。

（3）收到投资人张立投入的不需要安装的设备一台，评估确认价值为 450 000 元。

（4）从银行借入流动资金 100 000 元，期限半年，年利率为 6%，款项已收存入银行。

（5）接受 G 公司以某项专有技术 800 000 元作为投资，经评估确认为 600 000 元。

（6）经批准，面值发行 5 年期企业债券 1000 张，每张面值 100 元，票面利率 8%。每年计息一次，债券本息到期一次偿还。债券发行完毕，所得款项已存入银行。

要求：根据上述经济业务编制会计分录。

2. 练习购进业务的核算

资料：X 集团 2016 年 12 月份发生下列经济业务：

（1）向 X 厂购入 A 材料 500 千克，买价共计 300 000 元，增值税 39 000 元，货款未付。

（2）向 H 厂购入 B 材料 300 千克，每千克 500 元，增值税率为 13%，款项以银行存款付讫。

（3）B 材料的运杂费为 9000 元，以银行存款付讫。

（4）上述 A、B 两种材料验收入库，结转其实际采购成本。

（5）向 F 公司购入 A 材料 600 千克，每千克 600 元，购入 B 材料 200 千克，每千克 500 元，运费共计 24 000 元，增值税为 59 800 元，货款及运费尚未支付。材料点验无误，当即验收入库。（运费按重量分配）

（6）以银行存款偿还前欠 X 厂货款 351 000 元。

（7）购入一台需要安装的设备，发票价格 80 000 元，增值税 10 400 元，支付运费 6400 元，款项已用银行存款支付。

（8）设备运抵企业，安装过程中领用原材料 5000 元。支付安装人员工资 1000 元，用银行存款支付。

（9）设备达到预定可使用状态，交付使用。

要求：根据上述经济业务编制会计分录。

3.练习生产业务的核算

资料：XY集团2016年12月份发生下列经济业务。

（1）从银行提取现金59 600元备用。

（2）以现金发放本月职工工资59 600元。

（3）生产A产品领用甲材料1000千克，每千克600元；生产B产品领用乙材料400千克，每千克500元，车间一般性耗用甲材料3000元，乙材料1000元。

（4）按规定计提本月固定资产折旧，共计52 000元，其中生产车间提取44 000元，企业管理部门提取8000元。

（5）结算本月应付职工工资。其用途和金额如下：

制造A产品工人工资24 000元，制造B产品工人工资21 000元，车间管理人员工资18 600元，行政管理部门人员工资26 000元，合计89 600元。

（6）将本月发生的制造费用按生产工人工资比例分配结转。

（7）本月生产的A、B两种产品全部完工，验收入库。

要求：根据上述经济业务编制会计分录。

4.练习销售业务的核算

资料：XY集团2016年12月份发生下列经济业务。

（1）向L厂出售A产品300件，价款400 000元及增值税52 000元，价税款尚未收到。

（2）收到S厂归还前欠货款200 000元，存入银行。

（3）向W厂出售B产品400件，每件售价900元，增值税率13%，货款已收，存入银行。

（4）结转本月出售产品的生产成本，其中A产品250 000元，B产品100 000元。

（5）该厂出售的B产品属应税消费品，消费税率为5%，计算本月应交消费税并进行账务处理。

（6）出售乙材料350千克，每千克700元，款项已存入银行。

（7）乙材料的成本为每千克500元，结转其成本。

要求：根据上述经济业务编制会计分录。

5.练习期间费用及其他业务的核算

资料：XY集团2016年12月份发生下列经济业务。

（1）预提本月应负担的短期借款利息1000元。

（2）以银行存款支付广告费35 000元。

（3）以银行存款 4500 元，预付下季度的报刊杂志费。

（4）以银行存款支付行政管理部门本月办公费 5000 元。

（5）缴纳滞纳金及罚款共计 12 000 元，已开出转账支票支付。

要求：根据上述经济业务编制会计分录。

6. 练习利润形成及分配业务的核算

资料：XY 集团 2016 年 12 月份发生下列经济业务。

（1）月末，将全部的损益类账户转入"本年利润"账户。

（2）按照本月利润总额的 25% 计算应交所得税。

（3）将"所得税费用"账户余额转入"本年利润"账户。

（4）将"本年利润"账户余额转入"利润分配——未分配利润"账户。

（5）按税后利润 10% 提取法定盈余公积金。

（6）按税后利润 5% 提取法定公益金。

（7）按税后利润的 30% 计算应付给投资者的利润。

（8）将"利润分配"账户的各明细账户余额，转入"利润分配——未分配利润"明细账户。

要求：根据上述经济业务编制会计分录。

第 **5** 章

账户的分类

本章学习目标

★ 掌握账户的分类及内容
★ 了解每个账户的特征和属性
★ 能灵活熟练地运用各个账户

为了满足会计信息使用者的信息需求，如实反映企业资金流动的全况，需要在会计账簿中，设置一系列有其特定核算内容的会计账户。

会计账户的概念与意义已在第 3 章中做过介绍。本章主要介绍账户的分类，从账户分类的角度，去了解各个账户在设置和提供会计核算指标方面的规律性及各个账户之间的区别和联系，以便进一步熟悉每个账户的特性，这样才能在会计核算工作中灵活熟练地运用这些账户。

账户的分类是指按照账户所反映的经济内容、用途和结构等不同标准，以一定的名称，将账户归集为不同的类别。账户分类的标志一般有两种：按会计要素分类、按用途结构分类。

5.1　账户按会计要素分类

账户按会计要素的分类是账户分类最基本的一种方法。通过这种分类，可以确切地了解各个账户反映和监督的内容，以及全部账户的设置和运用能否适应企业经济活动的特点，能否满足经营管理的需要。这对于正确区分账户的经济性质，以便更完善地建立账户体系，是非常必要的。此外，账户按会计要素分类也是编制会计报表的依据。

按照反映的经济内容的不同，可以将会计要素分为资产、负债、所有者权益、收入、费用、利润六类。与此对应，账户按会计要素进行分类，分为资产类账户、负债类账户、所有者权益类账户、成本类账户和损益类账户（利润类分别归于收入类和费用类）。

1. 资产类账户

资产类账户是反映资产增减变动及其余额的账户。按照资产的流动性，可将资产类账户分为流动资产账户和非流动资产账户两类。

（1）流动资产账户。按照各项流动资产的经济内容，可分为：货币资金的相关账户，如"现金""银行存款"等账户；反映结算债权的相关账户，如"应收账款""其他应收款"等账户；反映存货的相关账户，如"原材料""库存商品""包装物"等账户。

（2）非流动资产账户。按照各项非流动资产的经济内容，可分为：反映固定资产的账户，如"固定资产""累计折旧"等账户；反映无形资产的账户，如"无形资产"等账户；反映长期投资的账户，如"长期股权投资""长期债权投资"等账户。

2. 负债类账户

负债类账户是反映企业负债增减变动及其余额的账户。按照负债偿还期限的长短，可将负债类账户分为流动负债账户和非流动负债账户。

（1）流动负债账户。有反映银行借款的"短期借款"账户；也有反映信用借款的"应付账款""应付职工薪酬""应交税费""应付股利"等账户。

（2）非流动负债账户。有反映银行借款的"长期借款"账户；也有反映债券筹资的"应付债券"账户；还有反映融资租赁的"长期应付款"账户等。

3. 所有者权益类账户

所有者权益类账户是反映企业所有者权益增减变动及其余额的账户。按照所有者权益的形成来源，可做如下账户分类。

（1）反映所有者原始投资形成的权益账户，如"实收资本""股本"账户。

（2）反映原始投入与经营过程共同形成的权益账户，如"资本公积"账户。

（3）反映经营过程中形成的权益账户，如"盈余公积"账户。

（4）反映未分配利润情况的账户，如"本年利润""利润分配"账户。

4. 成本类账户

成本类账户是指用来核算企业生产产品、提供劳务而发生的经济利益流出的账户，包括生产各种产品、自制材料、自制工具等，对外提供劳务、工程结算等的费用支出。成本类账户有"生产成本""制造费用""劳务成本"等。

5. 损益类账户

损益类账户，是指那些核算内容与经营成果的计算确定直接相关的账户。主要包括收入类账户和费用类账户。

（1）收入类账户。是指企业在销售商品、提供劳务及他人使用本企业资产等日常活动中形成的经济利益的总流入。收入类账户有"主营业务收入""其他业务收入"等。

（2）费用类账户。是反映企业在日常活动中发生的、会导致所有者权益减少的、与向所有者分配利润无关的经济利益总流出的账户，如"主营业务成本""其他业务成本""营业外支出""资产减值损失""管理费用""所得税费用"等账户。

5.2　账户按用途结构分类

账户按照用途结构的分类，是作为对账户按经济内容分类的必要补充。账户按经济内容分类，有助于全面了解账户体系，正确区分账户的经济性质，但是这种分类对如何准确地运用账户来记录经济业务的变化过程和结果，以及深入地理解和掌握账户在提供核算指标的规律性方面还略显不足，为此有必要在账户按经济内容分类的基础上，进一步研究账户按用途和结构的分类，以便为熟练运用账户打下基础。账户按用途结构可分为十一类，分别是盘存账户、资本账户、结算账户、成本计算账户、跨期摊提账户、集合分配账户、收入账户、费用账户、财务成果账户、计价对比账户、调整账户，现分述如下。

1. 盘存账户

盘存账户是用来核算和监督可以实地盘点的各项财产物资和货币资金的增减变动及其结存情况的账户。属于盘存账户的有"固定资产""原材料""包装物""库存商品""库存现金""银行存款"等账户，且皆为资产类账户。

盘存账户的结构特点是：账户借方登记各项财产物资和货币资金的增加数；贷方登记其减少数；余额通常在借方，表示期末各项财产物资和货币资金的结存数额。

盘存账户的结构如图5-1所示。

借方	盘存账户	贷方
期初余额：期初财产物资和货币资金结存额		
本期发生额：本期财产物资和货币资金增加额	本期发生额：本期财产物资和货币资金减少额	
期末余额：期末财产物资和货币资金结存额		

图5-1　盘存账户的结构图

2. 资本账户

资本账户是用来核算和监督企业所有者投资的增减变动及其结存情况的账

户。属于资本账户的有"实收资本""资本公积""盈余公积"等账户。这类账户的总分类账及其明细分类账只能提供货币指标。

资本账户的结构特点是：账户贷方登记各项资本、公积金的增加数或形成数；借方登记其减少数或支用数；余额通常在贷方，表示各项资本、公积金的实有数额。

资本账户的结构如图 5-2 所示。

借方　　　　　　　　　　资本账户	贷方
本期发生额：本期资本和公积金减少额	期初余额：期初资本和公积金实有额 本期发生额：本期资本和公积金增加额
	期末余额：期末资本和公积金实有额

图 5-2　资本账户的结构图

3. 结算账户

结算账户是用来核算和监督企业同其他单位或个人之间发生的债权、债务结算情况的账户。就其性质而言，结算账户又可分为债权结算账户、债务结算账户和债权债务结算账户。

（1）债权结算账户。债权结算账户是专用于核算和监督企业同各个债务单位或个人之间债权结算业务的账户。属于债权结算账户的有"应收账款""应收票据""其他应收款""预付账款"等账户。

债权结算账户的结构特点是：账户借方登记债权的增加数；贷方登记债权的减少数；余额一般在借方，表示期末尚未收回债权的实有额。债权结算账户的结构如图 5-3 所示。

借方　　　　　　　　债权结算账户	贷方
期初余额：期初尚未收回的应收款项 及未结算的预付款项 本期发生额：本期应收款项的增加额和 预付款项的增加额	本期发生额：本期应收款项的减少额和 预付款项的减少额
期末余额：期末尚未收回的应收款项 及未结算的预付款项	

图 5-3　债权结算账户结构图

（2）债务结算账户。债务结算账户是专门用于核算和监督企业同各个债权单位或个人之间债务结算业务的账户。属于债务结算账户的有"短期借款""应付账款""应付票据""其他应付款""预收账款""应付职工薪酬""应交税费""长期借款"等账户。

债务结算账户的结构特点是：账户贷方登记债务的增加数；借方登记债务的减少数；余额一般在贷方，表示期末尚未偿还的债务的实有数额。债务结算账户的结构如图 5-4 所示。

借方	债务结算账户	贷方
本期发生额：本期应付款项及预收款项的减少额	期初余额：期初结欠的应付款项及未结算的预收款项 本期发生额：本期应付款项及预收款的增加额	
	期末余额：期末结欠的应付款项及未结算的预收款项	

图 5-4　债务结算账户结构图

（3）债权债务结算账户。债权债务结算账户是用于核算和监督企业与某一单位或个人之间发生的债权和债务往来结算业务的账户。

在实际工作中，与企业经常发生结算业务的往来单位，有时是企业的债权人，有时是企业的债务人。为了集中反映企业同某一单位或个人所发生的债权和债务的往来结算情况，可以在一个账户中核算应收和应付款项的增减变动和余额。

债权债务结算账户的结构特点是：账户借方登记债权的增加数和债务的减少数；贷方登记债务的增加数和债权的减少数；余额可能在借方，也可能在贷方。从明细分类账的角度看，借方余额表示期末债权的实有数，贷方余额表示期末债务的实有数；从总分类账的角度看，借方余额表示期末债权大于债务的差额，贷方余额表示期末债务大于债权的差额。

债权债务结算账户的结构如图 5-5 所示。

借方	债权债务结算账户	贷方
期初余额：期初债权大于债务的差额 本期发生额：(1)本期债权增加额 　　　　　　(2)本期债务减少额		期初余额：期初债务大于债权的差额 本期发生额：(1)本期债务增加额 　　　　　　(2)本期债权减少额
期末余额：期末债权大于债务的差额		期末余额：期末债务大于债权的差额

图 5-5　债权债务结算账户结构图

例如，若企业不单独设置"预收账款"账户时，可以用"应收账款"账户同时反映销售产品和提供劳务的应收款项和预收款项，"应收账款"账户便是债权债务结算账户；当企业不单独设置"预付账款"账户时，可以用"应付账款"账户同时反映购进材料的应付款项和预付款项，"应付账款"账户也是债权债务结算账户；当企业将其他应收款和其他应付款的增减变动和结果都集中在"其他往来"账户中核算时，"其他往来"账户也是一个债权债务结算账户。债权债务结算账户须根据总分类账户所属明细分类账户的余额方向分析判断其账户的性质。

结算账户只能提供货币指标，都是按发生结算业务的对应单位或个人开设明细分类账户，以便及时进行结算和核对账目。

4. 成本计算账户

成本计算账户是用来核算和监督企业经营过程中某一阶段发生的全部费

用，并据此计算该阶段各个成本计算对象实际成本的账户。属于成本计算账户的主要有"材料采购""生产成本"等账户。这类账户除设置总分类账户以外，还应按各个成本计算对象分别设置明细分类账进行明细分类核算，提供有关成本计算对象的货币指标和实物指标。

成本计算账户的结构特点是：账户借方汇集经营过程中某个阶段发生的、应计入成本的全部费用；贷方登记转出已完成某个阶段的成本计算对象的实际成本；余额通常在借方，表示尚未完成某个阶段成本计算对象的实际成本。

成本计算账户的结构如图5-6所示。

借方　　　　　　　　　　成本计算账户　　　　　　　　　　贷方
期初余额：期初尚未完成某个经营阶段的成本计算对象的实际成本
本期发生额：汇集经营过程某个阶段发生的全部费用额　｜　本期发生额：结转已完成某个经营阶段成本计算对象的实际成本
期末余额：尚未完成该阶段的成本计算对象的实际成本

图5-6　成本计算账户结构图

5. 跨期摊提账户

跨期摊提账户是用来核算和监督应由几个会计期间共同负担的费用，并将这些费用在各个会计期间中进行分摊或预提的账户。

企业的生产经营过程中，有些费用是在某一个会计期间支付，但应由几个受益的会计期间共同负担，以正确计算各个会计期间的损益。按照权责发生制的原则，为严格划清费用的受益期限，需要设置跨期摊提账户，如"长期待摊费用"账户。

跨期摊提账户基本结构如图5-7所示。

借方　　　　　　　　　　跨期摊提账户　　　　　　　　　　贷方
期初余额：已支付而尚未摊提的数额
本期发生额：本期费用的摊提或预提　｜　本期发生额：本期摊提的待摊销费用
期末余额：已支付而尚未摊提的数额

图5-7　跨期摊提账户结构图

6. 集合分配账户

集合分配账户是用来归集和分配企业生产过程中某个阶段所发生的某种费用的账户。企业生产经营过程中，经常会发生一些不能直接计入某一成本的计算对象，而应由多个产品成本计算对象共同负担的费用，需要先通过集合分配账户进行归集，然后再按照一定标准分配计入各个产品成本计算对象。属于集合分配账户的主要有"制造费用"等账户。

集合分配账户的结构特点是：账户借方登记各种需要集合分配的费用发生额；贷方登记按受益对象进行费用的分配数额；期末通常无余额。因为各项集合分配费用要在期末全部分配到各受益对象，所以集合分配账户一般没有期末余额。

集合分配账户的结构如图 5-8 所示。

借方	集合分配账户	贷方
本期发生额：归集各种费用的发生额		本期发生额：分配到各受益对象的费用

图 5-8　集合分配账户结构图

7. 收入账户

收入账户是用来核算和监督企业在一定时期内所取得的各种收入的账户，属于收入账户的有"主营业务收入""其他业务收入""营业外收入"等账户。

收入账户的结构特点是：账户贷方登记取得的收入；借方登记收入的减少数和期末转入"本年利润"的收入；由于当期实现的全部收入都要于期末转入"本年利润"账户，所以该账户期末无余额。

收入账户的结构如图 5-9 所示。

借方	收入账户	贷方
本期发生额：收入的减少额及期末转入"本年利润"账户的收入数		本期发生额：(1)本期收入的增加额　(2)用红字登记销货退回收入的冲销额

图 5-9　收入账户结构图

8. 费用账户

费用账户是用来核算和监督企业在一定时期内所发生的应记入当期损益的各项费用、成本和支出的账户。属于费用账户的有"主营业务成本""税金及附加""销售费用""管理费用""财务费用""其他业务成本""营业外支出"等账户。

费用账户的结构特点是：账户借方登记费用支出的增加额；贷方登记费用支出的减少额和期末转入"本年利润"账户的费用支出额；由于当期发生的全部费用支出都要于期末转入"本年利润"账户，所以费用账户期末无余额。

费用账户的结构如图 5-10 所示。

借方	费用账户	贷方
本期发生额：本期费用支出的增加额		本期发生额：费用支出的减少额及期末转入"本年利润"账户的费用支出额

图 5-10　费用账户结构图

9. 财务成果账户

财务成果账户是用来计算并确定企业在一定时期内全部经营活动最终成果的账户。属于财务成果账户的主要是"本年利润"账户。这类账户只反映企业在一年内财务成果的形成，平时的余额为本年的累计利润总额或亏损总额，年终结转后无余额。

财务成果账户的结构特点是：账户贷方登记一定期间发生的各项收入数；借方汇集一定期间内发生的、与收入相配比的各项费用数；期末如为贷方余额，则表示收入大于费用的差额，为企业实现的利润总额；如为借方余额，则表示收入少于费用的差额，即为企业发生的亏损总额。

财务成果账户的结构如图 5-11 所示。

借方	财务成果账户	贷方
本期发生额：转入的各项费用		本期发生额：转入的各项收入
期末余额：发生的亏损总额		期末余额：实现的利润总额

图 5-11　财务成果账户结构图

10. 计价对比账户

计价对比账户是用来对某项经济业务按两种不同的计价标准进行核算对比，借以确定其业务成果的账户。属于计价对比账户的有"材料采购""固定资产清理""本年利润"等账户。

计价对比账户的结构特点是：借方登记某项经济业务的一种计价；贷方登记该项业务的另一种计价；期末将两种计价对比，确定成果。

计价对比账户的结构如图 5-12 所示。

借方	计价对比账户	贷方
本期发生额：业务的第一种计价		本期发生额：业务的第二种计价
期末余额：第一种计价大于第二种计价的差额		期末余额：第二种计价大于第一种计价的差额

图 5-12　计价对比账户结构图

11. 调整账户

调整账户是用来调整相关账户（被调整账户）的余额，以确定被调整账户实际余额的账户。

在会计核算工作中，由于经营管理上的需要或其他原因，要求某些账户反映该项经济活动的原始数据。但在实际工作中，该项经济活动的原始数据又会发生增减变化。如固定资产因使用而使其价值逐渐减少，但从经营管理的角度考虑，需要"固定资产"账户反映固定资产的原始价值。为反映固定资产不断减少的价值，需开设"累计折旧"账户，通过"累计折旧"账户对"固定资产"账户进行调整，反映固定资产的净值。

反映经济活动原始数字的账户，称为"被调整账户"；对被调整账户进行调整的账户，称为"调整账户"。将被调整账户中的原始数额同调整账户中的调整数额相加或相减，即可求得被调整账户调整后的实际数额。调整账户按其调整方式的不同，又可分为备抵账户、附加账户和备抵附加账户。

（1）备抵账户。备抵账户亦称抵减账户，是用来抵减被调整账户的余额，以求得被调整账户的实际余额的账户。其调整方式可用下列计算公式表示：

$$被调整账户余额 － 备抵账户余额 ＝ 被调整账户的实际余额$$

备抵账户的余额与被调整账户的余额必定方向相反，如果被调整账户的余额在借方，调整账户的余额一定在贷方；如果被调整账户的余额在贷方，则调整账户的余额一定在借方。

备抵账户按照被调整账户的性质，还可分类为资产备抵账户和权益备抵账户两类。资产备抵账户是用来抵减某一资产账户余额，以求得该资产账户实际余额的账户，如"固定资产"和"累计折旧"账户。

权益备抵账户是用来抵减某一权益类账户的余额，以获得该权益账户的实际余额，如"本年利润"与"利润分配"账户。

现以"固定资产"与"累计折旧"账户为例说明，可用图 5-13 表示。

借方	固定资产	贷方		借方	累计折旧	贷方
期末余额	1 000 000				期末余额	300 000

图 5-13　资产备抵账户

$$固定资产净值 ＝ 固定资产原始价值 － 累计折旧 ＝ 1 000 000 － 300 000 ＝ 700 000$$

从图 5-13 可以看出这类被调整账户与备抵账户的关系，并可通过下式表示：

被调整账户的借方余额 － 备抵账户的贷方余额 ＝ 该项经济活动的实际数额

（2）附加账户。附加账户是用来增加被调整账户的余额，以求得被调整账户的实际余额的账户。其调整方式可用下列计算公式表示：

$$被调整账户余额 ＋ 附加账户余额 ＝ 被调整账户的实际余额$$

从上述公式可知，附加账户的余额与被调整账户的余额一定在相同的方向，且附加账户在实际操作过程中运用较少。

被调整账户与附加账户的附加方式，可通过图 5-14 表示。

借方	被调整账户	贷方		借方	附加账户	贷方
余额：某项经济活动的原始数据				余额：该项经济活动的原始数据		

图 5-14　被调整账户与附加账户的附加方式

该项经济活动的实际数额 ＝ 被调整账户的借方余额 ＋ 附加账户的借方余额

（3）备抵附加账户。备抵附加账户是既用来抵减，又用来增加被调整账户的余额，以求得被调整账户的实际余额的账户。备抵附加账户既可以作为备抵账户，又可以作为附加账户来发挥作用，兼有两种账户的功能。这类账户在某一时刻执行的是哪种功能，取决于该账户的余额与被调整账户的余额在方向上是否一致，当其余额与被调整账户的余额方向相反时，它所起的是备抵账户的作用，其调整方式与备抵账户相同；当其余额与被调整账户的余额方向一致时，它所起的是附加账户的作用，其调整方式与附加账户相同。例如，"材料成本差异"账户就属于备抵附加账户。

5.3　账户按其他标志的分类

账户除了可以按会计要素和用途结构进行分类以外，还可以按其他的分类标准进行分类。

1. 账户按其提供指标详细程度分类

账户按其提供指标详细程度可分为总分类账户和明细分类账户。总分类账户是根据总账科目设置的，又称一级账户或总账账户，反映的是经济业务的总括资料；明细分类账户是根据明细科目设置的，反映的是经济业务详细而具体的资料。总分类账户对所属明细分类账户具有统驭和控制作用，明细分类账户对总分类账户具有补充和说明作用。

2. 账户按与会计报表的关系分类

账户按与会计报表的关系可分为资产负债表账户和利润表账户。将据以编制资产负债表的账户称为资产负债表账户；将据以编制利润表的账户称为利润表账户。

3. 账户按记账形式分类

复式记账的一个明显特征是从账户的两方面来处理经济业务，把每项经济业务记录分为借贷记录，因此，账户也可按其记账形式分为借方账户和贷方账户。借方账户是指经济业务发生或增加时将其金额记入借方的账户，属于该类账户的有资产账户和费用账户等；贷方账户是指经济业务发生或增加时将其金额记入贷方的账户，属于该类账户的有负债账户、所有者权益账户和收入成果账户。

4. 账户按有无期末余额分类

账户按有无期末余额可分为实账户和虚账户。实账户是指反映企业资产、负债和所有者权益的账户，这些账户在期末结账后通常都有余额，表示企业实际拥有或者控制的经济资源和对这些资源的要求权，以后各期都要连续登记，所以又称为永久性账户。同时，因为这些账户是编制资产负债表的依据，所以又称为资产负债表账户；虚账户是指反映企业经营过程中发生的收入、成本、费用、成果的账户，这些账户在期末结账后通常无余额，下期期初需另行开

125

设，所以又称临时性账户。同时，因为这些账户是编制利润表的依据，所以又称为利润表账户。实账户和虚账户的实质差别表现在期末是否有余额上。将账户分为实账户和虚账户，可以进一步了解账户的经济内容、用途和结构，以便正确运用各种账户，为期末进行结账和编制会计报表起到积极的作用。

上述账户按会计要素分类如图5-15所示，按用途结构分类如图5-16所示。

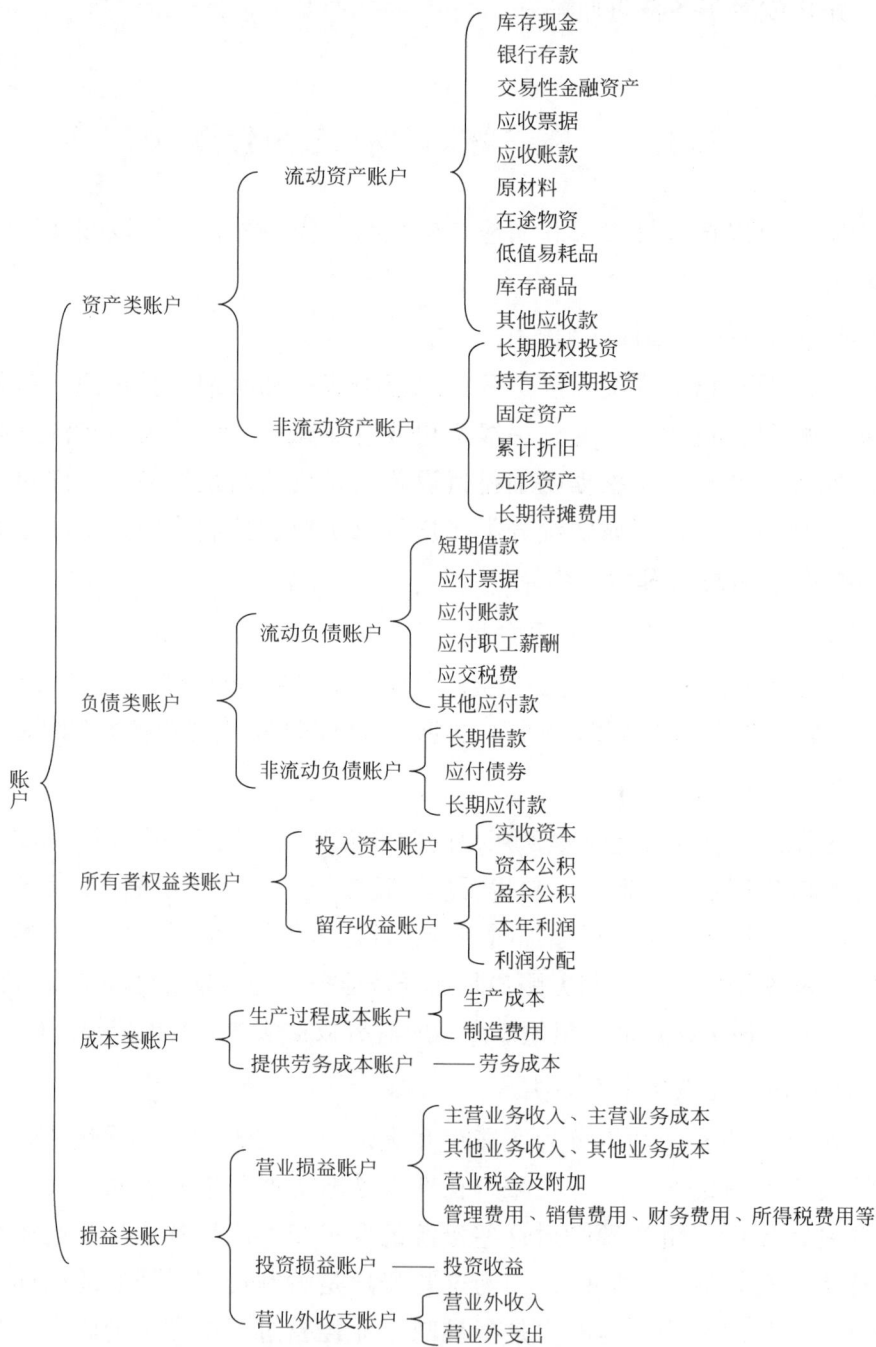

图 5-15 账户按会计要素分类

```
账户
├── 盘存账户 ─┬─ 库存现金、银行存款、交易性金融资产
│            ├─ 原材料、在途物资
│            ├─ 库存商品、生产成本
│            └─ 固定资产等
├── 资本账户 ─┬─ 实收资本
│            ├─ 资本公积
│            └─ 盈余公积
├── 结算账户 ─┬─ 债权结算账户 ─┬─ 应收账款
│            │               ├─ 应收票据
│            │               ├─ 其他应收款
│            │               └─ 预付账款
│            ├─ 债务结算账户 ─┬─ 短期借款、应付账款
│            │               ├─ 其他应付款、预收账款
│            │               ├─ 应付职工薪酬、应交税费
│            │               └─ 长期借款
│            └─ 债权债务结算账户 ─┬─ 应收账款
│                              └─ 应付账款
├── 成本计算账户 ─┬─ 材料采购
│               └─ 生产成本
├── 跨期摊提账户 ── 长期待摊费用
├── 集合分配账户 ── 制造费用
├── 收入账户 ─┬─ 主营业务收入
│            ├─ 其他业务收入
│            └─ 营业外收入
├── 费用账户 ─┬─ 主营业务成本
│            ├─ 税金及附加
│            ├─ 销售费用、管理费用
│            ├─ 财务费用、其他业务成本
│            └─ 营业外支出、所得税费用等
├── 财务成果账户 ── 本年利润
├── 计价对比账户 ─┬─ 材料采购
│               ├─ 固定资产清理
│               └─ 本年利润
└── 调整账户 ─┬─ 累计折旧
             ├─ 利润分配
             ├─ 坏账准备
             └─ 材料成本差异
```

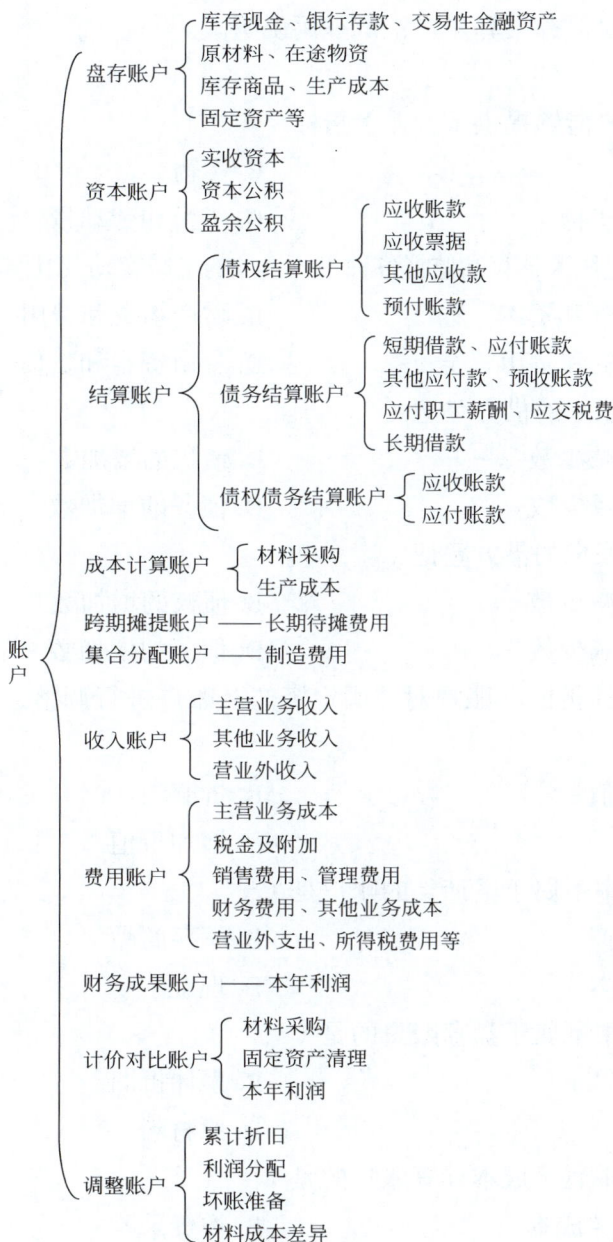

图 5-16　账户按用途结构分类

思考练习题

一、思考题

1. 账户按照会计要素分类可以分哪几类？

2. 账户按照用途结构分类可以分哪几类？

3. 什么叫债权债务结算账户？试举例说明。

二、单选题

1. 资本类账户能够提供（　　　）指标。

    A. 货币　　　　　　　　　　　　　　B. 实物

    C. 货币和实物　　　　　　　　　　　D. 货币和劳动量

2. 盘存账户是用来核算和监督各种（　　　）的增减变动及其结存情况的账户。

    A. 财产物资和资本　　　　　　　　　B. 财产物资和费用

    C. 财产物资和货币资金　　　　　　　D. 货币资金和负债

3. 债权结算账户的借方登记（　　　）。

    A. 债权的减少数　　　　　　　　　　B. 债权的增加数

    C. 债务的减少数　　　　　　　　　　D. 债务的增加数

4. 债务结算账户的借方登记（　　　）。

    A. 债权的减少数　　　　　　　　　　B. 债权的增加数

    C. 债务的减少数　　　　　　　　　　D. 债务的增加数

5. 通过"累计折旧"账户对"固定资产"账户进行调整，反映固定资产的（　　　）。

    A. 原始价值　　　　　　　　　　　　B. 折旧额

    C. 净值　　　　　　　　　　　　　　D. 增加价值

6. 下列账户中不属于资产类的账户是（　　　）。

    A. 固定资产　　　　　　　　　　　　B. 库存商品

    C. 实收资本　　　　　　　　　　　　D. 现金

7. 下列账户中不属于盘存账户的是（　　　）。

    A. 固定资产　　　　　　　　　　　　B. 累计折旧

    C. 现金　　　　　　　　　　　　　　D. 原材料

8. 下列账户中属于成本计算账户的是（　　　）。

    A. 主营业务成本　　　　　　　　　　B. 物资采购

    C. 营业费用　　　　　　　　　　　　D. 管理费用

9. 下列账户中属于计价对比账户的是（　　　）。

    A. 利润分配　　　　　　　　　　　　B. 累计折旧

    C. 本年利润　　　　　　　　　　　　D. 制造费用

三、多选题

1. 下列账户中属于资产类账户的有（　　　）。

    A. "应收账款"账户　　　　　　　　B. "累计折旧"账户

    C. "实收资本"账户　　　　　　　　D. "资本公积"账户

2. 下列账户中属于盘存账户的有（　　　）。

　　A. "库存现金" 账户　　　　　　　　B. "银行存款" 账户

　　C. "原材料" 账户　　　　　　　　　D. "库存商品" 账户

3. "预付账款" 属于（　　　）。

　　A. 资产类账户　　　　　　　　　　B. 负债类账户

　　C. 盘存账户　　　　　　　　　　　D. 结算账户

4. 债权债务结算账户借方登记（　　　）。

　　A. 债权的增加数　　　　　　　　　B. 债权的减少数

　　C. 债务的增加数　　　　　　　　　D. 债务的减少数

5. "累计折旧" 应属于（　　　）。

　　A. 资产类账户　　　　　　　　　　B. 负债类账户

　　C. 损益类账户　　　　　　　　　　D. 调整账户

6. 下列账户中属于成本计算账户的有（　　　）。

　　A. 材料采购　　　　　　　　　　　B. 制造费用

　　C. 生产成本　　　　　　　　　　　D. 主营业务成本

7. 被调整账户的实际数额，等于被调整账户的余额与（　　　）。

　　A. 附加账户余额之和　　　　　　　B. 附加账户余额之差

　　C. 备抵账户余额之和　　　　　　　D. 备抵账户余额之差

8. 账户可以（　　　）进行分类。

　　A. 根据其核算的经济内容

　　B. 根据提供信息的详细程度及其统驭关系

　　C. 根据会计科目流动性

　　D. 根据生产周期

四、判断题

1. 账户按用途结构的分类是对账户按经济内容分类的必要补充。　（　　　）

2. "累计折旧" 账户按经济内容分类，应属于资产类。　　　　　（　　　）

3. "生产成本" 账户期末如有借方余额也可以看作是盘存账户。　（　　　）

4. 集合分配账户在一般情况下没有期末余额。　　　　　　　　　（　　　）

5. 所有盘存类账户都是资产类账户。　　　　　　　　　　　　　（　　　）

6. 备抵调整账户与被调整账户的关系，可用下列计算公式表示：备抵调整账户余额－被调整账户余额＝被调整账户的实际余额。　　　　　（　　　）

7. 备抵附加调整账户是根据其余额方向，来判别是对被调整账户进行备抵，还是进行附加的。　　　　　　　　　　　　　　　　　　　（　　　）

第6章

会 计 凭 证

本章学习目标
- ★ 理解会计凭证的意义
- ★ 掌握会计凭证的分类
- ★ 掌握会计凭证的填制与审核
- ★ 理解会计凭证的传递与保管

6.1 会计凭证的意义和种类

6.1.1 会计凭证的意义

会计凭证是指记录经济业务，明确经济责任、作为记账依据并具有监督作用的书面证明。在开展会计的核算工作时，为了如实地反映各种经济业务的实际发生情况，有必要在经济业务发生时，取得和填制相应的证明文件并对其进行审核。这种证明文件就是会计凭证。

填制和审核会计凭证是会计核算工作的起点，也是基础，是将记录经济业务的原始信息转换为会计信息的重要步骤。因而，正确地填制和审核会计凭证具有重要的意义。

1. 会计凭证是经济信息的重要载体

会计凭证中的原始凭证是经济活动的原始资料，记录了活动的来龙去脉，原始资料上的经济信息进行加工和整理后编制的记账凭证，将原始信息转换成为重要的会计信息，以便对企业单位的经营活动进行核算监督。因此，会计凭证是经济信息的重要载体。

2. 会计凭证是账簿登记的依据

每发生一项经济业务，单位都必须填制会计凭证来如实地记录经济业务的内容、数量和金额，如材料、设备的购入、产品的销售、应收账款的收回、借款偿还等，这些会计凭证经审核无误后便成为账簿登记的重要依据。

3. 会计凭证可以有效加强经济管理中的责任制

会计凭证对经济业务的每项记录，都须由有关经办人员在凭证上签字，这就要求有关部门和人员对经济活动的真实性、合理性、合法性负责。这样，无疑会增强有关部门和人员的责任感，促使他们严格按照有关政策制度和计划预算办事。若有违法乱纪的事件发生，也可以借助会计凭证确定所负责任的部门和人员，从而可以有效加强经济管理中的责任制。

4. 会计凭证是强化会计监督的条件

会计凭证是对经济业务的原始记录。登账前对其进行审核，可以有效地检查每笔经济业务是否符合法律法规及企业规章制度，有无贪污盗窃、铺张浪费、损公肥私的行为，从而及时发现并纠正其中存在的问题，发挥会计的监督作用，还可以有效地保护会计主体所拥有的资产安全完整，维护投资人、债权人和有关各方的合法权益。

6.1.2　会计凭证的种类

会计凭证按编制的程序和用途不同，可分为原始凭证和记账凭证两种。

1. 原始凭证

原始凭证是在经济业务发生或完成时取得或填制的，用以记录或证明经济业务发生或完成情况的书面证明。原始凭证是进行会计核算的原始资料和依据。一般而言，凡是能够证明某项经济业务已经发生或完成情况的书面证明就可以作为原始凭证，如收据、发票、收料单等。凡是不能证明该项经济业务已经发生或完成情况的文件就不能作为原始凭证，如生产计划、购销合同、银行对账单、材料请购单等。原始凭证按其来源不同又可分为外来原始凭证和自制原始凭证两种，6.2 节中将做详细介绍。

2. 记账凭证

记账凭证是指对原始凭证的归类和整理，运用借贷记账法和会计科目确定会计分录而编制的会计凭证，是登记账簿的直接依据。记账凭证按照用途不同，可以分为专用记账凭证和通用记账凭证两类，6.3 节中将做详细介绍。

原始凭证和记账凭证虽有一定的联系，但也有本质的区别。二者的联系在于：原始凭证是编制记账凭证的依据，记账凭证是对原始凭证的加工。区别表现在：原始凭证反映的是经济信息，是经济业务发生的原始资料；而记账凭证是通过编制会计分录，对原始凭证记录的经济信息进行整理加工后形成的会计信息。

6.2 原始凭证

6.2.1 原始凭证的内容

各单位发生的经济业务众多且复杂，所以反映其活动内容的原始凭证也种类繁多，但无论哪种原始凭证，都要表明相关经济活动的基本情况，并明确有关经办人员和经办单位的经济责任。因此原始凭证都应该具备以下基本内容：

（1）原始凭证的名称。应能体现出该名称所反映的经济业务类型；

（2）原始凭证的日期。记录经济业务发生或完成的日期；

（3）经济业务的基本内容。如实逐项填写经济业务品名、数量、单价、金额等；

（4）填制凭证的单位名称和填制人姓名及经办人员的签名或盖章；

（5）接受凭证的单位名称或个人。

当然除了这些基本的共性内容，对于一些特殊的原始凭证，还应当符合特定条件。

此外，为加强监督，堵塞偷税、漏税的漏洞，各有关部门应当设置同一类经济业务的统一原始凭证格式，如中国人民银行统一设计的商业票据；交通部门统一设计的客运、货运单据；税务部门统一设计的发货单、收款收据等。

6.2.2 原始凭证的分类

1. 原始凭证按来源不同，可分为自制原始凭证和外来原始凭证

（1）自制原始凭证。自制原始凭证是指本单位内部的经办部门或个人在具体办理某项经济业务时自行填制的，用以证明经济业务发生情况，作为记账依据的会计凭证，如"差旅费报销单"（如表6-1所示），"限额领料单"（如表6-2所示）等。

（2）外来原始凭证。外来原始凭证是在经济业务发生或完成时，从其他单位或个人处直接取得的原始凭证，如超市购货发票，加油费发票，银行开的付款、收款通知，增值税专用发票等。

表 6-1　差旅费报销单

工作单位______　　出差人______　　报销日期　　年　　月　　日　　凭证编号______

<table>
<tr><td colspan="2" rowspan="2">出差事由</td><td colspan="10" rowspan="2"></td><td colspan="3">原借款金额</td><td colspan="3"></td></tr>
<tr><td colspan="3">应补退金额</td><td colspan="3"></td></tr>
<tr><td colspan="6">起止时间</td><td rowspan="2">车船费用</td><td rowspan="2">卧铺补助</td><td colspan="3">生活补助</td><td colspan="4">住宿费</td><td rowspan="2">其他费用</td><td rowspan="2">合计</td><td rowspan="2">单据张数</td></tr>
<tr><td>月</td><td>日</td><td>起点</td><td>月</td><td>日</td><td>止点</td><td>天数</td><td>标准</td><td>金额</td><td>报销限额</td><td>实际费用</td><td>节约奖励</td><td>退支自贴</td></tr>
<tr><td></td><td></td><td></td><td></td><td></td><td></td><td></td><td></td><td></td><td></td><td></td><td></td><td></td><td></td><td></td><td>餐费</td><td></td><td></td></tr>
<tr><td></td><td></td><td></td><td></td><td></td><td></td><td></td><td></td><td></td><td></td><td></td><td></td><td></td><td></td><td></td><td>车费</td><td></td><td></td></tr>
<tr><td colspan="6">合　计</td><td></td><td></td><td></td><td></td><td></td><td></td><td></td><td></td><td></td><td></td><td></td><td></td></tr>
<tr><td colspan="6">大　写</td><td colspan="12">仟　佰　拾　元　角　分</td></tr>
</table>

附件　　张

单位领导：　　财务主管：　　部门主管：　　审核：　　出纳：

表 6-2　限额领料单

领料部门：一车间　　　　发料仓库：2 号库

用途：生产用　　　　20×× 年 6 月　　　　编号：021

材料编号	材料名称	规　格	计量单位	领用限额	单价 / 元	全月实用	
						数　量	金额 / 元
1201	钢材	20mm 圆钢	千克	1000	5 元	950	4750

领料日期	请领数量	实发数量	领料人签章	发料人签章	限额结余
4	200	200	艾小青	方朵	800
9	300	300	艾小青	方朵	500
15	200	200	艾小青	方朵	300
23	100	100	艾小青	方朵	200
28	150	150	艾小青	方朵	50
合　计	950	950			

供应部门负责人：　　生产部门负责人：　　仓库管理员：

2．原始凭证按填制方法的不同，可分为一次凭证、累计凭证和汇总凭证三种

（1）一次凭证。一次凭证是指填制手续一次完成的会计凭证。它只反映一项经济业务，或者同时反映若干项同类性质的经济业务，如“差旅费报销单”“收料单”（如表 6-3 所示）“发货票”等都属于一次凭证。

表6-3　收料单

ZL公司

收料日	工程编号	本单编号	请购部门	订制单编号
年月日				

材料名称	品名规格	批次	材料编号	单位	数量	单价/元	金额/元

备注			点收	检验	经办部门	
					主管	经办

（2）累计凭证。累计凭证是指连续一定时期内若干项同类经济业务登记在一张凭证上的原始凭证。使用累计凭证登记平时发生的经济业务并计算累计数及结余数，期末再计算出累计总数作为记账依据。企业使用累计凭证可以减少记账凭证数量，简化凭证填制手续，如"限额领料单"。

（3）汇总凭证。汇总凭证又叫原始凭证汇总表，是将许多同类经济业务的原始凭证定期加以汇总而重新编制的原始凭证，如"工资结算汇总表"等。

6.2.3　原始凭证的填制要求

原始凭证的填制是会计核算的基础。为了及时、准确和清晰地反映经济业务的情况，在填写原始凭证时应遵循以下要求。

1. 记录要真实

原始凭证是具有法律效力的证明文件，要实事求是地填列各单位经济业务发生的日期、内容、数量和金额等内容，不允许在原始凭证的填制过程中弄虚作假。

2. 内容要齐全

必须填列齐全原始凭证中的所有项目，不得漏填或少填；名称要完整，不能简化；品名或用途要填写明确，不允许含糊不清；有关人员的签章也必须齐全，项目填列不全的原始凭证不能作为有效凭证，也不能作为编制记账凭证的依据和附件。

3. 填制要及时

当每一项经济业务发生或完成时，应立即填制原始凭证，并按规定的程序及时送交会计部门，做到不拖延、不积压、不事后填补。由会计部门审核后及时据以编制记账凭证，既保证会计信息的时效性，也可以防止出现差错。

4. 书写要规范

在填写原始凭证时，文字说明和数字书写都要规范，不能使用未经国务院公布的简化字，大小写金额要相同，数量、单价和金额的计算应正确无误。若填写过程中出现数字或文字错误，不得随意涂改、刮擦或挖补，应按规范的更正方法予以更正。对某些重要凭证（如支票）填写错误，则不能更正，更不能撕毁，应办理作废手续后重新填制。作废的原始凭证要加盖"作废"戳记，按原编号顺序与其他存根联一起保存。书写时的具体要求如下：

（1）合计的小写金额前要冠以人民币符号￥，币种符号和阿拉伯数字之间不得有空白；

（2）所有以元为单位的阿拉伯数字，除表示单价的情况外，一律写到角分，无角分的写00，有角无分的，分位应当写0；

（3）汉字大写数字金额一律用正楷或者行书体书写，如零、壹、贰、叁、肆、伍、陆、柒、捌、玖、拾、佰、仟、万、亿等，不得用0、一、二、三、四、五、六、七、八、九、十等简化字代替，不得任意自造简化字。大写金额数字到元或者角为止的，在"元"或"角"字之后应当写"整"字或"正"字；大写金额数字有分的，分字后面不写"整"或者"正"字。

（4）阿拉伯金额数字中间有0时，汉字大写金额要写"零"字；阿拉伯数字金额中间连续有几个0时，汉字大写金额中可以只写一个"零"字；阿拉伯金额数字中间连续有几个0，元位也是0，但角位不是0时，汉字大写金额可以只写一个"零"字，也可以不写"零"字。例如，"￥200 06.30"汉字大写金额应写为"人民币贰万零陆元叁角整"。

5. 手续要完备

原始凭证填制的手续必须符合内部牵制的具体原则要求，必须完备。购买实物的原始凭证，需要有实物的验收证明；支付款项的原始凭证，需有收款方的收款证明；销货退回时，除填制退货发票外，必须有对方的收款依据，不得以退货发票代替收据。

6.2.4 原始凭证的审核要求

为了确保会计数据质量，必须对原始凭证进行审核，审核无误的原始凭证才能作为记账依据，审核主要从以下两个方面进行。

1. 审核原始凭证的填制是否符合规定

首先审核原始凭证上所有项目是否填全，有关人员或部门是否签章，主管人员是否审批同意等；其次审核凭证上的摘要、金额是否填写清楚，金额计算是否正确，金额大、小写是否一致等；最后审核凭证上的数字和文字是否有涂改、污损等不符合规定之处。

2. 审核原始凭证的合法性、合规性和合理性

此种审核是以有关财经法规、财会制度等为依据，审查原始凭证所反映的经济业务是否符合有关规定，是否有贪污、冒领、虚报、伪造等违法乱纪行为。

原始凭证应根据审核后的不同结果进行处理。

（1）对于完全符合要求的原始凭证，应及时据以编制记账凭证入账。

（2）对于内容不够完整，填写有错误，但真实、合法、合理的原始凭证，应退回给有关经办人员，由其负责将有关凭证补充完整、更正错误或重开后再办理正式会计手续。

（3）对于不真实、不合法的原始凭证，会计机构和会计人员有权不予接受，并向单位负责人报告。

6.3 记 账 凭 证

6.3.1 记账凭证的基本内容

记账凭证是会计人员对原始凭证进行归类、整理，运用借贷记账法和会计科目编制会计分录而编制的会计凭证。记账凭证是登记账簿的依据。记账凭证的编制必须要满足以下基本要求：

（1）记账凭证的名称；

（2）编制凭证的日期及编号；

（3）经济业务的内容摘要；

（4）记账符号和账户（一级、二级或者明细账户）的名称、金额；

（5）附有原始凭证的张数；

（6）填制记账凭证的单位、人员的名称和签章。

6.3.2 记账凭证的种类

记账凭证按经济业务、编制方法及汇总方法的不同可进行如下分类。

1. 按所反映的经济业务内容分类

记账凭证按所反映的经济业务内容不同，可分为专用记账凭证和通用记账凭证。专用记账凭证是指专门记录某一类经济业务的记账凭证，具体又包括收款凭证、付款凭证和转账凭证三种。通用记账凭证是指用于记录全部经济业务的会计凭证，适用于规模小、业务少的企业。

（1）收款凭证。收款凭证是记录货币资金收入业务的凭证，分为现金收款凭证、银行存款收款凭证。收款凭证格式如表 6-4 所示。

表6-4　收款凭证

借方科目：　　　　　　　　　　　年　　月　　日　　　　　　收字号

摘　　要	总账科目	明细科目	金额/元									记　　账	附件
			百	十	万	千	百	十	元	角	分		
													张
合计金额													

会计主管：　　　　　　　出纳：　　　　　　　复核：　　　　　　　制单：

（2）付款凭证。付款凭证是记录货币资金支出业务的凭证，一般也要按现金和银行存款分别编制，如现金付款凭证、银行存款付款凭证。付款凭证格式如表 6-5 所示。

表6-5　付款凭证

贷方科目：　　　　　　　　　　　年　　月　　日　　　　　　付字号

摘　　要	总账科目	明细科目	金额/元									记　　账	附件
			百	十	万	千	百	十	元	角	分		
													张
合计金额													

会计主管：　　　　　　　复核：　　　　　　　制单：　　　　　　　出纳：

（3）转账凭证。转账凭证是专门记录不涉及货币资金业务的凭证，如分配工资费用、计提固定资产折旧、产成品完工入库等业务。转账凭证格式如表6-6所示。

表6-6　转账凭证

年　　月　　日　　　　　转字　　　号

摘　要	科　目　名　称		借　方　金　额								贷　方　金　额								记账
	总账科目	明细科目	十	万	千	百	十	元	角	分	十	万	千	百	十	元	角	分	
附件　　张	合计																		

会计主管：　　　　　记账：　　　　　复核：　　　　　制单：

2. 按填制方式的不同分类

记账凭证按填制方式的不同可分为单式记账凭证和复式记账凭证两种。

（1）单式记账凭证。单式记账凭证是将一项经济业务所涉及的每个会计科目分别单独填制的记账凭证，每张记账凭证只登记一个会计科目，一项经济业务涉及几个会计科目就要填制几张记账凭证。其中，填列借方科目的称为借项凭证，填列贷方科目的称为贷项凭证。单式记账凭证便于分工记账，但是不能反映某项经济业务的来龙去脉和所涉及的会计科目之间的对应关系。

（2）复式记账凭证。复式记账凭证是将一项经济业务所涉及的全部会计科目都填制在一张记账凭证上，上述收款凭证、付款凭证和转账凭证都是复式记账凭证。复式记账凭证能全面反映某项经济业务的来龙去脉和所涉及的会计科目之间的对应关系，便于检查会计分录的正确性，但是不便于分工记账。

实际工作中大多采用的是复式记账凭证。

3. 按照汇总方法的不同分类

记账凭证按照汇总方法的不同可以分为分类汇总凭证和全部汇总凭证两种。

分类汇总凭证是指定期将收款凭证、付款凭证、转账凭证分别汇总，分别编制汇总收款凭证、汇总付款凭证、汇总转账凭证。

全部汇总凭证是指将一定时期的所有记账凭证按相同会计科目的借方和贷方分别汇总，即编制科目汇总表。汇总凭证有利于简化总分类账的登记工作。

6.3.3　记账凭证的填制要求

记账凭证的填制是以原始凭证提供的信息为依据，对其进行整理和归类后，按照复式记账的要求编制会计分录后填制的。填制记账凭证时应该符合以下要求。

1. 填制的依据须审核无误

记账凭证的填制应以审核无误的原始凭证为依据。这是内部控制制度的一个重要环节。记账凭证后面必须附有相关经济活动的所有原始凭证，并如实填写所附原始凭证的张数，以便日后查阅。如果从外单位取得的原始凭证有遗失，应由原出具单位开出盖有公章的证明，该证明必须经过经办人员签名，报经办单位会计机构负责人和单位负责人批准后，才能代为原始凭证。

2. 填制内容要完整

记账凭证应该包括的内容不得遗漏，要按照记账凭证上所列项目完整填写。有关人员的签名或盖章要齐全，不可遗漏。如有自制的原始凭证或者是原始凭证汇总表代替记账凭证使用的，也必须具备记账凭证应有的内容。金额数字栏数字的填写必须规范、准确，与所附原始凭证的金额相符；金额的登记方向、数字也必须正确，角分位不留空格。

3. 会计科目及记账凭证的类别要正确

编制记账凭证，要根据经济业务的内容和所附原始凭证的不同，正确应用会计科目和记账凭证种类。如现金或银行存款的收付业务，应编制收款凭证或付款凭证；不涉及现金和银行存款收付业务的，编制转账凭证。

4. 记账凭证要连续编号

记账凭证编号的方法有多种，可以按现金收付、银行存款收付和转账业务三类别编号，即"现字第 × 号""银字第 × 号""转字第 × 号"，也可以按现金收入、现金支出、银行存款收入、银行存款支出和转账五类进行编号，即"现收字第 × 号""银收字第 × 号""现付字第 × 号""银付字第 × 号""转字第 × 号"。无论哪一种编号方法，都应该按月连续编号，从 1 号编起，按自然数顺序编至月末，不得跳号、重号。这有利于分清会计事项处理的先后，便于记账凭证与会计账簿之间的核对，确保记账凭证的完整。如若一笔经济业务涉及会计科目过多，需要编制两张及以上记账凭证时，可采用分数编号法，例如一笔经济业务涉及 12 个会计科目，需要编制 3 张记账凭证，凭证顺序号为 7，就可以编号为 $7\frac{1}{3}$、$7\frac{2}{3}$、$7\frac{3}{3}$。

5. 空行注销

记账凭证填制完经济业务事项后，如有空行，应当在金额栏自最后一笔金额数字下空行处至合计数上的空行处划线注销。

6. 规范实行会计电算化

实行会计电算化的单位，其机制记账凭证应当符合记账凭证的一般要求，并应认真审核，做到会计科目使用正确，数字准确无误。打印出来的机制记账凭证上，制单人员、审核人员、记账人员和会计主管人员要加盖印章或者签字，以明确责任。

7. 分录正确

必须根据国家统一会计制度和经济业务的内容，正确编制会计分录并保证借贷平衡，不得任意简化或改动，且要同时填制总账科目和明细科目，以便于登记总账和明细分类账。

8. 记录简明扼要

记账凭证的摘要栏用于填写经济业务简要说明，摘要应与原始凭证内容一致，能正确反映经济业务的主要内容，表述简单精练。

9. 错误的处理

若记账之前发现记账凭证有错误，应重新编制正确的记账凭证，并将错误凭证作废或撕毁。已经登记入账的记账凭证，在当年内发现填写错误时，应用红字填写一张与原内容相同的记账凭证，在摘要栏注明"注销某月某日某号凭证"，同时再用蓝字重新填制一张正确的记账凭证，注明"订正某月某日某号凭证"。如果会计科目没有错误，只是金额错误，也可以将正确数字与错误数字之间的差额，另编一张调整的记账凭证，调增金额用蓝字，调减金额用红字。发现以前年度的错误，应用蓝字填制一张更正的记账凭证。

特殊情况：在出现以下经济业务时，要同时编制两种记账凭证。例如销售一批产品，现有一部分货款已收到，而另一部分货款没有收到，这时应该同时编制收款凭证和转账凭证两种；又如业务人员出差回来后报销差旅费，余款退回，此时也应该同时编制收款凭证和转账凭证两种。

使用收款凭证和付款凭证记录涉及收付款业务时，应注意若发生现金与银行存款之间的收付款业务，如从银行提取现金，或将现金存入银行时，均只需填制付款凭证，以避免重复记账。

6.3.4 记账凭证的审核

记账凭证是登记会计账簿的依据，为了保证账簿信息的正确性，还须对记账凭证进行审核。审核内容具体有以下九个方面：

（1）所附原始凭证是否齐全；

（2）填制内容是否完整；

（3）摘要是否符合规定；

（4）金额是否正确；

（5）会计分录是否正确；

（6）编号有无重号、漏号现象；

（7）更正错误是否符合规定；

（8）会计凭证传递是否及时；

（9）科目汇总表的编号是否正确；借贷发生额是否相等。

6.4 会计凭证的传递和保管

6.4.1 会计凭证的传递

会计凭证的传递是指从会计凭证取得或编制开始，在单位内部有关部门和有关人员之间按规定的时间、路线办理业务手续和进行处理的过程。正确组织会计凭证的传递对于及时反映经济业务的发生，合理组织会计核算，强化经济责任制具有重要意义。因为正确地组织会计凭证的传递，能够及时、如实地反映和控制经济业务发生与完成情况，把有关部门与经办人员组织起来，分工协作、相互监督，使经济活动得以顺利地进行，考核经办业务的有关部门与经办人员是否按照规定的会计凭证手续办事，从而加强经济管理的责任制，提高经营管理水平，提高经济活动的效率。

由于各种会计凭证所记录的经济业务的内容不同，所涉及的部门和人员不同，所以办理会计手续的程序与占用的时间也不同。一般来说，正确、合理地组织会计凭证的传递工作应从以下三个方面入手。

1．合理确定会计凭证的传递线路

企业要根据经济业务的特点、经营管理的需要以及企业内部机构的设置和人员的分工情况合理确定各种会计凭证的联系和所流转的必要环节。既要做到有关部门和人员能利用会计凭证了解经济业务的发生和完成情况，确保对会计凭证按规定程序进行处理和审核，又要避免会计凭证传递经过不必要的环节，影响传递速度，降低工作效率。

2．合理规定会计凭证的传递时间

要根据各个环节办理经济业务的各项手续的需要，合理确定会计凭证在各个环节的停留时间和传递时间。既要防止不必要的延误，又要避免时间安排过紧，影响业务手续的完成。

3. 合理确定会计凭证交接的签收制度

为了保证会计凭证的安全、完整，在各个环节中都应指定专人办理交接手续，做到责任明确、手续完备且简便易行。

具体的传递路线、传递时间和传递手续还应该根据实际情况的变化及时加以修改，以确保会计凭证传递的科学化和制度化。

6.4.2 会计凭证的保管

会计凭证的保管是指会计凭证办理完毕后的整理、装订、归档和保存工作。会计凭证是重要的会计档案和资料，必须妥善保管。保管内容主要包括以下几项。

1. 会计凭证的整理归档

会计部门在记账以后，应定期将记账凭证及其所附的原始凭证，按记账凭证编号顺序进行整理归类，在确保会计凭证完整无缺后，将其折叠整齐，加具封面及封底，装订成册，并在装订线上加贴标签，以防丢失和任意拆封。装订封面上要注明单位名称、凭证种类、所属年月和起讫日期、起止号码、凭证张数等。会计主管或指定人员在装订线封签处签名或盖章，然后入档保管。

整理归档的会计凭证可由会计部门保管一年，期满后，会计部门编造清册，移交本单位的档案部门保管。

2. 会计凭证的借阅

查阅档案室保管的凭证，应履行一定的审批手续，详细登记调阅凭证的名称、调阅日期、调阅人员的姓名、工作单位及调阅理由等，一般就地查阅。

原始凭证不得外借，其他单位如因特殊原因需要使用原始凭证时，经本单位会计机构负责人、会计主管人员批准，可以复制。向外单位提供的原始凭证复制件，应当在专设的登记簿上登记，并由提供人员和收取人员共同签名或者盖章。

3. 会计凭证的保管期限

会计凭证的保管期限分为永久保管和定期保管两种。年度会计报表及某些涉外的会计凭证、会计账簿属于永久保管，其他属于定期保管，期限有 3 年、5 年、15 年和 25 年。

4. 会计凭证的销毁

会计凭证期满销毁必须严格按制度规定执行，登记造册，报单位领导审批后，方可销毁，且要求档案部门和会计部门共同派人监销。凭证销毁后，相关经办人员要在销毁清册上签名或盖章，注明已销毁字样和销毁日期，将销毁情况写出书面报告，一式两份，一份交由本单位负责人，一份入档备查。

思考练习题

一、思考题

1. 原始凭证应该具有哪些内容？

2. 记账凭证有哪几种分类？

3. 会计凭证保管的主要内容有哪些？

二、单选题

1. （　　　）一般由税务局等部门统一印制，或经税务部门批准由经营单位印制。

    A. 发货票　　　　　　　　　　　　B. 自制原始凭证

    C. 限额领料单　　　　　　　　　　D. 收料单

2. 工业企业的限额领料单是一种（　　　）。

    A. 一次凭证　　　　　　　　　　　B. 汇总原始凭证

    C. 累计凭证　　　　　　　　　　　D. 转账凭证

3. 记账凭证按填制方式不同可分为（　　　）。

    A. 收款凭证、付款凭证和转账凭证

    B. 一次凭证、累计凭证和汇总凭证

    C. 复式记账凭证和单式记账凭证

    D. 通用记账凭证和专用记账凭证

4. 关于会计凭证的保管，下列说法不正确的是（　　　）。

    A. 会计凭证应定期装订成册，防止散失

    B. 会计主管人员和保管人员应在封面上签章

    C. 原始凭证不得外借，其他单位如有特殊原因确实需要使用时，经本单位会计机构负责人（会计主管人员）批准，可以复制

    D. 经单位领导批准，会计凭证在保管期满前可以销毁

5. 会计核算工作的起点和基础是（　　　）。

    A. 设置账户　　　　　　　　　　　B. 填制会计凭证

    C. 编制会计报表　　　　　　　　　D. 登记账簿

6. 银行存款归还银行借款的业务，须编制（　　　）。

    A. 收款凭证　　　　　　　　　　　B. 付款凭证

    C. 转账凭证　　　　　　　　　　　D. 汇总转账凭证

7. 单式记账凭证是指在一张凭证上（　　　）的凭证。

    A. 只填写一项经济业务　　　　　　B. 只填写一个会计科目

    C. 只填写一个金额　　　　　　　　D. 只填写两个会计科目

8. 下列各项中，（　　）不属于原始凭证的基本内容。

　　A. 接受凭证单位名称

　　B. 交易或事项的内容、数量、单价和金额

　　C. 经办人员签名或盖章

　　D. 应记会计科目名称和记账方向

9.（　　）是用来记录现金和银行存款收款业务的记账凭证。

　　A. 收款凭证　　　　B. 付款凭证　　　　C. 转账凭证　　　　D. 复式记账

10. 原始凭证中（　　）出现错误的，不得更正，只能由原始凭证开具单位重新开具。

　　A. 金额　　　　　　B. 汉字　　　　　　C. 计量单位　　　　D. 会计科目

三、多选题

1. 原始凭证按其取得的来源不同，可分为（　　）。

　　A. 发票　　　　　　　　　　　B. 收据

　　C. 外来原始凭证　　　　　　　D. 自制原始凭证

2. 记账凭证审核的主要内容有（　　）。

　　A. 内容是否真实　　　　　　　B. 项目是否齐全

　　C. 科目、金额、书写是否正确　D. 填制是否及时

3. 原始凭证按其填列的方法不同，可分为（　　）。

　　A. 一次凭证

　　B. 累计凭证

　　C. 原始凭证汇总表（或汇总原始凭证）

　　D. 收款凭证

4. 下列经济业务，应填制付款凭证的是（　　）。

　　A. 购入材料一批，货款用银行存款支付

　　B. 销售产品一批，货款存入银行

　　C. 采购员预借差旅费以现金支付

　　D. 从银行提取现金

5. 以下票据不能作为原始凭证入账的是（　　）。

　　A. 购料申请单　　　　　　　　B. 差旅费报销单

　　C. 银行对账单　　　　　　　　D. 购销合同

6. 记账凭证按填制方式不同可以分为（　　）。

　　A. 通用记账凭证　　　　　　　B. 专用记账凭证

　　C. 复式记账凭证　　　　　　　D. 单式记账凭证

7. 下列金额表示方法中，正确的是（　　　）。

　A. ￥99.00　　　　　　　　　　　　B. 人民币捌拾伍元整

　C. 人民币肆拾叁元捌角玖分整　　　　D. ￥618.00

8. 记账凭证的基本内容包括（　　　）。

　A. 所附原始凭证的张数

　B. 会计科目的名称和金额

　C. 填制凭证的日期和凭证编号

　D. 填制凭证人员、稽核人员、记账人员、会计机构负责人、会计主管人
　　员的签名或盖章

9. 原始凭证与记账凭证的区别是（　　　）。

　A. 填制依据不同　　　　　　　　　　B. 填制方式不同

　C. 填制人员不同　　　　　　　　　　D. 发挥作用不同

四、 判断题

1. 会计凭证的保管是指从会计凭证的取得或填制时起，至归档保管过程
中，在单位内部有关部门和人员之间的传送程序。　　　　　　　　（　　　）

2. 企业在与外单位发生的任何经济业务中取得的各种书面证明，都是原始
凭证。　　　　　　　　　　　　　　　　　　　　　　　　　　　（　　　）

3. 实际工作中，也有企业单位不分收款、付款、转账凭证，统一使用一种
凭证，这种记账凭证称为通用记账凭证。　　　　　　　　　　　　（　　　）

4. 按收款、付款、转账业务分别填制的记账凭证，称为专用记账凭证。

　　　　　　　　　　　　　　　　　　　　　　　　　　　　　　（　　　）

5. 除财产清查、结账和更正错误外，记账凭证必须附有原始凭证。（　　　）

6. 对于真实、合法、合理但内容不够完整、填写有错误的原始凭证，会计
机构和会计人员不予接受。　　　　　　　　　　　　　　　　　　（　　　）

7. 原始凭证必要时可以涂改、挖补。　　　　　　　　　　　　　（　　　）

8. 原始凭证记载内容有错误的，应当由出具单位重开或更正，不需要盖任
何的印章。　　　　　　　　　　　　　　　　　　　　　　　　　（　　　）

9. 复式记账凭证是指将多笔经济业务所涉及的全部会计科目及其内容在同
一张记账凭证中反映的记账凭证。　　　　　　　　　　　　　　　（　　　）

10. 记账凭证中必须列明会计科目名称、记账金额、填制凭证的日期等
内容。　　　　　　　　　　　　　　　　　　　　　　　　　　　（　　　）

五、业务题

资料：ZL 公司 2016 年 8 月份发生如下经济业务：

（1）3 日，从银行提取现金 56 000 元。

（2）4日，收到银红公司归还的货款8000元，款项存入银行。

（3）9日，销售甲产品一批给志耀公司，单价为100元/件，销量为4000件，增值税率为13%，款项暂未收到。

（4）12日，结转销售A产品的成本180 000元。

（5）20日，以银行存款支付广告费4000元。

（6）24日，以银行存款支付电费2000元，水费800元。

根据上述经济业务，编制记账凭证。

第7章

会 计 账 簿

本章学习目标

★ 理解会计账簿的意义及种类

★ 了解账簿的启用并熟练掌握账簿的使用规则

★ 熟练掌握会计账簿的设置和登记方法

★ 熟练掌握不同错账的更正方法

★ 掌握账簿对账和结账的方法

　　会计账簿是会计核算以及财务管理中必不可少的部分，它在整个会计数据汇总分析过程中占据相当高的地位和作用，同时，它也是各单位实现内部控制，明确各部门责任的重要经济资料和会计档案。

　　本章首先介绍会计账簿的概念和几种基本的分类，以及如何启用账簿和在登记账簿过程中需要掌握的一般规则；其次详细阐述包括日记账、分类账在内的各种账簿的格式和登记方法；最后介绍对账和结账，以及几种常见的更正错误的方法。

7.1　会计账簿概述

7.1.1　会计账簿的概念

　　会计账簿简称账簿，是由若干账页组成，以审核无误的会计凭证为依据，用来全面、系统、连续、分类地记录和反映一个单位全部经济业务发生和完成情况的簿籍。

　　会计账簿是用以分类汇总反映企业在一定的时期内所发生的全部资金使用情况，按照一定格式和要求保存所需要的各项会计信息的簿籍。实际工作中，设置和登记会计账簿是会计凭证与会计财务报表的中间环节。通过会计账簿的设置，可以将会计凭证所记录的片段化的经济业务的全貌一一记载和保存并计入对应的账簿。同时，会计账簿也是编制会计报表的前提和依据。所以会计账簿是每个企业财务管理中不可缺少的一部分内容。因此，所有单位，不论规模大小、业务多少，都必须设置账簿，认真做好记账工作。

7.1.2　会计账簿的作用

合理地设置和登记账簿，能系统地记录和提供企业经济活动的各种数据。会计账簿对加强单位经济核算，改善和提高经营管理有着重要的意义，同时它也是提供单位财务管理分析和审计的重要依据。会计账簿的意义和作用主要表现在以下四个方面。

1.　会计账簿是保存会计核算信息载体和记账的依据

通过会计账簿的设置，可以将分散在不同会计凭证的会计核算信息归类汇总，按照不同的性质加以归类和整理，以便形成集中的、系统的、全面的会计核算资料。在账簿中，保存了所需要的各项会计信息，能够全面反映一定时期内所发生的所有资金使用情况。会计账簿不但提供总括指标，而且提供明细指标。所以，账簿也就成为单位重要的经济档案。用会计账簿保存经济信息，更便于经济信息的保管，也方便日后的考查和运用。

2.　会计账簿是检查和校正会计信息的重要环节

会计账簿处于会计核算的中间环节，在会计核算过程中，会计账簿是根据会计凭证登记的，所以登记账簿的过程也是对会计凭证信息进行进一步检查和确认的过程。而结账前后，会计人员也需要在账簿之间进行核对，并且计算出相应的发生额和余额。

3.　会计账簿是编制财务会计报表的主要数据依据

会计账簿的设置和登记为财务会计报表做好了数据方面的储备和启动工作。报表所需要的资产、负债、所有者权益、收入、费用和利润等会计资料的情况都来自定期进行的结账工作。所以，会计报表中所反映的会计信息是否真实、正确，编制的报表是否能及时有效，都与账簿记录有着直接和密切的关系。

4.　会计账簿保证有效发挥会计的各公司部门间的监督和管理职能

会计账簿是重要经济档案的组成部分。会计凭证在反映个别业务、明确某项经济活动的有关当事人或部门的经济责任上十分重要，但过于分散。这就有赖于会计账簿。通过设置和登记账簿，利用账簿汇总相关核算资料，就可以通过账簿资料了解资金总体情况和各方面的变动情况，以便对各项资料的保管和使用情况进行监督，用以明确相关责任和义务。

7.1.3 会计账簿的分类

会计核算中应用的账簿种类很多，不同的账簿，其形式、用途、内容和登记方法各不相同。为了服务于会计核算中的不同信息使用者的需求，同时为了连续、全面、系统地反映和监督会计各项经济活动和事项，会计账簿在长期的实践中形成了一套既分门别类又紧密相连的体系。会计账簿一般按照用途、账页格式以及外形特征进行分类。

1. 账簿按用途分类

《会计法》规定，会计账簿按照不同的用途可分为序时账、分类账和备查账。

（1）序时账簿。序时账，也称为日记账，是按照经济业务发生或完成时间的先后顺序来逐日、逐笔进行登记的账簿。序时账簿按其记录内容的不同，又分为普通日记账和特种日记账。

普通日记账也称为通用日记账，是用来反映和记录全部经济业务类型的日记账。普通日记账将每天发生的所有经济业务，不论其性质如何，按其先后顺序，编成会计分录记入账簿。

特种日记账是反映和记录某一类型经济业务的日记账。特种日记账一般按照经济业务性质单独设置账簿，它只把特定项目按经济业务顺序记入账簿，反映详细情况，如库存现金日记账和银行存款日记账。

设置普通日记账的单位，一般不再编制记账凭证和单独开设特种日记账。

（2）分类账簿。分类账簿是对全部经济业务事项按照会计要素的具体类别而设置和登记的账簿。它反映了资产、负债、所有者权益、收入、费用和利润等会计要素的增减变动情况，是企业经营管理的重要资料来源。分类账簿按其提供核算指标的详细程度不同，又分为总分类账和明细分类账。

总分类账，简称总账，是根据总账科目登记全部相关的经济业务，提供总括核算资料的分类账簿。

明细分类账，简称明细账，是根据明细分类账户用来登记某一类经济业务，提供明细核算资料的分类账簿。

（3）备查账簿。备查账簿又称为补充登记账簿或者辅助账簿，是对某些在序时账簿和分类账簿等主要账簿中都未能记载，或记载不够详细全面的经济业务事项进行补充登记时的账簿，一般用于对某些经济业务和事项提供会计更为全面的参考和补充资料。但备查账簿只是对其他账簿记录的一种补充，与其他账簿之间不存在严密的依存和勾稽关系，所以备查账簿的设置应视实际需要而定，而且没有固定格式要求。该账簿大多数是一些非正式的账簿，如"租入固定资产登记簿""委托加工物资登记簿""代销商品登记簿"等。

2. 账簿按账页格式分类

（1）两栏式账簿。两栏式账簿是指只有借方和贷方两个基本金额栏目的账簿。普通日记账一般采用两栏式，实际工作中很少使用，其格式如表7-1所示。

表7-1　两栏式账簿

会计科目：

年		凭证号码		摘　　要	借方金额	贷方金额
月	日	种　类	编　号			

（2）三栏式账簿。三栏式账簿是设有借方、贷方和余额三个金额栏目的账簿，适用于各种只进行金额核算的序时账、总分类账以及债权、债务明细账核算，如"应收账款""应付账款"。三栏式账簿又可以分为设对方科目和不设对方科目两种。两者的区别是在摘要栏和借方科目栏之间是否有一栏"对方科目"，其格式如表7-2所示。

表7-2　三栏式账簿

年		凭证字号	对方科目	摘　　要	借方	贷方	借或贷	余额
月	日							

（3）多栏式账簿。多栏式账簿是在账簿的两个金额栏目（借方和贷方）按照需要分设若干个专栏的账簿。专栏设置在借方，还是在贷方，或是同时设有专栏，设多少个专栏，都是根据企业的核算需要来决定的。收入、成本、费用、利润和利润分配明细账一般采用这类格式的账簿，如"生产成本""管理费用""营业外收入"等，其格式如表7-3所示。

（4）数量金额式账簿。数量金额式账簿的借方、贷方和余额三个栏目内，都分设数量、单价和金额三小栏，用以反映财产物资的实物数量和价值量。原材料、库存商品、产成品、固定资产明细账一般都采用数量金额式账簿，其格式如表7-4所示。

表 7-3 多栏式账簿

生产成本明细账

年		凭 证 号 码		摘　　要	借方（项目）				贷方	余额
月	日	种类	编号		材料	工资	制造费用	合计		

表 7-4 数量金额式账簿

_____明细账

类别		计量单位	
名称或规格		存放地点	
编号		储备定额	

年		凭　证		摘　　要	收　　入			支　　出			结　　存		
月	日	种类	编号		数量	单价	金额	数量	单价	金额	数量	单价	金额

3. 账簿按外形特征分类

会计账簿按外形特征的不同可分为三种：订本式账簿、活页式账簿和卡片式账簿。

（1）订本式账簿。订本式账簿简称订本账。顾名思义，是在启用前将具有统一账户结构并且连续编号的账页装订成册形成账本的账簿。这种账簿的优点是账页固定，既能避免账页散失，也可防止账页被抽换。但其缺点也很明显，不便于会计人员的分工协作，因为同一账簿在同一时间只能由一人登记，同时也不能准确地为各账户预留账页。订本账一般被具有统驭性的总分类账、现金日记账和银行存款日记账所采用。

（2）活页式账簿。活页式账簿简称活页账，是在账簿登记完成之前不固定，而是将连续编号的账页分类置于活页夹内，可根据记账内容的变化随时增减账页的账簿。账簿的空白账页在使用时要连续编号，并且由有关人员盖章放置在账夹里，以防止丢失。账簿登记完毕时，撤去未使用的账页，将账页装订成册以便于保管。这种账簿的优点是账页可以根据实际需要确定增减，不会浪费账页；同时使用灵活，同一时间不同会计人员可以同时分工记账。其缺点是如果没有妥善保管，账页容易散失或者被抽换。活页账一般适用于记录经济业务频繁的明细分类账。

（3）卡片式账簿。卡片式账簿简称卡片账，是将账户所需格式印刷在特制的卡片上，然后存放于专设的卡片箱中的账簿。在登记时，卡片账可以根据记账业务的内容变化需要而随时增减账页。登记完毕后，则将卡片式穿孔固定保管。其实严格说来，卡片账也是一种特殊的活页账，只不过它不装在活页账夹中。在我国，一般适用低值易耗品、固定资产等的明细核算采用这种形式。因为设置卡片账便于随同实物同时转移。

以上各种分类可用图7-1表示。

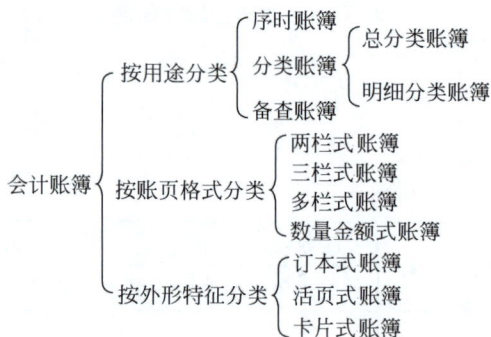

图 7-1　会计账簿的分类

7.2　会计账簿的设置原则和登记规则

7.2.1　会计账簿的设置原则

各单位应当按照国家统一的会计制度规定和会计业务的需要设置会计账簿，不得违反《会计法》和国家统一的会计制度的规定私设会计账簿。同时根据账簿所记录的经济业务的不同，其结构和登记方法也不同。各单位应结合自身的经济业务特点和经营管理需求，科学、合理地设置账簿。账簿的设置与登记一般应遵守以下原则：

（1）账簿的设置总体上要能确保全面、连续、系统地核算和监督所发生的各项经济业务，组织严密、层次分明，账簿之间要互相衔接、互相补充、互相制约，同时能够清晰地反映不同账户之间的对应关系，以便提供全面、系统的会计核算资料。

（2）会计账簿的设置在保证满足核算和监督经济业务的前提下，尽量考虑人力、物力的节约，注意防止账簿重叠、烦琐复杂。

（3）在格式设计上，账簿要从所要核算的经济业务的内容和需要提供的核算指标出发，力求简明实用，提高会计工作效率。但也要防止过于简化，以致不能提供日常管理所需的资料和编制报表的数据。

7.2.2 会计账簿的基本内容

1. 封面

封面主要用来标明账簿的记账单位名称、会计年度以及账簿名称。例如，现金日记账、总分类账、制造费用明细账等。

2. 扉页

扉页主要是用来填写会计账簿的使用信息。扉页上主要登记"账簿启用表"、"经管人员一览表"和"科目索引"，用以明确账簿启用日期、记账人员等内容，包括账簿名称、单位名称、起止页数、启用日期、经管人姓名及交接日期，以及单位负责人和会计主管人员签字盖章。其中，科目索引的格式如表7-5所示。

表7-5 科目索引（账户目录）

科 目 名 称	页 次	科 目 名 称	页 次	科 目 名 称	页 次

3. 账页

账页是会计账簿最主要的组成部分，也可以说是会计账簿的主体，会计账簿是由若干的账页组成。虽因经济业务不同会有不同格式，但基本内容都包括以下几点：

（1）账户名称（如总账科目、明细科目等）；

（2）总页数和分页数；

（3）登记账簿的日期栏；

（4）作为记账依据的记账凭证种类和号数栏；

（5）摘要栏（经济业务内容的简要描述）；

（6）金额栏（借方、贷方或余额方等）。

7.2.3 会计账簿的启用原则

会计账簿是企业非常重要的经济档案，为了保证账簿记录的合法性、合理性和完整性，明确相关会计人员记账责任，会计人员在启用新的会计账簿时，应按照相关规定和要求在账簿的有关位置登记以下相关信息。

（1）启用新的会计账簿，应当在账簿的封面写上单位名称和该账簿名称。

（2）填写账簿扉页上的"账簿启用登记表"（见表7-6），详细填明企业名称、账簿名称、账簿页数和启用日期等，并填明会计主管人员、记账人员姓名，加盖公章或会计主管人员和记账人员名章。

表7-6　账簿启用登记表

账簿名称_____　　　　　　　　　　　　　单位名称_____
账簿编号_____　　　　　　　　　　　　　账簿册数_____
账簿页数_____　　　　　　　　　　　　　启用日期_____
会计主管（签章）　　　　　　　　　　　　　　记账人员（签章）

移 交 日 期			移　交　人		接 管 日 期			接　管　人		会 计 主 管	
年	月	日	姓名	盖章	年	月	日	姓名	盖章	姓名	盖章

　　如果记账人员有变更，应在主管会计监督下办理交接手续，并在"账簿启用登记表"内注明交接日期，移交人和接管人双方签名或盖章，以明确相应责任，维护会计账簿登记的严谨性。

　　会计人员因故离职时，应办理交接手续，在"账簿启用登记表"交接记录栏内填写清楚交接日期、接办人员和监交人员姓名等内容，并由交接双方人员签名或者盖章，实行会计电算化的单位，还应当在移交清册中列明会计软件及密码、会计软件数据磁盘（磁带等）及有关资料、实物等内容。

7.2.4　会计账簿的一般登记规则

　　会计账簿是编制财务会计报表，进行会计分析与检测的重要依据。《会计法》第三条规定：各单位必须依法设置会计账簿，并保证其真实和完整。会计人员在登记账簿时，必须严格遵守下列规则。

　　（1）会计信息准确完整。为保证账簿记录的准确性，必须根据审核无误的会计凭证，及时登记各种账簿。登记账簿时，应将会计凭证的日期、编号、摘要、金额和其他相关信息逐项登记入账，做到数字准确、摘要简明清楚、登记及时、字迹工整。

　　（2）及时注明记账符号。账簿登记完毕后，要在记账凭证上签名或盖章，并在"过账"栏内注明账簿的页数或标记"√"符号，表示已登记入账，以避免重登和漏登，也便于查阅、核对。

　　（3）正确使用蓝黑墨水和红墨水。为了保证账簿记录清晰持久，防止涂改，登账时必须用蓝黑墨水或碳素墨水书写，不得使用圆珠笔（银行的复写账簿除外）或者铅笔书写。红色墨水只能在以下几种情况下使用：

① 冲销错账或错误记录；

② 在不设借贷等栏的多栏式账页中登记减少数；

③ 在三栏式账户的余额栏前，如未印明余额方向的，在余额栏内登记负数余额；

④ 根据国家统一的会计制度的规定可以用红字登记的其他会计记录。

（4）书写字体规范，不能占满格。在会计人员登记账簿时，书写的文字和数字上面要留有适当的空格，不要写满格，一般应占格距的 1/2，最多不能超过 2/3。这是为了在更正记账和查账时更为清晰。

（5）账簿必须逐页、逐行循序连续登记。各种账簿都必须按编写的页次逐页、按行序连续登记，不得隔页、跳行登记。如果发生隔页、跳行登记，应将空页、空行用红色墨水画对角线注销，或者注明"此页空白""此行空白"字样，并由记账人员在注销处签名或盖章。对各种账簿的账页不得任意抽换和撕毁，以防舞弊。在总分类账和明细分类账中，应在每一账户的首页注明账户的名称。

（6）账簿记录必须按规定结转余额。各账户结出金额后，应在"借或贷"栏内写明"借"或"贷"，没有余额的账户在"借或贷"栏内写"平"字，在"余额"栏内写 0。现金日记账和银行存款日记账必须逐日结出余额。

（7）过次承前。每登记完一张账页时，应在该账页最后一行登记结出本页发生额合计和余额，并在该行"摘要"栏中写明"转次页"或"过次页"字样；然后将发生额合计和余额记入下一账页的第一行金额栏内，并在"摘要"栏中写明"承上页"或"承前页"字样，以保持账簿记录的连续完成。

（8）必须按照规定的方法更正错账。如果发现账簿记录有差错，应根据错误的具体情况，采用规定的方法予以更正，不得涂改、挖补、乱擦或用褪色药水消除原有字迹，不得重新抄写。

7.3　会计账簿的格式设置和登记方法

会计账簿的设置与登记应结合各会计主体经济活动的特点和经营管理的需要，按照会计核算的基本要求和会计规范的有关规定灵活规范设置。一般来说，账簿因为所记录的经济业务不同，其结构和登记方法也各异。常用登记会计账簿的格式和方法可具体分为日记账的格式和登记方法、总分类账的格式和登记方法、明细分类账的格式和登记方法三种情况。下面分别予以介绍。

7.3.1　日记账的格式设置和登记方法

日记账，或称为序时账簿，是按照经济业务发生的时间顺序，逐日逐笔连续登记的账簿。日记账现在一般按照其登记的内容被分为普通日记账和特种日记账。在会计史上还出现过专栏日记账，因为这种账簿已经很少设置，在此不做介绍。

1. 普通日记账

普通日记账，也称为通用日记账，是按照时间的先后顺序登记单位每天发生的所有经济业务，用来反映和记录全部经济业务类型的日记账，如表 7-7 所示。其格式采用两栏式，只设"借方"和"贷方"两个金额栏目，这种账簿一般不结余额。普通日记账一般只有一本账簿来记录所有发生的经济事项，会计人员很难分工合作记账，且工作繁重。所以普通日记账一般只适用于规模较小、经济业务不多的企业，目前，这种日记账在我国也很少使用。

表 7-7　普通日记账　　　　　　　　　　第　　页

2016 年		凭　证		会 计 科 目	摘　　要	借方金额 / 元	贷方金额 / 元	过　　账
月	日	字	号					
1	1	转	1	在途物资	购入材料	10 000		√
				应付账款	ZL 公司		10 000	√

2. 特种日记账

特种日记账是用来序时地记录某一类经济业务的日记账。特种日记账是会计历史上对于会计账簿的进一步发展。为了弥补普通日记账分工难的不足，也为了加强对货币资金的分类管理，各单位一般都会设置两种特种日记账：库存现金日记账和银行存款日记账。

1）库存现金日记账

（1）库存现金日记账的格式。库存现金日记账用来核算和监督库存现金每天收入、支出和结存情况的账簿，其账页格式主要采用"收入""支出""结余"三栏式。从其外表形式看，则采用订本账。三栏式日记账的格式如表 7-8 所示。

（2）库存现金日记账的登记方法。库存现金日记账通常由出纳人员根据审核无误的现金收款凭证、现金付款凭证和银行存款付款凭证，按经济业务发生的时间顺序逐日逐笔进行登记。每日终了时，应根据"上日余额＋本日收入－本日支出＝本日余额"的计算公式，分别计算现金的收入合计和支出合计，然后结出现金余额；同时与实际库存现金实存数核对，以检查每日现金收付是否有误。到月末终了，同样需计算本月的现金收入合计数和支出合计数，结出本月余额，做到"日清月结和账实相符"。如账实不符，应查明原因。

表 7-8　库存现金日记账（三栏式）

单位：元

2016 年		凭证号码		摘　要	对应科目	收　入	支　出	结　余
月	日	种类	号数					
1	1			上年结余				500
	1	现收	1	零星销售	其他业务收入等	200		
	1	现付	1	购办公用品	管理费用		400	
	1	银付	1	取现	银行存款	700		
	1			本日合计		900	400	1000

三栏式库存现金日记账的具体登记方法如下：

（1）日期栏用于登记记账凭证的日期，应与现金实际收付日期一致；

（2）凭证栏用于登记入账的收付款凭证的种类和编码，如"现收（付）、银收（付）"，凭证栏还要登记凭证的编号，便于以后查账和核对；

（3）摘要栏用于简要说明入账的经济业务，文字要简练但能说明问题；

（4）对应科目栏用于登记现金收入来源的科目或现金支出用途的科目，如用现金支付前欠的购货款，现金支出的对方科目就是应付账款；

（5）收入、支出栏用于登记现金实际收、付的金额。

2）银行存款日记账

（1）银行存款日记账的格式。银行存款日记账是用来核算和监督银行存款每日的收入、支出和结余情况的账簿。银行存款日记账的格式与登记方法与库存现金日记账大致相同，账页结构一般也采用"收入"、"支出"和"结余"三栏式。银行存款日记账和库存现金日记账的外表形式一样，都必须使用订本账。银行存款日记账应该按照单位在银行的币种分别设置，同时每个银行账户设置一本日记账。三栏式银行存款日记账的格式如表 7-9 所示。

表 7-9　银行存款日记账（三栏式）

单位：元

2016 年		凭证号码		摘　要	对应科目	收　入	支　出	结　余
月	日	种类	号数					
1	1			期初余额				20 000
	1	银付	1	支付材料款	原材料等		5000	
	1	银收	1	销售收入	主营业务收入等	63 800		
	1	现付	1	存款	库存现金	8000		

续表

2016年		凭证号码		摘　要	对应科目	收　入	支　出	结　余
月	日	种类	号数					
	1			本日合计		71 800	5000	86 800

（2）银行存款日记账的登记方法。银行存款日记账应由出纳人员根据审核无误的涉及银行存款收、付的记账凭证按经济业务发生时间的先后顺序，逐日逐笔进行登记。根据银行存款收款凭证和有关的现金付款凭证登记银行存款收入栏，根据银行存款付款凭证登记支出栏，每日结出存款余额，做到"日清"，以便检查和监督各项收支款项，避免出现透支现象；同时定期要与开户银行对账单进行核对。每月终了，同样要进行"月结"。

因为银行存款日记账的登记方法和库存现金日记账的登记方法基本相同，这里不再重复介绍。但要注意，对于将现金存入银行的业务，因为习惯上只填制现金付款凭证，不填制银行存款收款凭证，所以此时的银行存款收入数应根据相关的现金付款凭证登记。

7.3.2　分类账的格式设置和登记方法

分类账一般按照分类概括程度不同分为总分类账和明细分类账两种。

1．总分类账

（1）总分类账的格式。总分类账应按照总分类科目（一级科目）设置，是对各项经济业务进行全面、总括反映的会计账簿，任何单位都要求设置总分类账。总分类账中的账页是按总账科目开设的总分类账户。总分类账最常用的格式为三栏式，设置"借方"、"贷方"和"余额"三个基本金额栏目（表7-10），在外形要求上一般采用订本式账簿。

表7-10　总分类账（三栏式）

单位：元

会计科目：银行存款　　　　　　　　　　　　　　　　　　　　　　　　第1页

2016年		凭证号码		摘　要	对方科目	借　方	贷　方	借或贷	余　额
月	日	种类	号数						
1	1			期初余额				借	10 000
	1			收回欠款		15 000			
	1			购办公用品			2000		

158

（2）总分类账的登记方法。总分类账的登记方法因登记的依据不同而有所不同。经济业务少的小型单位的总分类账可以选择直接根据记账凭证逐笔登记；经济业务多的大中型单位的总分类账可以先将一定时期的各种记账凭证编制成"科目汇总表"或"汇总记账凭证"，然后据以登记，一般取决于会计核算组织程序。

不论采用哪种方法登记总账，每月都应将本月所发生的全部经济业务登记入账，月末结算出总分类账中每个账户的本期借贷方发生额及其余额，然后与所属明细账余额的合计数核对相符后，方可作为编制会计报表的主要依据。

三栏式总分类账的具体登记方法如下：

① 日期栏用于填写记账凭证的日期（即业务发生的具体日期）；在汇总登记总账的方式下，填写汇总凭证的日期；

② 凭证栏填写登记总账所依据凭证的字和号，在依据记账凭证登记总账时，填写记账凭证的字和号；在依据科目汇总表登记总账时，填写"科汇"字和编号；在依据汇总记账凭证登记总账时，使用"现（银）汇收"字和编号、"现（银）汇付"字和编号以及"汇转"字和编号；

③ 摘要栏简要描述入账经济业务，总账采用记账凭证登记的单位，应与记账凭证中的摘要一致；采用依据科目汇总表登记的单位，应填写"某月科目汇总表"或"某月某日的科目汇总表"字样；对于采用汇总记账凭证登记的，应填写每一张汇总记账凭证的汇总依据，即依据第几号记账凭证至第几号记账凭证而来的；

④ 对方科目栏用于登记填写与总账账户发生对应关系的总账账户的名称；

⑤ 借、贷方金额栏用于登记凭证上记载的各总账账户的借方或贷方发生额；

⑥ 借或贷栏用于登记余额的方向，如是借方余额，则记上"借"字；如是贷方余额，则记上"贷"字；如果期末余额为零，则在"借或贷"栏写"平"字，并在"余额"栏的中间划一符号"/"。

2. 明细分类账

（1）明细分类账的格式。明细分类账是根据有关明细分类账户设置并登记的账簿。它用来分类登记某一经济业务事项，不但能提供交易或事项比较详细、具体的核算资料，还能补充总账所提供核算资料的不足。因此，各单位在设置总账的同时，还应根据实际工作需要设置必要的明细分类账。

因为明细分类账是根据二级账户或明细账户开设账页，其在账簿外表形式上比较灵活，可以采用活页式账簿和卡片式账簿等。明细分类账可以有多种形式，但根据它所反映经济业务的特点，主要采用的登记格式有四种：三栏式、数量金额式、多栏式和横线登记式（平行式）。

① 三栏式。三栏式明细分类账账页格式和总分类账的格式基本相同，只设置"借方"、"贷方"和"余额"三个金额栏目（不设"数量"栏）。所不同的是，总分类账簿为订本账，而三栏式明细分类账簿多为活页账。这种账页一般适用于只进行金额核算的账户，如债权、债务结算的"应收账款""应付账款"等明细核算。三栏式明细分类账的格式举例如表 7-11 所示。

表 7-11　应收账款明细分类账

明细科目：　　　　　　　　　　　　　　　　　　　　　　　　　　　　　单位：元

2016 年		凭证号码		摘　要	借　方	贷　方	借或贷	余　额
月	日	种类	编码					
2	1			期初余额			借	60 000
	2	银收	1	收到销售款		10 000		50 000
			1	售出商品	50 000			100 000

② 数量金额式。数量金额式明细分类账账页格式是在三栏内再分别设置"数量"、"单价"和"金额"等栏目，以分别登记实物的数量和金额，其账页适用于既要进行金额核算又要进行数量核算的账户。原材料、库存商品等存货账户的明细核算都是采用此种分类账。因为这种账簿类型提供了有关财产物资数量和金额的详细资料，从而能加强财产物资的实物管理和使用监督，保证这些财产物资的安全完整。数量金额式明细分类账的格式举例如表 7-12 所示。

表 7-12　原材料明细分类账

会计科目：原材料　　　　　　　　　　　　　　　　　　　　　　　　　　第 1 页

类别：A 材料　　　　品名及规格：　　　　计量单位：　千克　存放地点：2 号仓库

2016 年		凭证号码	摘　要	收　入			支　出			结　存		
月	日			数量	单价	金额	数量	单价	金额	数量	单价	金额
2	1		期初余额							1000	10	10 000
	2		购入材料	300	10	3000				1300	10	13 000
	10		生产领用				500	10	5000	800	10	8000
	21		销售领用				200	10	2000	600	10	6000
	30		本月合计	300	10	3000	700	10	7000	600	10	6000
				……	……	……	……	……	……	……	……	……

③ 多栏式。多栏式明细分类账将属于同一个总账科目的各个明细科目合并在同一账页上进行登记。它根据经济业务的特点和经营管理的需要，在同一账

页的"借方"栏或"贷方"栏下分设若干专栏（如工资和福利费、折旧费、修理费、办公费等），集中反映有关明细项目的核算资料。多栏式明细分类账主要适用于需要了解构成内容的收入、成本、费用、财务成果等账户的明细账，如"生产成本""制造费用""管理费用""主营业务收入"等账户的明细分类账，其格式举例如表 7-13 所示。

表 7-13　制造费用明细分类账（借项多栏式）

明细科目：　　　　　　　　　　　　　　　　　　　　　　　　　　　单位：元

2016 年		凭证号码	摘　要	借　方					贷方	余额
月	日			职工薪酬	折旧费	办公费	水电费	合计		
1	1	2	购买办公品			500		500		500
	3	6	支付电费				1000	1000		1500
	31	35	分配工资	60 000				60 000		61 500
	31	36	计提折旧		1300			1300		62 800
			本月发生额	60 000	1300	500	1000	62 800	62 800	0

多栏式明细分类账是由会计人员根据审核无误的记账凭证逐笔登记的。等到月末终了，借方登记的发生额需要从贷方结转到相应的有关账户。

④ 横线登记式（平行式）。横线登记式明细分类账账页是采用横线登记，即将前后密切相关的业务登记在同一行，从而可依据每行各个栏目的登记是否齐全来判断该项目业务的进展情况。这种格式适用于登记材料采购、在途物资、应收票据和一次性备用金业务。

（2）明细分类账的登记方法。不同类型经济业务的明细分类账登记方法应该根据每个单位经营管理的特点和大小灵活设置，可以根据原始凭证直接登记，也可以根据汇总原始凭证登记，还可以根据记账凭证登记。其中，固定资产、债权、债务等明细账应逐日逐笔登记；库存商品、原材料、产成品收发明细账以及收入、费用明细账可以逐笔登记，也可定期汇总登记。

7.4　会计账簿的错账更正方法

7.4.1　查找错账的方法

账簿的登记工作相对烦琐而复杂，不同的账簿对于具体细节的要求也不同。虽然要求在登记账簿时一定要认真仔细，但难免发生差错产生错账。错账的原因可能是重记、漏记、数字颠倒、数字错位、数字记错、科目记错、借贷方向记反等，这些都会极大地影响会计信息使用者对于会计信息的分析和判断。所以会计人员需要能够及时而准确地找出差错，并按照相关的规定予以更正。会计工作中常见的差错查找方法一般有以下四种。

1. 差数法

差数法是指按照错账的差数直接查找错账的方法。这种方法就是根据错账的差异数字，在有关账簿中查找相同的数字，以便查出差错。一般借贷方有一方漏记或重记的错误可以使用这种方法。

【例 7-1】ZL 公司过去发生的一笔经济业务，会计凭证上记录如下：

借：管理费用——办公费　　　　　　　　　　　　1890

　　　　　——差旅费　　　　　　　　　　　　2600

　　贷：银行存款　　　　　　　　　　　　　　　　4490

若会计人员在记账过程中漏记了差旅费 2600 元，那么在进行管理费用总账和明细账核对时，就会出现总账借方余额比明细账借方余额多 2600 元的现象。对于类似差错，应由会计人员通过回忆相关金额的记账凭证进行查找，查找金额为 2600 的凭证。

2. 尾数法

尾数法是指对于发生只有角、分差错的，可以只查找末位小数部分，以提高查错效率的方法。这种方法适用于借贷方的金额其他位数都一致，只有末位数出现差错的情况。如差额为 0.3 元，可一一查找尾数出现 0.3 的金额，看是否已将其登记入账。

3. 除 2 法

除 2 法是指以差数除以 2 来查找错账的方法。这是一种最常见而且简便的查错账方法。会计人员在记账时稍有不慎，很容易发生借贷方记反或红蓝字记反，这样的错误简称为"反向"，这必然会出现一方合计数增多，而另一方合计数减少的情况。它有一个特定的规律就是错账金额差数一定是偶数，因为错账差额恰好是记错方向数字的 2 倍，所以只要将差数除以 2 得到的商就是错账数（账中记账方向的反方向数字），然后就能有目标的到账目中去寻找差错的数字了。

如错误差数是奇数，那就没有记账反向的可能，不适用于"除 2 法"来查。

【例 7-2】ZL 公司过去发生的一笔经济业务，会计凭证上记录如下：

借：其他应收款　　　　　　　　　　　　　　　　1500

　　贷：库存现金　　　　　　　　　　　　　　　　1500

登记明细账时，应计入"其他应收款"科目借方的 1500 元错计入贷方，总账与明细账核对时，该科目的总账借方余额就会大于明细账借方余额 3000 元，将 3000 元除以 2，正好是贷方错记的金额 1500 元。同理，如果借方总额大于贷方 3000 元，则应查找有无 1500 元的"其他应收款"科目贷方金额误计入借方。

4. 除 9 法

除 9 法是指用对账差额除以 9 来查找差错的一种方法。在日常记账中常有可能发生前后两个或三个数字金额颠倒、金额写大等错误。它们的共同特点是错账差数一定是 9 的倍数，差数每个数字之和也是 9 的倍数，因此，这种情况下均可采用"除 9 法"来查找。具体来说，主要有以下三种错误情况。

（1）将数字写大。例如：登会计账簿时，将 40 元记成 400 元，错误的数字刚好大于正确数字的 9 倍。此时在对账时就会出现余额差 $400 - 40 = 360$ 元，用 360 元除以 9，商为 40 元。也就是以差数除以 9 得出的商为正确的数字，商乘以 10 后所得的积为错误数字。

（2）将数字写小。例如：企业收到员工罚款收入现金 1000 元，在登账时由于会计人员疏忽误记为 100 元，这时错误数字小于正确数字的 9 倍。以差值 900 元除以 9，得出的商 100 元即为差错数，商乘以 10 即为正确的数字。

（3）邻数颠倒。在记账时，有时易将相邻的两位数或三位数的数字登记颠倒。它们共同特点是错账差数一定是 9 的倍数，差数每个数字之和也是 9 的倍数。

如果是两位数前后颠倒，这个差数除以 9 所得商的有效数字便是相邻颠倒两数的差值。例如将 52 记成 25，差数 27 除以 9 的商数为 3，这就是相邻颠倒两数 5 和 2 的差值。

如果是三个数字前后颠倒，其特点就是三位数前后颠倒的错账差数都是 99 的倍数，差数用 99 除得的商即是三位数中前后两数之差。例如将 315 记成 513，差数是 198，除以 99 后得到 2 即为相应颠倒数字 5 和 3 的差额。之后根据差额的规律再进一步判断错在哪一笔业务上。

7.4.2　更正错账的方法

会计工作是一项严谨而细致的工作。在登记会计账簿时发生的差错，一经发现应立即给予更正。而对于账簿记录错误，会计人员不允许涂改、挖补、刮擦或者用药水消除字迹，不能重新抄写，必须根据错误的具体情况和性质，采用规范的方法予以更正差错。如果是由于记账凭证错误引起的，需先更正记账凭证，再更正错账。一般常用的更正错误的方法有三种：划线更正法、红字更正法和补充登记法。

1. 划线更正法

记账凭证正确无误，而在记账或结账过程中发现账簿记录中文字或数字登记有错误，应采用"划线更正法"。因为凭证无误，所以只需要在会计账簿上进行更正即可。更正时，只需在错误的文字或数字（错误数字需全部注销画线）中间画一道红线注销，原来字迹需可辨认，然后在红线上方空白处用蓝字填写正确的文字或数字，并在更正处由记账人员盖章明确责任。

需要注意的是，对错误数字的更正一定要用红线全部划去，不能只改个别数字。例如，将 5424 错记为 5435，正确改正为 $\diagdown\!\!\diagup$ 5424 / 5435，不得更正为 $\diagdown\!\!\diagup$ 24 / 5435。而文字错误则可只划去错误部分。另外，会计凭证中的文字或数字发生错误，在尚未登记到会计账簿之前（未过账前），也可用这种方法更正。

2. 红字更正法

红字更正法也叫赤字冲账法或红笔订正法。这种方法是在会计核算中，用红字冲销错误记账凭证或冲销凭证数字来更正或调整账簿记录的方法。这种方法适用于会计账簿记录的错误是因记账凭证错误引起的错账。上述错误，不论是结账前还是结账后，不论是金额错误还是分录错误，都可采用红字更正法更正，一般分两种情况来更正。

（1）记账凭证上的应借、应贷方向错误，或会计科目发生差错，并已据此登记入账，从而导致账簿错误。

更正时，先用红字金额填制一张内容与原错误记账凭证完全相同的记账凭证，并在"摘要"栏中写明"更正第 × 号凭证错误"或"注销 × 月 × 日 × 号凭证"；然后用红字金额登记入账，以示冲销原有的错误记录，再用蓝字重填一张正确的记账凭证，并据以登记入账。现举例说明。

【例 7-3】 ZL 公司 A 车间一般耗用领用乙材料 3580 元，编制记账凭证时，借方账户误写为"管理费用"并已登记入账。其错误分录如下：

借：管理费用 3580
　　贷：原材料——乙材料 3580

当发现错误进行更正时，先用红字金额填制一张内容与原来一样的记账凭证，来冲销原错误的凭证记录。

借：管理费用 | 3580 |
　　贷：原材料——乙材料 | 3580 |
（注 | 3580 | 表示红字）

然后再用蓝字（或黑字）重新填制一张正确的记账凭证。

借：制造费用 3580
　　贷：原材料——乙材料 3580

最后将上述两张记账凭证依次登记入账后，账簿记录的错误就更正完毕了。

（2）记账凭证中应借、应贷的账户没有错，只是所填金额大于应填金额（多记金额），从而造成了账簿记录中金额错误。这种情况下，只需要将多记的金额用红字编制一张与原记账凭证会计科目相同的记账凭证，即在"金额"栏中填列正确金额和错误金额的差额，同时在"摘要"栏内注明"冲销第某号凭证多记数"，并据以用红字入账，以冲销原来多记的金额。

【例 7-4】ZL 公司 B 车间一般耗用领用甲材料 2500 元，编制记账凭证时，将金额记为 25 000 元。其错误编制以下分录，并已经登记入账。

借：制造费用   25 000
  贷：原材料——甲材料   25 000

记账人员发现错误时，应将上述账户中多记的 22 500 元，重新填制一张红字金额的记账凭证：

借：制造费用   22 500
  贷：原材料——甲材料   22 500

将上述重新填制更正错账的记账凭证红字记入有关账簿后，原账簿中的错误记录便得到了更正。

3. 补充登记法

补充登记法适用于记账后发现记账凭证中应借、应贷的会计账户正确，但所填的金额小于经济业务发生的实际金额，从而造成登记账簿后账户记录金额错误的情况。对于这种错误，一般采用补充登记法，也可采用红字更正法。

采用补充登记法时，一般将少记的金额（即正确金额与错误金额之间的差额）用蓝字（或黑字）填制一张记账凭证，在"摘要"栏内注明"补记第某号凭证少记数"，并据以登记入账。这样便将少记的金额补充登记入账。现举例如下：

【例 7-5】ZL 公司从银行提取 83 000 元现金发放工资，填制记账凭证时将金额部分误记为 38 000 元，并已登记入账。其错误分录如下：

借：库存现金   38 000
  贷：银行存款   38 000

记账人员不久发现错误，采用补充登记法更正，即将少记的 45 000 元用蓝字填制一张记账凭证，并登记入账即可。

借：库存现金   45 000
  贷：银行存款   45 000

这笔错误分录也可先用红字更正法更正，即冲销原 38 000 元，再用蓝字重填一份 83 000 元的记账凭证，并相应登记入账。同时，不管是用红字更正法还是补充登记法，在更正错误的记账凭证上，应注明被更正记账凭证的日期和编号，以便日后核对查考。

注意：在更正错账的三种方法中，红字更正法和补充登记法一般是用来更正因记账凭证错误而导致会计账簿记录出现差错的情况，如果不是记账凭证发生差错，而是登账时疏忽导致的记账错误，只能用划线更正法更正。

同时，以上三种错账更正方法一般是针对当年内发现填写记账凭证或者登记账错误而采用的更正方法。如果记账人员发现以前年度记账凭证中有错误（指会计科目和金额），并导致账簿登记出现差错，只需用蓝字或黑字填制一张更正的记账凭证，而不再用红字冲销。因发生错误的账簿记录已经在以前会计年度终了进行结账或决算，不可能再将已经结转的数字金额进行红字冲销，所以只能用蓝字或黑字凭证对除文字外的一切错误进行更正，并在更正凭证上特别注明"更正××年度错账"的字样。

7.5 对账与结账

登记账簿作为会计核算的专门方法之一，它主要由记账、对账和结账三个紧密联系的工作环节构成。在7.4节中讲解了不同账簿的设置和登记方法，本节将进一步讨论对账和结账的要求和方法。

7.5.1 对账

对账就是核对账目，它是保证会计信息准确性的重要工作环节。为了保证账簿记录的真实有效，会计在核算过程中会对账簿和账户所记录的相关数据加以检查和核对，这样的核对工作在会计上被称为"对账"。在结账前和结账过程中，均需对账。

企业对账工作一般至少每年进行一次，在会计实际工作中，难免因为种种原因导致凭证或记账错误。为了确保账簿记录提供给会计报表的信息准确可靠，必须建立定期完善的对账制度。但核对会计信息，不仅取决于账簿的本身，还涉及账簿与凭证的关系，以及账簿记录与实际情况是否相符等问题，这些都是在对账过程中所要考虑进去的。所以，对账应包括：账簿与凭证的核对、账簿与账簿的核对、账簿与实物的核对。把账簿记录的数字核对清楚，做到账证相符、账账相符、账实相符。

1. 账证核对

账证核对是指将账簿记录（包括总账、明细账以及库存现金日记账、银行存款日记账等）与相关的原始凭证和记账凭证进行核对，看会计凭证记录的经济业务内容是否和账簿记录的相一致，做到账证相符，这也是保证账账相符、账实相符的前提和基础。账证核对工作主要是在日常编制凭证和登记账簿过程中进行的，这个过程被称为"复核"。在期末结账时还能进行一次全面的账证核对，如果对某些主要内容有疑问，应同时进行重点抽查和核对。

2. 账账核对

账账核对是指各种账簿之间有关记录应进行核对，以保证相符。因为会计各种账簿之间的数字存在着内在联系，所以账账核对可以验证会计账簿信息的正确性。账账间的核对主要有以下四种：

（1）总分类账中的全部账户的借方余额合计数应与贷方余额合计数相符；

（2）总分类账中的各账户的月末余额，应与其所属明细分类账户月末余额之和核对相符；

（3）总分类账中的"库存现金""银行存款"账户的余额，应与"库存现金日记账"和"银行存款日记账"余额核对相符。

（4）会计部门掌管的各种财产物资的明细分类账的期末余额，应该与财产物资保管部门或使用部门相应的明细账余额核对相符。

以上各种账簿间的核对可以直接进行，内容较多的也可以通过编表进行。

3. 账实核对

账实核对也称为财产清查，是指各种货币资金和往来结算款项等账面余额与实存数核对相符。具体包括以下三种：

（1）"库存现金日记账"的账面余额应同现金的实际库存数每日核对相符；

（2）银行存款日记账的账面余额应同银行对账单核对相符，每月至少核对一次；

（3）各种应收、应付款项等明细分类账户的余额，应定期或不定期与有关单位或个人的有关账户核对相符，已上交的税金及其他预交款应按规定时间与有关监交部门核对相符。

上述账实核对工作中，结算款项一般利用对账单的形式进行核对，各种财产物资一般通过财产清查进行核对。

7.5.2 结账

会计账簿是编制会计报表信息的重要依据，因此会计人员需要将一定会计期间内发生的全部经济业务在登记入账的基础上按规定进行小结，即将各种账簿进行计算并结出"本期发生额"和"期末余额"。这个小结过程会计上称为"结账"。结账是为了总结出在一定会计期间内企业的经济活动和财务收支情况，一般可在月末、季末、年度末等时间进行，一方面为报表编制做准备，另一方面也可以为会计核算工作作出总结和检验。

1. 结账的主要程序

结账一般分为以下四个步骤完成。

（1）结账之前，必须保证本期内发生的各项经济业务已经全部填制会计凭证并据以登记入账。对已经发生的债权、债务、所有者权益、费用、已实现的收入、已完工的产品成本、已查明的财产物资的盘盈和盘亏等，都应在结账前全部登记入账。

（2）按会计制度规定和成本计算要求，在权责发生制的基础上，完成有关账项的调整，合理确认本期应计的收入和费用。

（3）结转收入、费用、成本等相关账户；将各损益类账户转入"本年利润"账户，结平所有损益类账户；同时完成本期的产品生产成本、商品销售成本、营业成本和期间费用等数据的计算和汇总；最后按照税法和会计法的相关规定，结转"本年利润"和"利润分配"账户，并确定本期的财务成果。

（4）计算结出库存现金日记账、银行存款日记账、总分类账和明细分类账的各账户的本期发生额和期末余额，并将期末余额结转至下期，完成结账手续。

需要注意的是，结账一般在当期进行。不能为了赶制会计报表而提前结账，也不能将本期发生的经济业务延至下期登账，即不能先编制会计报表后结账。

2. 结账的基本方法

结账方法根据不同的会计期间而不同。计算各种账簿本期发生额和期末余额的工作应按月进行，称为月结；有的账目按季进行结算，称为季结；年度终了进行的年终结账，称为年结。

会计人员在结账时，需要按照规定和要求在各种账户的不同会计期间的最后一笔数字下结出每个账户的当期（月、季、年）发生额和借贷双方的期末余额。结账方法主要是采用"划线结账法"，即结出各账户的本期发生额和期末余额后，加以画线标记，将期末余额结转至下期的方法。一般规定月结画单红线，年结画双红线，表示年度"封账"。画线时，应画红线；画线应画通栏线，不应只在本账页中的金额部分画线。对于不同的会计账簿，具体结算的方法和要求不同。

（1）总账账簿平时只需结计月末余额（不需要结计本月发生额）。月结时，一般应将月末余额计算出来登记在本月最后一笔经济业务记录下，并在下面画一条通栏红线（单红线），表示本月结束；年终结账时，作为编制报表的依据，为了能够全面反映各会计要素增减变动的情况，要将所有总账账户结出全年发生额和年末余额，并在摘要栏内注明"本年合计"字样，并在合计数下画通栏双红线。

（2）库存现金日记账、银行存款日记账和需要月结发生额的收入、费用等明细账在每月结账时，要在每月的最后一笔经济业务下面通栏画单红线，结出本月发生额和月末余额写在红线下面，并在摘要栏内注明"本月合计"字样，再在下面通栏画单红线。

（3）不需要月结本期发生额的债权债务（如应收、应付账款）和财产物资等明细分类账。每次记账后，都应在此类明细账余额栏内随时结出余额。月末余额就是本月最后一笔经济业务余额栏内的金额。所以月末结账只需在最后一笔经济业务之下通栏画单红线即可，无须再结计一次余额。

（4）对需要结计本年累计发生额的相关收入、成本等明细账户，如主营业务收入明细账。结账时，先按照需按月结计发生额的明细账的方法进行月结，同时需要在"本月合计"行下结出自年初起至本月末止的累计发生金额，并在摘要栏内注明"本年累计"字样后，通栏画单红线进行结账。年末时，12月的"本年累计"就是全年累计发生额，下面通栏画双红线进行年结。

（5）年度终了仍有余额的账户，摘要栏内注明"结转下年"字样，将其余额结转到下一会计年度，即账户余额直接抄入新账余额栏内，同时摘要栏内对应注明"上年结转"字样。注意，结转下年时，既不需要编制记账凭证，也不需要将余额再记入本年账户的借方或贷方。

7.6　会计账簿的更换与保管

会计账簿是会计核算中不可或缺的一环，也是会计重要的经济资料之一。对于会计账簿的更换和保管一直是各单位经营管理体系重要的部分。企业的良好发展应该建立在健全账簿管理制度上，不可以被忽视和简化。健全的账簿管理制度一般包括更换和保管两部分。

7.6.1　账簿的更换

为了保持会计账簿资料的连续性，应按会计制度规定，在每个会计年度结束时将上年度的会计账簿归档保管，而在新的会计年度开始时，启用新的账簿。对于账簿更换的具体程序如下。

（1）总账、日记账和大部分的明细账应当每年更换一次。年度终了时，在旧账簿的账页最后一行的空格，画一条斜红线注销，并在旧账页最后一行"摘要"栏内加盖"结转下年"戳记。年初更换新账簿时，将旧账簿中各账户的余额直接转登到有关账户新账簿中账页的第一行"余额"栏内，同时在"摘要"栏内加盖"上年结转"戳记。新旧账户间的余额转记不必填制相关凭证。另外，在一个会计年度内，订本账记满更换新账与年初更换新账簿的手续相似。

（2）并不是所有的账簿在新的会计年度建账也都必须更换为新的账簿。部分明细账，如固定资产明细账和债权债务明细账等，因年度内变动不多，以及相关记载过多，更换工作过于繁杂，不必每年更换新旧账簿，可跨年度使用。但在年终时需要在"摘要"栏内加盖"结转下年"戳记，以划分新旧年度之间的金额。第二年度开始时，可直接在上年度封账的双线下面记账。另外，各种备查账簿也可以连续使用。

7.6.2　账簿的保管

会计账簿与会计凭证、会计报表相同，是企业重要的经济档案和历史资料，账簿经管人员既要分工明确来完成记账、对账、结账等工作，又要肩负妥善保管账簿的重大责任，所有账簿不得任意丢失和销毁。会计账簿未经有关领导和会计负责人批准，不能随意翻阅查看。会计账簿除需要与外单位核对外，一般不允许携带外出。

年末结账后，会计人员应在归档前对更换下来的旧账进行整理。活页账簿首页加放账簿启用表和经管账簿人员一览表装订成册，并加上封面，统一编号后，填写移交清单，办理移交手续，与各种订本账按期一并归档。各种账簿根据制度统一规定按年度分类妥善保管，不得丢失和任意销毁。这样既保证在需要时能迅速查阅，又保证各种账簿的安全和完整。根据《会计档案管理办法》的规定，总分类账、明细分类账、辅助账、日记账均应保存15年。其中，库存现金日记账、银行存款日记账要保存25年，涉外和对私改造账簿应永久保存。保管期满后，应按照规定的审批程序批准后方可销毁。

思考练习题

一、思考题

1. 什么是会计账簿？

2. 会计账簿按照用途分可以分为哪几类？各有什么特点？

3. 简述库存现金日记账和银行存款日记账的格式和登记方法。

4. 登记账簿有哪些规则？

5. 会计账簿错账有哪些更正方法？它们分别针对什么样的错账情况？

6. 为什么要对账？应从哪几方面进行对账？

7. 不同的账簿该怎样结账？

二、单选题

1. 设置和登记账簿的依据是（　　　　）。

A. 经济合同　　　　　　　　　　B. 记账凭证

C. 会计分录　　　　　　　　　　D. 相关文件

2. 下列不属于对账的是（　　　　）。

A. 账簿记录与会计报表之间的核对

B. 财产物资明细账账面余额与财产物资实存数额的核对

C. 现金日记账的期末余额合计与现金总账期末余额的核对

D. 总分类账簿与其所属明细分类账簿之间的核对

3. 下列不可以作为总分类账登记依据的是（　　　　）。

A. 记账凭证　　　　　　　　　　B. 明细账

C. 汇总记账凭证　　　　　　　　D. 科目汇总表

4. 总分类账一般采用的账页格式为（　　　　）。

A. 两栏式　　　　　　　　　　　B. 三栏式

C. 多栏式　　　　　　　　　　　D. 数量金额式

5. 收回货款 3400 元存入银行，记账凭证误填为 34 000 元，并已入账。正确的更正方法是（　　　　）。

A. 采用划线更正法

B. 用蓝字借记“银行存款”，贷记“应收账款”

C. 用红字借记“银行存款”，贷记“应收账款”

D. 用蓝字借记“应收账款”，贷记“银行存款”

三、多选题

1. 下列属于序时账的有（　　　　）。

A. 现金日记账　　　　　　　　　B. 银行存款日记账

C. 应收账款明细账　　　　　　　D. 主营业务收入明细账

2. 出纳人员可以登记和保管的账簿是（　　　　）。

A. 现金日记账　　　　　　　　　B. 银行存款日记账

C. 现金总账　　　　　　　　　　D. 银行存款总账

3. 下列原因导致的错账应该采用红字冲账法更正的有（　　　　）。

A. 记账凭证的应借、应贷的会计科目没有错误，所记金额小于应记金额

B. 记账凭证的应借、应贷的会计科目没有错误，所记金额大于应记金额

C. 记账凭证的会计科目错误

D. 记账凭证没有错误，登记账簿时发生错误

4. 按照账页格式的不同，会计账簿分为（　　　　）。

A. 两栏式账簿　　　　　　　　　B. 三栏式账簿

C. 数量金额式账簿　　　　　　　D. 多栏式账簿

5. 下列关于会计账簿的更换和保管正确的有（　　　）。

  A. 总账、日记账和多数明细账每年更换一次

  B. 变动较小的明细账可以连续使用，不必每年更换

  C. 备查账不可以连续使用

  D. 会计账簿由本单位财务会计部门保管半年后，交由本单位档案管理部门保管

四、判断题

1. 任何单位都必须设置总分类账。（　　　）

2. 在登记账簿时，应在记账凭证上注明所记账簿的页数，或画"√"符号，表示已经入账，避免重记、漏记。（　　　）

3. 三栏式账簿是指具有日期、摘要、金额三个栏目格式的账簿。（　　　）

4. 明细账一般使用活页式账簿，以便于根据实际需要，随时添加账页。（　　　）

5. 登记账簿时，发生的空行、空页一定要补充书写，不得注销。（　　　）

6. 结账时，没有余额的账户，应当在"借或贷"栏内用0表示。（　　　）

7. 现金日记账和银行存款日记账的外表形式必须采用订本式账簿。（　　　）

8. 对需要按月进行月结的账簿，结账时，应在"本月合计"字样下面通栏画单红线，而不是画双红线。（　　　）

五、业务题

1. ZL公司2016年10月1日银行存款日记账余额为500 000元、现金日记账余额为15 000元。 10月上旬发生下列银行存款和现金收付业务：

（1）10月1日，销售A产品一批，货款共计25 000元，款项已存入银行（银收301号）。

（2）10月1日，以银行存款350 000元缴纳上月的城市维护建设税金（银付301号）。

（3）10月2日，以银行存款18 000元支付原材料款项（银付302号）。

（4）10月2日，以现金780元购买管理部门办公用品（现付301号）。

（5）10月3日，职工小王预借差旅费1000元，以现金支付（现付302号）。

（6）10月4日，以银行存款48 000元支付购入材料款（银付303号）。

（7）10月4日，以银行存款2300元支付本月生产部门的水电费（银付304号）。

（8）10月6日，以银行存款归还短期借款40 000元和利息费用1200元（银付305号）。

（9）10月6日，以现金26 000元发放职工节假日补助费（现付303号）。

（10）10月7日，收到投资者投入1 020 000元，存入银行（银收302号）。

（11）10 月 8 日，用银行存款支付广告费用 600 元（银付 306 号）。

（12）10 月 10 日，用银行存款 82 000 元发放职工工资（银付 307 号）。

要求：根据以上业务及凭证，登记三栏式"银行存款日记账"和"库存现金日记账"，并结计出 10 月上旬 10 号内的发生额和余额。

2. ZL 公司会计人员进行对账过程中，发现下列经济业务内容的账簿或凭证记录有误。

（1）结转完工入库产品成本，价值为 50 000 元，原编记账凭证的会计分录如下，并已登账。

借：库存商品　　　　　　　　　　　　　　　　50 000
　　贷：制造费用　　　　　　　　　　　　　　　　50 000

（2）计提本月短期借款利息费用 7180 元，原编记账凭证的会计分录如下。

借：管理费用　　　　　　　　　　　　　　　　7180
　　贷：银行存款　　　　　　　　　　　　　　　　7180

（3）以银行存款支付本月产品在电视台的广告宣传费用 68 000 元，原编记账凭证的会计分录如下，并已登账。

借：销售费用　　　　　　　　　　　　　　　　86 000
　　贷：银行存款　　　　　　　　　　　　　　　　86 000

（4）以银行存款支付全年租用写字楼的全年租金 43 000 元，原编记账凭证的会计分录如下。

借：管理费用　　　　　　　　　　　　　　　　430 000
　　贷：银行存款　　　　　　　　　　　　　　　　430 000

（5）收到其他公司上月所欠货款 73 000 元，原编记账凭证的会计分录如下。

借：银行存款　　　　　　　　　　　　　　　　37 000
　　贷：应收账款　　　　　　　　　　　　　　　　37 000

（6）结算本月各部门应付职工工资，其中，生产车间工人工资为 14 000 元，车间管理人员工资为 7800 元，管理人员工资为 3400 元，销售部门人员工资为 9300 元，原编记账凭证的会计分录如下：

借：生产成本　　　　　　　　　　　　　　　　14 000
　　制造费用　　　　　　　　　　　　　　　　7800
　　管理费用　　　　　　　　　　　　　　　　3400
　　销售费用　　　　　　　　　　　　　　　　9300
　　贷：应付职工薪酬　　　　　　　　　　　　　　34 500

在登记账户时，其"销售费用"借方金额误记为 3900 元。

（7）生产车间计提固定资产折旧 1000 元，已经登记入账，原编记账凭证的会计分录如下：

借：管理费用   100

    贷：累计折旧   100

（8）计算本月应负担的税金5120元，原编记账凭证的会计分录如下：

借：税金及附加   5120

    贷：应交税费   5120

（9）用银行存款支付所欠供货单位货款7600元，原编会计分录如下：

借：应收账款   6700

    贷：银行存款   6700

（10）现金清查中，发现库存现金比账面余额少200元，原因尚未查清。原编会计分录如下：

借：管理费用   2000

    贷：库存现金   2000

要求：根据以上资料判断各经济业务记录的错误原因，并分别采用适当的错账更正方法进行更正。

第**8**章

财 产 清 查

本章学习目标
- ★ 了解财产清查的意义和种类
- ★ 熟悉财产清查的方法
- ★ 掌握财产清查结果的处理

8.1 财产清查概述

8.1.1 财产清查的概念

财产清查是指通过实地盘点、核对或者查询的方式来确定各项货币资金、实物资产、往来款项的实际结存数，并与账面结存数相核对，查明账实不符的原因并将账面结存数调整为实际结存数，以保证账实相符的一种会计核算方法。

在会计核算中，记账所形成的财产物资的账面资料主要是根据会计凭证等单据来记录的，而企业的各项财产物资的实物或实际情况在经营流转中是另外一种情况，常常由于种种原因造成两者不一致。会计记账的最终目的就是要客观地反映企业的财产物资，应做到账实相符，所以企业只有通过定期的财产清查，才能查清各项财产物资的实有数或实际情况，并将实有数与账面数相核对，确认两者是否相符。因此，财产清查是会计核算中不可缺少的一环。

在实际工作中，造成企业财产物资账存数与实存数不一致有客观的原因也有主观的原因，概括起来主要有以下几方面。

（1）自然影响。自然影响指财产在保管过程中由于气候等原因，发生自然损耗或溢余，以及发生自然灾害和意外损失。

（2）记账错误。记账错误指有关人员在凭证登记或账簿编制中，出现漏记、错记或计算错误等。

（3）保管不善。保管不善指由于管理不善或工作人员失职导致企业财产物资发生损失、变质或短缺等。

（4）收发差错。收发差错指工作人员在财产收发过程中由于计量、检验不准确导致企业财产物资在品种、数量或质量上出现差错。

（5）贪污盗窃。贪污盗窃指由于不法分子的贪污盗窃等行为导致企业财产物资发生损失。

（6）未达账项。未达账项指由于结算凭证传递不及时，造成企业财产物资账存数与实存数存在差异。

8.1.2　财产清查的意义

财产清查不仅是会计核算的专门方法，也是针对财产物资管理的一项重要内部控制制度，及时、有效地进行财产清查工作，具有如下三个方面的重要意义。

1. 保证会计资料的准确性

通过财产清查，可以查明各项财产物资的实有数量，确定实有数量与账面数量之间的差异，并进一步查明两者产生差异的原因与责任，以便采取有效措施，消除差异，及时调整账面记录，从而保证账实相符，提高会计资料的准确性。

2. 保障各项财产物资的安全完整

通过财产清查可以查明各项财产物资的储备和保管情况以及各项责任制度的建立和执行情况，有无因管理不善，造成霉烂、变质、损失浪费，或者被非法挪用、贪污盗窃的情况，促使财产物资保管人员加强责任感，改善管理，保障各项财产物资的安全完整。

3. 提高资金使用效益

通过财产清查，可以揭示各项财产物资的使用情况，及时发现企业财产物资超储积压、占用不合理等情况，以尽早采取措施进行处理或利用；同时揭示往来款项结算情况，督促往来款项的按时结算，及时发现坏账并予以处理；促进企业挖掘各项财产物资的潜力，加速资金周转，提高资金使用效益。

8.1.3　财产清查的种类

根据不同的标准可以将财产清查划分为以下类别。

1. 按清查对象和范围不同，可分为全面清查与局部清查

全面清查也称整体清查，指对企业的所有财产，包括货币资金、实物资产和债权债务等毫无遗漏地逐项进行的清查。全面清查涉及的内容多、工作量大、范围广，清查费用相对较高，一般在四种情况下进行：一是年终决算编制

年度财务报表前，以保证作为财务报表编制依据的账簿记录准确；二是企业主要领导人调离时，以将清查的结果作为离任审计的重要依据；三是企业撤销、合并、分立、改制或发生隶属关系变化时，以明确经济责任；四是企业清产核资或进行资产评估时，以摸清家底。

局部清查也称重点清查，是根据需要对企业的部分财产进行的清查。局部清查的范围较小，专业性较强，通常对一些流动性强且较为重要的财产进行定期或不定期的清查。例如，对企业的库存现金、银行存款、往来款项定期进行核对；对企业原材料、库存商品等存货根据需要随时轮流盘点或重点抽查；对单位价值较高的贵重财产物资每月进行清查盘点。

2. 按清查的时间不同，可分为定期清查与不定期清查

定期清查指根据预先计划安排的时间对企业财产进行的清查。例如，按照要求，企业在期末编制财务报告前，应先进行财产清查。为此，财产清查必须按月或按年定期进行。

不定期清查指事先不规定日期而是根据实际需要随时进行的财产清查。例如，员工进行岗位变换时，要对其保管的财产进行清查，以明确经济责任，以便办理交接手续；上级主管部门和财政、审计等部门进行会计检查时，按检查要求和范围进行财产清查，以验证会计资料的可靠性与内部控制情况；发生自然灾害或意外损失时，对受损物品进行清查，以查明受损情况。

8.1.4　财产清查的一般程序

财产清查是一项复杂且细致的工作，需要有组织、有计划地进行。财产清查一般按如下程序进行。

（1）成立清查小组。在单位负责人和会计部门负责人的领导下，成立由财会、技术、实物保管和使用等有关部门人员参加的清查小组。

（2）制订清查计划。具体安排清查内容、时间、步骤和方法。

（3）做好准备工作。会计部门的准备工作包括将总账、明细账等有关资料登记齐全，核对正确，结出余额；准备好各种表册、银行对账单以及所需要的各种盘点表格等。财产保管部门或使用部门的准备工作包括对所保管的各种财产物资应挂上标签，标明品种、规格、数量等，以备查对；各项财产登记卡或登记册依编号顺序排列；盘点期间已收到各种物料而未办妥入账手续的，应另行分别存放并予以标示；准备好各种计量器具并进行提前校验，以保证清查结果的正确性。

（4）实施财产清查。清查人员按照清查组的计划和要求进行清查，填制盘存清单。

（5）提出处理意见。清查小组作出清查总结，提出清查结果的处理意见。

8.2　财产清查的方法

由于货币资金、实物资产和往来款项各有特点，且有不同的管理要求，在进行财产清查时，应采用与其特点和管理要求相适应的方法。

8.2.1　货币资金的清查方法

货币资金清查具体包括库存现金的清查和银行存款的清查。

1. 库存现金的清查

对库存现金清查一般采用实地盘点法。每日终了，应当在库存现金日记账上计算当日的现金收入合计数、现金支出合计数和结余数，再对库存现金进行盘点，确定其实有数，然后将库存现金日记账上的结余数与库存现金实有数进行核对，做到账实相符。

对库存现金进行盘点并核对后，如果账实不符，应根据核对结果填写库存现金盘点报告表，并由盘点人员和出纳人员共同签名或盖章。库存现金盘点报告表是进行库存现金清查结果处理的重要原始凭证，其格式如表 8-1 所示。

表 8-1　库存现金盘点报告表

单位名称：　　　　　　　　　年　　月　　日　　　　　　　单位：元				
实 存 金 额	账 存 金 额	对 比 结 果		备　　注
		盘　　盈	盘　　亏	

盘点人签章：　　　　　　　　　　　　　　　　出纳员签章：

对库存现金清查中发现的盘盈、盘亏，清查人员应认真查明原因，及时报请企业有关部门负责人批准，财会部门应按规定进行相关的账务处理。

2. 银行存款的清查

银行存款的清查与库存现金的清查方法不同，不能采用实地盘点法，而应采用与开户银行核对账目的方法，也称对账单法，即将本单位银行存款日记账的账簿记录与开户银行转来的对账单逐笔进行核对，查明银行存款的实有数额。

经过核对，如果企业的银行存款日记账与银行对账单双方记录不一致，则应查明原因。一种原因是可能在银行或企业的某一方存在错账，如方向记错或金额写错等，企业应及时与开户银行沟通并加以更正。另一种原因是可能存在未达账项。如果存在未达账项，企业应编制银行存款余额调节表进行调节，借以确认双方的记录是否相符。

未达账项是指企业与其开户银行之间由于结算凭证传递时间上的差异导致双方记账时间不一致，对于双方都应予登记的同一笔交易或事项，一方已经登记入账，另一方由于没有接到有关结算凭证而暂未登记入账的款项。开户银行和本单位之间的未达账项有以下四种情况。

（1）银行已收，企业未收。即银行已收款入账，而企业尚未收款入账的款项。例如，外地某单位将款项通过银行转账给企业，银行收到款项后即登记企业存款的增加，而企业由于尚未收到银行的收款通知单尚未登记银行存款的增加。此时对账，就会出现银行已收款入账，企业尚未入账的款项。

（2）银行已付，企业未付。即银行已付款记账，而企业尚未付款记账的款项。例如，银行代企业支付电费后，银行即登记企业存款的减少，而企业由于尚未收到银行付款通知单尚未登记银行存款的减少。此时对账，就会出现银行已付款入账，企业尚未入账的款项。

（3）企业已收，银行未收。即企业已收款入账，而银行尚未收款入账的款项。例如，企业销售产品收到支票，送存银行后即根据银行盖章后返回的"记账单"回单联登记银行存款的增加，而银行则要等到款项收妥后才能登记银行存款的增加。此时对账，就会出现企业已收款入账，银行尚未收款入账的款项。

（4）企业已付，银行未付。即企业已付款记账，而银行尚未付款记账的款项。例如，企业开出一张支票支付购料款，企业已根据支票存根登记银行存款的减少，而银行由于尚未收到对方单位要求支付款项的支票联等凭证尚未登记企业存款的减少。此时对账，就会出现企业已付款记账，银行尚未付款记账的款项。

上述任何一种未达账项的情况，都会使企业银行存款日记账的余额与银行开出的对账单的余额不符。所以，在与银行对账时首先应查明是否存在未达账项，如果存在未达账项，就应该编制"银行存款余额调节表"以调节双方的账面余额，确定企业银行存款实有数。

银行存款余额调节表的编制是以双方账面余额为基础，各自分别加上对方已收款入账而己方尚未入账的数额，减去对方已付款入账而己方尚未入账的数额。

下面举例说明"银行存款余额调节表"的具体编制方法。

【例 8-1】 ZL 公司 2021 年 12 月 31 日的银行存款日记账余额为 5400 元，银行对账单 2021 年 12 月 31 日余额为 7200 元，经逐笔核对，发现有如下四笔未达账项：

（1）公司委托银行代收外地销货款 1000 元，银行已入账而公司尚未收到收款通知。

（2）银行代公司支付水电费 1100 元，公司尚未收到付款通知。

（3）公司收到某企业支付购货款金额 1000 元转账支票一张，公司已入账而银行尚未入账。

（4）公司支付某企业款项开出金额 2900 元现金支票一张，收到支票的企业尚未到银行办理转账手续。

根据以上资料编制"银行存款余额调节表"，调整双方余额。"银行存款余额调节表"的格式如表 8-2 所示。

表 8-2　银行存款余额调节表

2021 年 12 月 31 日　　　　　　　　　　　　　　　　　　　　　　　单位：元

项　　目	金　　额	项　　目	金　　额
企业银行存款日记账余额	5400	银行对账单余额	7200
加：银行已收，企业未收款	1000	加：企业已收，银行未收款	1000
减：银行已付，企业未付款	1100	减：企业已付，银行未付款	2900
调节后的存款余额	5300	调节后的存款余额	5300

从表 8-2 可以看出，表中左、右两方调节后的金额相等，这说明 ZL 公司的银行存款日记账的记录正确。否则，说明记账有错误，应该进一步查明原因，予以更正。经过调节后的余额，既不是本企业的银行存款账面余额，也不是银行的本企业银行存款账面余额，而是对账日企业可以动用的银行存款实有数。

需要注意的是，编制的"银行存款余额调节表"只起对账的作用，不能以"银行存款余额调节表"作为原始凭证来调整银行存款的账面记录，各项未达账项应在实际收到收付款原始凭证时入账。

有关银行存款的清查方法也适用于其他货币资金和银行借款。

8.2.2　实物资产的清查方法

实物资产的清查包括固定资产、原材料、在产品、产成品等，实物资产的清查是对这些实物资产在数量和质量上所进行的清查。对实物资产通常采用以下四种清查方法。

（1）实地盘点法。实地盘点法是指通过点数、过磅、尺量等方法来确定实物资产实有数量的方法。例如以件或台为计量单位的产（成）品或机器设备，可以通过点数的方法来确定实有数量；再例如以千克、吨等为计量单位的材料，则可通过过秤来确定其实有数量。这种方法适用范围广，大多数财产物资都可以通过这种方法进行清查。

（2）技术推算法。技术推算法是指利用技术推断方法确定存货实有数量的一种方法。这种方法主要适用于那些大量成堆、价廉笨重且不能逐项清点的物资，如露天堆放的煤、砂石等物资。

（3）抽样盘点法。抽样盘点法是指采用抽取一定数量样品的方式确定实有数量的一种方法，一般用于数量比较多、重量和体积等都比较均衡的存货的清查。

（4）函证核对法。函证核对法是指采用向对方发函的方式对存货的实有数进行确定的一种方法，一般用于委托外单位加工或保管存货的清查。

进行实物资产的清查应填写盘存单和实存账存对比表，盘存单是在实物资产清查过程中填写的单据，反映的是实物资产的实存数量，填写盘存单是为了与实物资产的账面数量进行核对时提供依据；实存账存对比表是在将盘存单上的实存数量与账面数量核对以后，根据存货账实不符的情况填制的单据。盘存单和实存账存对比表的格式如表 8-3 和表 8-4 所示。

表 8-3　盘存单

单位名称：　　　　　　　　　　　　　　　　　　　　　盘点时间：

序　号	名　称	规格型号	计量单位	实存数量	备　注

盘点人签章：　　　　　　　　　　　　　　　　　　　保管人签章：

表 8-4　实存账存对比表

单位名称：　　　　　　　　　　　　　　　　　　　年　　月　　日

序　号	名　称	规格型号	计量单位	实存数量	账存数量	实存与账存对比		备　注
						盘盈	盘亏	

盘点人签章：　　　　　保管人签章：　　　　　会计签章：

8.2.3　往来款项的清查方法

往来款项主要包括应收账款、应付账款、预收账款、预付账款以及其他应收款、其他应付款等款项。往来款项的清查一般采用发函询证的方法进行核对。清查前，应先将本企业往来账目核对清楚，确认准确无误后，再向对方填发对账单。对账单应按明细账逐笔抄列，一式两联，其中一联作为回单，对方单位如核对相符，应在回单上盖章后退回；如核对不相符，应将不符情况在回单上注明或另抄对账单退回，作为进一步核对的依据。"往来款项对账清单"的格式和内容如图 8-1 所示。

_____单位

你单位于 20×1 年 12 月 5 日购入我单位 A 产品 300 件，已付货款 50 000 元，尚有 20 000 元未付，请核对后将回联单寄回。

清查单位：（盖章）

20×1 年 12 月 31 日

沿此虚线裁开，将以下回联单寄回！

往来款项对账清单（回联）

_____核查单位：

你单位寄来的"往来款项对账清单"已收到，经核对

相符□

不符□，款项和内容应为 _____

单位（公章）

20×2 年 1 月 6 日

图 8-1 往来款项对账清单

根据清查结果，填制"往来款项清查结果报告表"。"往来款项清查结果报告表"的格式如表 8-5 所示。

表 8-5 往来款项清查结果报告表

单位名称： 年 月 日 单位：元

总账及明细账账户名称	账面结存金额	清查结果		核对不符原因分析			备注
		核对相符金额	核对不符金额	未达款项	有争议款项	其他	

清查人员签章： 会计签章：

通过往来款项的清查，要及时催收应收回的款项，偿还应支付的款项，对呆账和有争议的款项应及时进行处理。企业应加强对往来款项的管理，以减少坏账损失的发生。

8.3 财产清查结果的处理

8.3.1 财产清查结果处理的要求

对于财产清查中发现的问题，如财产物资的盘盈、盘亏、毁损或其他各种损失，应核实情况，调查分析产生的原因，按照国家有关法律法规的规定，进行相应的处理。

财产清查结果处理的具体要求包括以下四点。

（1）分析产生差异的原因和性质，提出处理建议。应对财产清查所发现的实存数量与账存数量的差异进行对比，核定其相差的数额，然后调查并分析产生差异的原因，明确经济责任，提出处理意见，处理方案应按规定的程序报请审批。

（2）积极处理多余积压物资，清理往来款项。对于财产清查中发现的多余积压物资，应分别按不同情况处理。属于盲目采购或者盲目生产等原因造成的积压，一方面积极利用或改造出售；另一方面要停止采购或生产。

（3）总结经验教训，建立和健全各项管理制度。财产清查后，要针对存在的问题和不足，总结经验教训，采取必要的措施，建立健全财产管理制度，进一步提高财产管理水平。

（4）及时调整账簿记录，保证账实相符。对于财产清查中发现的盘盈或盘亏，应及时调整账面记录，以保证账实相符。要根据清查中取得的原始凭证编制记账凭证，登记有关账簿，使各种财产物资的账存数与实存数相一致，同时反映待处理财产损溢的发生额。

8.3.2　财产清查结果处理的步骤

对于财产清查结果的处理，可分为以下两种情况。

1．审批之前的处理

审批之前，应根据"清查结果报告表""实存账存对比表"等已经查实的数据资料填制记账凭证，记入有关账簿，使账簿记录与实际盘存数相符，同时根据权限报相关领导和部门批准。

2．审批之后的处理

企业清查的各种财产的损溢应于期末前查明原因，并根据企业的管理权限，经相关领导和部门批准后，在期末结账前处理完毕。企业应严格按照有关部门对财产清查结果提出的处理意见进行账务处理，填制有关记账凭证，登记有关账簿，并追回由于责任者原因造成的财产损失。

8.3.3　财产清查结果的账务处理

1．账户设置

为了反映和监督企业在财产清查过程中查明的各种财产物资的盘盈、盘亏和毁损及其处理情况，应设置"待处理财产损溢"账户。该账户属于双重性质的资产类账户，下设"待处理流动资产损溢"和"待处理非流动资产损溢"两个明细分类账户进行明细分类核算。

该账户的借方登记财产物资的盘亏数、毁损数和批准转销的财产物资盘盈数；贷方登记财产物资的盘盈数和批准转销的财产物资盘亏及毁损数。企业清查的各种财产的盘盈、盘亏和毁损应在年终结账前处理完毕，所以，"待处理财产损溢"账户在年终结账后没有余额。

2. 库存现金清查结果的账务处理

库存现金盘亏时，应按盘亏的金额借记"待处理财产损溢——待处理流动资产损溢"账户，贷记"库存现金"账户。对于盘亏的库存现金，应及时查明原因，按管理权限报经批准后，按可收回的保险赔偿和过失人赔偿的金额借记"其他应收款"账户，按管理不善、原因不明等情况造成净损失的金额借记"管理费用"账户，按自然灾害等非常原因造成净损失的金额借记"营业外支出"账户，按原记入"待处理财产损溢——待处理流动资产损溢"科目借方的金额贷记本账户。

库存现金盘盈时，应按盘盈的金额借记"库存现金"账户，贷记"待处理财产损溢——待处理流动资产损溢"账户。对于盘盈的库存现金，应及时查明原因，按管理权限报经批准后，按盘盈的金额借记"待处理财产损溢——待处理流动资产损溢"账户，按需要支付或退还他人的金额贷记"其他应付款"账户；按无法查明原因的金额贷记"营业外收入"账户。

【例 8-2】ZL 公司在库存现金清查中发现盘盈 200 元。反复核查未查明原因，经批准转作企业的营业外收入。

（1）发现盘盈时，会计分录如下：

借：库存现金　　　　　　　　　　　　　　　　　200
　　贷：待处理财产损溢——待处理流动资产损溢　　　200

（2）经批准后，会计分录如下：

借：待处理财产损溢——待处理流动资产损溢　　　200
　　贷：营业外收入　　　　　　　　　　　　　　　200

【例 8-3】ZL 公司在库存现金清查中发现短款，盘亏 600 元。经查，其中 400 元属于出纳员的保管责任，应由出纳员赔偿，其余金额无法查明原因。

（1）发现盘亏时，会计分录如下：

借：待处理财产损溢——待处理流动资产损溢　　　600
　　贷：库存现金　　　　　　　　　　　　　　　　600

（2）经批准后，会计分录如下：

借：其他应收款——××出纳　　　　　　　　　　400
　　管理费用　　　　　　　　　　　　　　　　　200
　　贷：待处理财产损溢——待处理流动资产损溢　　　600

3. 存货清查结果的账务处理

存货盘盈时，应按盘盈的金额借记"原材料""库存商品""生产成本""周转材料"等账户，贷记"待处理财产损溢——待处理流动资产损溢"账户。

对于盘盈的存货，应及时查明原因，一般是由于收发计量或核算上的误差等原因造成的，按管理权限报经批准后，冲减管理费用，即按其入账价值，借记"待处理财产损溢——待处理流动资产损溢"账户，贷记"管理费用"账户。

存货盘亏时，应按盘亏的金额借记"待处理财产损溢——待处理流动资产损溢"账户，贷记"原材料""库存商品"等账户。对于盘亏的存货，应及时查明原因，按管理权限报经批准后，按可收回的保险赔偿和过失人赔偿的金额借记"其他应收款"账户；按管理不善等原因造成净损失的金额借记"管理费用"账户；按自然灾害等原因造成净损失的金额借记"营业外支出"账户；按残料入库或变价收入的金额借记"原材料"或"银行存款"等账户；按原记入"待处理财产损溢——待处理流动资产损溢"账户借方的金额贷记本账户。

【例 8-4】ZL 公司在对存货的清查中，发现盘盈 A 原材料 200 千克，实际成本为 200 元。经查，是由收发材料时量具不准确造成的。

（1）发现盘盈时，会计分录如下：

借：原材料—— A 材料　　　　　　　　　　　　　40 000

　　贷：待处理财产损溢——待处理流动资产损溢　　　40 000

（2）批准处理后，会计分录如下：

借：待处理财产损溢——待处理流动资产损溢　　　　40 000

　　贷：管理费用　　　　　　　　　　　　　　　　40 000

【例 8-5】ZL 公司在对存货的清查中，发现盘亏 B 商品 20 件，实际成本为 500 元 / 件。经查，10 件属于甲仓库保管员保管不善，应由过失人赔偿，5 件属于定额内的合理损耗，5 件系自然灾害造成的损失。

（1）发现盘亏时，会计分录如下：

借：待处理财产损溢——待处理流动资产损溢　　　　10 000

　　贷：库存商品——B 商品　　　　　　　　　　　10 000

（2）批准后，会计分录如下：

借：其他应收款——×× 保管员　　　　　　　　　　5000

　　管理费用　　　　　　　　　　　　　　　　　　2500

　　营业外支出　　　　　　　　　　　　　　　　　2500

　　贷：待处理财产损溢——待处理流动资产损溢　　10 000

4. 固定资产清查结果的账务处理

固定资产清查中，对于固定资产盘盈，不通过"待处理财产损溢"账户进行处理，但涉及纳税调整；对于固定资产盘亏、毁损，应查明原因，报经批准后按批准的处理意见再进行处理。

企业在财产清查过程中盘盈的固定资产，经查明确属企业所有的，按管理权限报经批准后，应根据盘存凭证填制固定资产交接凭证，经有关人员签字后送交企业会计部门，填写固定资产卡片账，并作为前期差错处理，通过"以前年度损益调整"账户核算。盘盈的固定资产通常按其重置成本作为入账价值借记"固定资产"账户，贷记"以前年度损益调整"账户，涉及增值税、所得税和盈余公积的，还应按相关规定处理。

【例 8-6】 ZL 公司在财产清查过程中，发现盘盈一台设备，其重置成本为 30 000 元，因该设备为旧设备，估计其折旧为 8 000 元。会计分录如下：

借：固定资产 22 000
    贷：以前年度损益调整 22 000

对于盘亏的固定资产，应按账面价值借记"待处理财产损溢——待处理非流动资产损溢"账户，按已经计提的折旧额，借记"累计折旧"账户，按固定资产的原价，贷记"固定资产"账户。对于盘亏的固定资产，应及时查明原因，按管理权限报经批准后，按过失人及保险公司应赔偿额借记"其他应收款"账户；按盘亏固定资产的原价扣除累计折旧和过失人及保险公司赔偿后的差额借记"营业外支出"账户；按盘亏固定资产的账面价值贷记"待处理财产损溢——待处理非流动资产损溢"账户。

【例 8-7】 ZL 公司在 2021 年年末的财产清查中盘亏机器设备一台，账面原值 42 000 元，已提折旧 12 000 元。经查，该机器设备是因保管人保管不当而遗失，应由保管人赔偿。

（1）发现盘亏时，会计分录如下：

借：待处理财产损溢——待处理非流动资产损溢 30 000
    累计折旧 12 000
    贷：固定资产 42 000

（2）报批准后，会计分录如下：

借：其他应收款——××员工 30 000
    贷：待处理财产损溢——待处理非流动资产损溢 30 000

5. 往来款项清查结果的账务处理

财产清查过程中发现的确实无法收回的应收款项，不通过"待处理财产损溢"账户核算，而是在原来账面记录的基础上，按规定程序报经批准后直接处理。

无法收回的应收账款称为坏账，由于发生坏账而造成的损失称为坏账损失。对于坏账损失平时按照一定的方法计提"坏账准备"账户，借记"信用减值损失"账户，贷记"坏账准备"账户。当发生坏账时，借记"坏账准备"账户，贷记"应收账款"和"其他应收款"账户。

思考练习题

一、思考题

1. 什么是财产清查？财产清查有什么意义？

2. 财产清查如何分类？分类的具体内容有哪些？

3. 针对不同财产物资，应采用怎样的财产清查方法？

4. 什么是未达账项？未达账项有哪几种情况？

5. 如果财产清查的结果账实不符，应如何进行账务处理？

二、单选题

1. 一般而言，企业撤销、合并时，要进行（　　）。

 A. 定期清查　　　　　　　　　　B. 实地清查

 C. 全面清查　　　　　　　　　　D. 局部清查

2. 清查往来款项应采用的方法是（　　）。

 A. 技术推算法　　　　　　　　　B. 发函询证法

 C. 逐一盘点法　　　　　　　　　D. 抽样盘点法

3. 散装的、大量成堆的化肥、饲料等物资，适合采用的财产清查方法是（　　）。

 A. 实地盘点法　　　　　　　　　B. 技术推算法

 C. 发函询证法　　　　　　　　　D. 抽查法

4. 无法查明的现金盘盈，一般应计入（　　）。

 A. 管理费用　　　　　　　　　　B. 其他应收款

 C. 营业外收入　　　　　　　　　D. 应收账款

5. 某企业在遭受洪灾后，对其受损的财产物资进行的清查，属于（　　）。

 A. 局部清查和不定期清查　　　　B. 全面清查和不定期清查

 C. 局部清查和定期清查　　　　　D. 全面清查和定期清查

6. 在企业与银行双方记账无误的情况下，银行存款日记账与银行对账单余额不一致是因为有（　　）的存在。

 A. 库存现金　　　　　　　　　　B. 应付账款

 C. 未达账项　　　　　　　　　　D. 应收账款

7. 对于现金的清查，应将其结果及时填列（　　）。

 A. 实存账存对比表　　　　　　　B. 对账单

C. 盘存单 　　　　　　　　　　　　D. 库存现金盘点报告表

8. 银行存款清查采用的方法是（　　　　）。

　　A. 日记账与收付款凭证核对 　　　　　B. 银行存款明细账与总账核对

　　C. 日记账与总分类账核对 　　　　　　D. 日记账与银行对账单核对

9. 会导致企业日记账余额大于银行对账单余额的账项是（　　　　）。

　　A. 企业已收，银行未收 　　　　　　　B. 企业已付，银行未付

　　C. 银行已收，企业未收 　　　　　　　D. 企业漏记一笔账

三、多选题

1. 财产清查按照清查范围可以分为（　　　　）。

　　A. 局部清查 　　　　　　　　　　　　B. 内部清查

　　C. 全面清查 　　　　　　　　　　　　D. 定期清查

2. 以下关于财产清查的意义的表述，正确的有（　　　　）。

　　A. 通过财产清查，可以查明各项财产物资的实有数量，确定实有数量与
　　　　账面之间的差异，查明原因和责任

　　B. 通过财产清查，可以查明各项财产物资的保管情况是否良好，有无因
　　　　管理不善，造成霉烂、变质、损失浪费

　　C. 通过财产清查，可以查明各项财产物资的保管情况是否良好，有无被
　　　　非法挪用、贪污盗窃的情况，以便采取有效措施改善管理，切实保障
　　　　各项财产物资的安全完整

　　D. 通过财产清查，可以查明各项财产物资的库存和使用情况，合理安排
　　　　生产经营活动

3. 下列有关企业进行库存现金盘点清查时的做法，正确的有（　　　　）。

　　A. 库存现金的清查方法采用实地盘点法

　　B. 在盘点库存现金时，出纳人员必须在场

　　C. 未经领导批准的借条可以抵充现金

　　D. 现金盘点报告表需由盘点人员和出纳人员共同签章方能生效

4. 应记入"待处理财产损溢"账户借方核算的是（　　　　）。

　　A. 盘亏的财产物资数额 　　　　　　　B. 盘盈的财产物资数额

　　C. 盘盈财产物资的转销数额 　　　　　D. 盘亏财产物资的转销数额

5. "银行存款余额调节表"（　　　　）。

　　A. 是调整账簿记录的原始凭证

　　B. 是盘存单的表现形式

　　C. 用于检查企业与银行双方银行存款账面余额是否相符

　　D. 是调整账面记录的记账凭证

6. 造成账实不符的原因主要有（　　　）。

    A. 财产物资的自然损耗、收发计量错误

    B. 财产物资的被盗

    C. 会计账簿漏记、重记、错记

    D. 未达账项

7. 以下关于清查方法的表述，正确的有（　　　）。

    A. 库存现金和银行存款的清查，采用实地盘点法

    B. 量大成堆而又价值不高，难以清点的煤炭，应采用技术推算法

    C. 往来款项的清查，一般采用查询核对法或账单核对法进行清查

    D. 对实物资产的数量进行清查的同时，还要对其质量进行鉴定，可根据不同的实物采用物理法、化学法和直接观察法等不同的检查方法

8. 对于银行存款的清查，下列说法正确的有（　　　）。

    A. 经过银行存款余额调节表调整后，若双方账目没有差错，它们应该相符，且其金额表示企业可动用的银行存款实有数

    B. 编制银行存款余额调节表的目的是消除未达账项的影响，以核对银行存款账目有无错误

    C. 银行存款余额调节表是原始凭证，可以根据该表在"银行存款日记账"上登记

    D. 在清查过程中若发现长期存在的未达账项，应查明原因，及时处理

9. 财产清查结果的处理步骤包括（　　　）。

    A. 核准数字，查明原因　　　　B. 调整账簿，使账实相符

    C. 调整凭证，使账实相符　　　　D. 进行批准后的账务处理

10. 对于盘亏的财产物资，经批准后进行账务处理，可能涉及的借方账户有（　　　）。

    A. 营业外支出　　　　　　　　　B. 其他应收款

    C. 管理费用　　　　　　　　　　D. 营业外收入

四、判断题

1. 在财产清查的种类中，一般地说，定期清查是全面清查，不定期清查是局部清查。　　　　　　　　　　　　　　　　　　　　　（　　）

2. 全面清查是对企业所有财产物资进行全面的盘点和核对，包括各种在途材料、委托外单位加工物资等。　　　　　　　　　　　　　（　　）

3. 银行存款余额调节表是用于核对银行存款余额的，因此可以作为记账的依据。　　　　　　　　　　　　　　　　　　　　　　　（　　）

4. 银行存款日记账和银行对账单都正确时，两者的余额仍然有可能不一致。

（　　）

5. 实地盘点法适用于大量、成堆、无法逐一清点或准确计量的实物资产，通常用于煤炭、砂石等大宗物资的清查。　　　　　　　　　　　（　　）

6. "盘存单"和"实存账存对比表"是记录盘点结果的书面证明，是调整账簿记录的重要原始凭证。　　　　　　　　　　　　　　　　（　　）

7. 财产清查不但要查清财产物资的数量，还要查清质量。　（　　）

8. 现金清查中发现盘盈，如果无法查明原因，经批准应当冲减管理费用。

（　　）

9. 年终决算之前，需要进行全面清查。　　　　　　　　（　　）

10. 定期清查一般是在期末结账后进行。　　　　　　　　（　　）

五、业务题

1. 某企业 2021 年 12 月 31 日银行存款日记账账面余额为 386 000 元，银行对账单上的余额为 368 200 元。经与银行对账，发现有下列几笔未达账款：

（1）销售产品，收到货款 60 000 元，支票已送存银行，企业已经入账，银行尚未记账。

（2）用银行存款支付广告费 10 000 元，转账支票已开出，银行尚未记账。

（3）本月水电费 2800 元，银行已划出，企业尚未记账。

（4）A 公司偿付前欠货款 35 000 元，银行已收入企业账户，企业尚未记账。

要求：编制企业银行余额调节表。

2. T 工厂 2021 年 12 月底对其财产进行全面清查，结果如下（假定不考虑增值税）：

（1）发现库存现金盘点短缺 100 元。查明原因后，系出纳人员过失造成，由出纳员赔偿。

（2）原材料甲盘点溢余 20 千克，每千克 46 元。经查明，原材料甲溢余属自然升溢引起。

（3）原材料乙盘点短缺 40 千克，每千克 120 元。经查明，属于定额内自然损耗 5 千克；属于过失人造成的由责任人赔偿的有 10 千克；属于自然灾害造成的损失 25 千克，其中由保险公司赔偿 1800 元。

要求：上述各项财产盘盈、盘亏均已查明原因，且已批准处理。试根据上列资料，进行报批前和报批后的账务处理。

第 **9** 章

账务处理程序

本章学习目标

★ 了解企业账务处理程序的概念、类型及意义

★ 熟悉各种账务处理程序的一般步骤

★ 掌握各种账务处理程序的内容

9.1 账务处理程序概述

1. 账务处理程序的概念

账务处理程序，又称会计核算组织程序或会计核算形式，是指在会计循环中，会计凭证、会计账簿、会计报表相结合的方式，即从填制和审核原始凭证，到填制和审核记账凭证，登记日记账、明细分类账和总分类账，最后编制财务报表的工作程序和方法。

账务处理程序主要包括账簿组织和记账程序两个部分。账簿组织是指会计凭证和账簿的种类、格式，会计凭证与账簿之间的联系方法；记账程序是指从填制和审核原始凭证，到填制和审核记账凭证，登记日记账、明细分类账和总分类账，到编制财务报表的工作程序和方法等。所以，账务处理程序具体讲是指通过凭证、账簿、报表组织体系，按一定的步骤将三者有机结合起来，最终产生并提供相关的会计信息。

2. 账务处理程序的类型

账务处理的一般程序是：接受并审核原始凭证→编制会计分录→登记账簿→对账→调整应计账项并计算成本和利润→结账→编制财务报表及附注。由于每个单位的规模大小、业务繁简、经营特点有所不同，因此在账务处理程序中采取的凭证组织、账簿组织和记账程序也各不相同，形成了不同种类的账务

处理程序。常用的账务处理程序有记账凭证账务处理程序、汇总记账凭证账务处理程序、科目汇总表账务处理程序、多栏式特种日记账账务处理程序和日记总账账务处理程序五种。

3. 账务处理程序的意义

建立账务处理程序是会计管理活动的基础性工作，是进行交易或事项处理的必要前提。建立账务处理程序的具体意义体现在以下三个方面。

（1）有利于规范会计处理组织工作。企业交易或事项的会计处理需要企业内部各个部门之间、会计机构各有关会计人员之间的密切配合，只有建立起规范的账务处理程序，才能有条不紊地及时做好交易或事项各个环节的处理工作。

（2）有利于保证企业会计信息质量。建立科学合理的账务处理程序，能够使会计信息的处理置于严密的系统控制之中，是会计信息质量达到规定要求的保障。

（3）有利于提高会计处理工作效率，按照既定的账务处理程序对交易或事项进行处理，各处理环节分工明确、责任清楚、约束力强，将会大大提高会计处理工作的效率。

9.2 记账凭证账务处理程序

1. 记账凭证账务处理程序的定义及特点

记账凭证账务处理程序是指对发生的经济业务，先根据原始凭证或汇总原始凭证编制记账凭证，再根据记账凭证登记总分类账的一种账务处理程序。

记账凭证账务处理程序的特点是直接根据记账凭证逐笔登记总分类账。它是最基本的账务处理程序，其他各种账务处理程序基本上是在这种账务处理程序的基础上发展和演变而形成的。

2. 记账凭证账务处理程序的一般步骤

记账凭证账务处理程序包括七个步骤：

① 根据原始凭证编制汇总原始凭证；

② 根据原始凭证或原始凭证汇总表，按经济业务的不同性质，分别编制收款凭证、付款凭证和转账凭证；

③ 根据收款凭证、付款凭证以及所附原始凭证（银行结算凭证），逐笔登记现金日记账和银行存款日记账；

④ 根据收款凭证、付款凭证和转账凭证并参考原始凭证汇总表，登记各种明细分类账；

⑤ 根据收款凭证、付款凭证和转账凭证逐笔登记总分类账；

⑥ 将现金日记账、银行存款日记账和明细分类账分别与总分类账定期核对；

⑦ 根据总分类账和明细分类账中的有关资料编制财务报表。

记账凭证账务处理程序的一般步骤如图 9-1 所示。

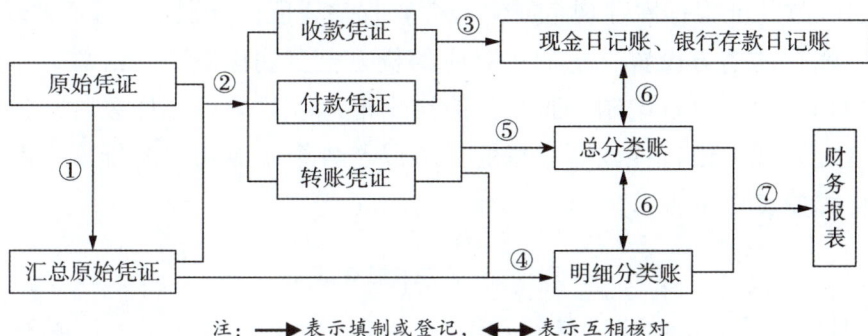

图 9-1　记账凭证账务处理程序的一般步骤

3. 记账凭证账务处理程序的优缺点和适用范围

从上述记账凭证核算程序的特点可以看出，采用这种核算程序，记账凭证不需要经过汇总即可直接登记总分类账，因此核算程序简单易学，并且每一张记账凭证都能逐笔反映某项经济业务，使总分类账登记内容详细，便于查账。但是，由于总分类账是直接根据记账凭证逐笔登记的，工作量较大，因此，这种会计核算程序适用于经营规模不大、经济业务数量较少和记账凭证数量不多的单位，如规模较小的企事业单位和乡镇小企业。

9.3　汇总记账凭证账务处理程序

1. 汇总记账凭证账务处理程序的定义及特点

汇总记账凭证账务处理程序是对发生的经济业务，根据原始凭证或原始凭证汇总表编制记账凭证，然后由记账凭证编制汇总记账凭证，再由汇总记账凭证登记总分类账的一种账务处理程序。

汇总记账凭证账务处理程序的特点是以汇总的记账凭证作为登记总账的依据，即分别根据收款凭证、付款凭证和转账凭证编制"汇总收款凭证"、"汇总付款凭证"和"汇总转账凭证"，作为记账凭证与总分类账的中间环节，以减少登记总分类账的工作量。相比较记账凭证账务处理程序，增加了根据记账凭证编制汇总记账凭证这一环节。

2．汇总记账凭证的编制方法

汇总记账凭证是根据记账凭证汇总填制的，汇总的期限不应超过十天，每月至少汇总三次，每月填制一张，月末结算出合计数，以便登记总分类账。其种类可分为汇总收款凭证、汇总付款凭证和汇总转账凭证。

汇总收款凭证根据库存现金或银行存款收款凭证，分别按"库存现金""银行存款"账户的借方设置，定期按对应的贷方科目加以归类、汇总，5 天或 10 天定期填列一次，每月编制一张。月终结出汇总收款凭证合计数后，分别登记"库存现金"或"银行存款"总账的借方以及各个对应账户的贷方。汇总收款凭证的格式如表 9–1 所示。

表 9–1　汇总收款凭证

借方科目：库存现金（或银行存款）　　　　　　　年　　　月　　　　　　　单位：元

贷　　方	金　　额				总 账 页 数	
	1 － 10 号 凭证__号	11 － 20 号 凭证__号	21 － 30 号 凭证__号	合　计	借　方	贷　方
⋮						
合计						

汇总付款凭证是根据现金、银行存款付款凭证，分别按现金、银行存款账户的贷方设置，并按对应的借方科目归类，月末时结计出其合计数，分别记入现金、银行存款总账的贷方及各对应总账账户的借方，格式如表 9–2 所示。

表 9–2　汇总付款凭证

贷方科目：库存现金（或银行存款）　　　　　　　年　　　月　　　　　　　单位：元

借　　方	金　　额				总 账 页 数	
	1 － 10 号 凭证__号	11 － 20 号 凭证__号	21 － 30 号 凭证__号	合　计	借　方	贷　方
⋮						
合计						

汇总转账凭证既可按借方账户设置，也可按贷方账户设置，但在会计实务惯例中一般按每一贷方账户分别设置，并按相应的对应账户（借方账户）归类汇总，月末时结计出其合计数，分别记入总分类账和该汇总转账凭证应贷账户的贷方及各相应的对应账户的借方。为了便于编制汇总转账凭证，转账凭证的填制应以一借一贷或多借一贷为好，尽量不编制一借多贷的会计分录。当然，如果在月份内某一贷方科目的转账凭证不多，也可直接根据转账凭证登记总分类账，而不编制汇总转账凭证。汇总转账凭证格式如表 9–3 所示。

表 9-3　汇总转账凭证

贷方科目：原材料　　　　　　　　　　年　　　月　　　　　　　　　　单位：元

借　方	金　额				总账页数	
	1—10号凭证__号	11—20号凭证__号	21—30号凭证__号	合　计	借　方	贷　方
⋮						
合　计						

3．汇总记账凭证账务处理程序的一般步骤

汇总记账凭证账务处理程序对经济业务的处理一般经过以下八个步骤：

① 根据原始凭证编制汇总原始凭证；

② 根据原始凭证或汇总原始凭证编制记账凭证；

③ 根据收款凭证、付款凭证逐笔登记现金日记账和银行存款日记账；

④ 根据原始凭证、汇总原始凭证和记账凭证，登记各种明细分类账；

⑤ 根据各种记账凭证编制汇总记账凭证；

⑥ 根据各种汇总记账凭证登记总分类账；

⑦ 期末，将现金日记账、银行存款日记账和明细分类账的余额同有关总分类账的余额核对相符；

⑧ 期末，根据总分类账和明细分类账的记录及其他有关资料编制财务报表。

汇总记账凭证账务处理程序的一般步骤如图 9-2 所示。

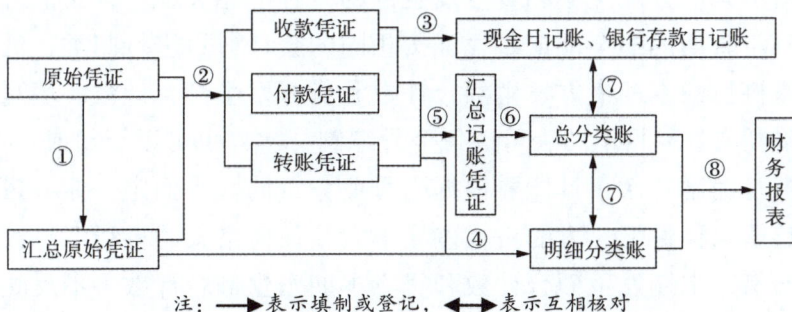

注：➡表示填制或登记，⬌表示互相核对

图 9-2　汇总记账凭证账务处理程序的一般步骤

4．汇总记账凭证账务处理程序的优缺点和适用范围

采用汇总记账凭证账务处理程序，月终登记一次总分类账，可以大大简化和减轻总分类账的登记工作量，而且按照会计科目的对应关系归类、汇总，能清楚、明确地反映各账户之间的对应关系，便于经常检查和分析经济活动的发生情况。但是，由于这种核算程序的汇总转账凭证是按每一贷方科目而不是按经济业务的性质归类汇总的，因而不利于日常核算工作的合理分工。而且有时

编制汇总记账凭证的工作量也比较大。所以，这种会计核算程序适用于经营规模较大、业务量较多的企业。

9.4 科目汇总表账务处理程序

1. 科目汇总表账务处理程序的定义及特点

科目汇总表账务处理程序是指对发生的经济业务根据原始凭证或原始凭证汇总表编制记账凭证，再根据记账凭证定期编制科目汇总表，并据以登记总分类账的一种账务处理程序。

科目汇总表账务处理程序的特点是以编制的科目汇总表作为登记总账的依据。科目汇总表账务处理程序与汇总记账凭证账务处理程序一样，先将记账凭证定期进行汇总，然后登记总账，只是汇总方式不同。汇总记账凭证是按照会计科目之间的对应关系汇总；科目汇总表是按照相同的会计科目汇总，目的都是为简化总账的登记工作。科目汇总表根据记账凭证汇总编制，是列示有关总账科目的本期借方发生额和贷方发生额的一种记账凭证汇总表，作为记账凭证与总分类账的中间环节，以减少登记总分类账的工作量。

2. 科目汇总表的编制方法

科目汇总表是企业通常定期对全部记账凭证进行汇总后，按照不同的会计科目分别列示其借方发生额和贷方发生额的一种汇总凭证。科目汇总表的编制方法是将一定时期内的全部记账凭证按相同的会计科目进行归类，汇总计算出每一个总账科目的本期借方发生额合计数和贷方发生额合计数，填写在科目汇总表的相关栏内。科目汇总表可以每个月编制一次，也可以每旬或每15天编制一次、每个月编制几次，具体要根据当月业务量的大小而定，业务量越大，则汇总期应越短。科目汇总表的格式差异不大，任何格式的科目汇总表都只反映各个账户的借方本期发生额合计数和贷方本期发生额合计数，不反映各个账户的对应关系，所以说，科目汇总表实际上是一种发生额试算平衡表。每月汇总两次的科目汇总表格式如表9-4所示。

表9-4 科目汇总表

年　月　日　　　　　　　　　　　　　　　　　　　　　记账凭证第　　号

会计科目	1 — 15 日发生额		16 — 31 日发生额		本 月 合 计	
	借　方	贷　方	借　方	贷　方	借　方	贷　方
⋮						
合　计						

3．科目汇总表账务处理程序的一般步骤

科目汇总表账务处理程序对经济业务的处理一般经过以下八个步骤：

① 根据原始凭证编制汇总原始凭证；

② 根据原始凭证或汇总原始凭证编制记账凭证；

③ 根据记账凭证逐笔登记现金日记账和银行存款日记账；

④ 根据原始凭证、汇总原始凭证和记账凭证登记各种明细分类账；

⑤ 根据各种记账凭证编制科目汇总表；

⑥ 根据科目汇总表登记总分类账；

⑦ 期末，将现金日记账、银行存款日记账和明细分类账的余额同有关总分类账核对相符；

⑧ 期末，根据总分类账和明细分类账的记录及其他有关资料，编制财务报表。

具体的科目汇总表账务处理程序的一般步骤如图 9-3 所示。

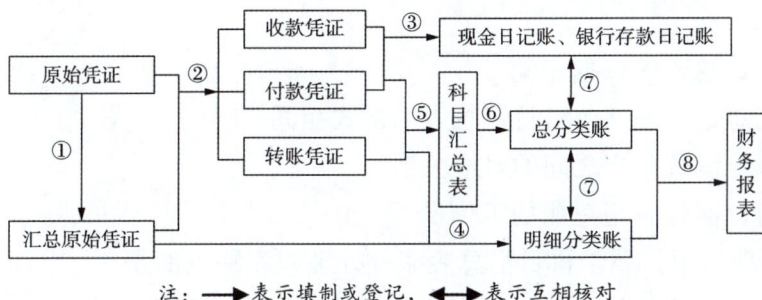

注：━━▶表示填制或登记，◀━━▶表示互相核对

图 9-3　科目汇总表账务处理程序的一般步骤

4．科目汇总表账务处理程序的优缺点和适用范围

科目汇总表核算程序的性质、作用及适用范围同汇总记账凭证核算程序相类似。通过科目汇总表可以简化登记总分类账的记账工作，同时可以根据各科目本期借方发生额合计数与贷方本期发生额合计数进行试算平衡，及时发现科目汇总核算过程中的问题，从而保证记账工作的准确性。但是，科目汇总表与汇总记账凭证的结构和填制方法并不相同，汇总记账凭证是将每一科目的贷方（或借方）数字按其与借方（或贷方）科目的对应关系分别汇总其全月发生额，而科目汇总表则汇总每一科目的本期借方和贷方发生额，不以对应科目进行汇总，所以，科目汇总表不能反映各个科目的对应关系，不便于分析和检查经济业务的来龙去脉，也不便于检查账目。科目汇总表账务处理程序也只适用于规模大、经济业务多的企业。

思考练习题

一、思考题

1. 什么是账务处理程序？我国主要的账务处理程序有哪几种？它们之间的根本区别是什么？

2. 记账凭证账务处理程序的基本步骤是什么？有何优缺点？

3. 汇总记账凭证账务处理程序的基本步骤是什么？有何优缺点？

4. 科目汇总表账务处理程序的基本步骤是什么？有何优缺点？

二、单选题

1. 各种账务处理程序的主要不同点是（　　　）。

　　A. 登记明细账的依据不同　　　　　　B. 登记总分类账的依据不同

　　C. 登记日记账的依据不同　　　　　　D. 编制会计报表的依据不同

2. 科目汇总表账务处理程序和汇总记账凭证账务处理程序的主要相同点是
（　　　）。

　　A. 登记总账的依据相同

　　B. 汇总记账凭证与科目汇总表的格式相同

　　C. 都能反映账户之间的对应关系

　　D. 可以减轻登记总账的工作量

3. 以下项目中，属于科目汇总表账务处理程序缺点的是（　　　）。

　　A. 增加了会计检查的处理程序　　　　B. 不便于试算平衡

　　C. 增加了登记总分类账的工作量　　　D. 不便于核对账目

4. 在下列会计核算组织程序中，最基本的核算组织程序是（　　　）。

　　A. 汇总记账凭证核算组织程序　　　　B. 科目汇总表核算组织程序

　　C. 记账凭证核算组织程序　　　　　　D. 多栏式日记账核算组织程序

5. 下列凭证中，不能作为登记总分类账的依据的是（　　　）。

　　A. 记账凭证　　　　　　　　　　　　B. 科目汇总表

　　C. 原始凭证　　　　　　　　　　　　D. 汇总记账凭证

三、多选题

1. 在各种账务处理程序中，相同的账务处理步骤有（　　　）。

　　A. 设置库存现金日记账　　　　　　　B. 编制记账凭证

　　C. 编制汇总记账凭证　　　　　　　　D. 设置总账

2. 关于科目汇总表账务处理程序，下列说法正确的有（　　　）。

　　A. 科目汇总表账务处理程序可以减轻总账的登记工作

　　B. 科目汇总表账务处理程序可以对账户发生额进行日常试算平衡

C.科目汇总表账务处理程序下，总分类账能明确反映账户的对应关系

D.科目汇总表账务处理程序适用于规模大、业务量多的大中型企业

3. 与科目汇总表相比，汇总记账凭证账务处理程序中的汇总记账凭证的主要特点有（　　　）。

  A.分类汇总经济业务　　　　　　　B.能进行试算平衡

  C.不按对应关系汇总各类经济业务　D.能反映账户的对应关系

4. 在不同账务处理程序下，下列可以作为登记总账依据的有（　　　）。

  A.原始凭证　　　　　　　　　　B.记账凭证

  C.汇总记账凭证　　　　　　　　D.科目汇总表

5. 以记账凭证为依据，按有关账户的贷方设置，按借方账户归类汇总的有（　　　）。

  A.汇总收款凭证　　　　　　　　B.汇总付款凭证

  C.汇总转账凭证　　　　　　　　D.科目汇总表

四、判断题

1. 不同的账务处理程序下，登记总账的依据相同，会计报表编制的依据不同。

              （　　　）

2. 汇总记账凭证账务处理程序和科目汇总表账务处理程序都适用于经济业务较多的单位。　　　　　　　　　　　　　　　　　　　　（　　　）

3. 在科目汇总表账务处理程序中，不能反映科目间的对应关系，因而不便于分析经济业务的来龙去脉，不便于查对账目。　　　　　　（　　　）

4. 原始凭证可以作为登记各种不同账簿的直接依据。　　　（　　　）

5. 汇总记账凭证账务处理程序和科目汇总表账务处理程序都适用于经济业务较多的单位。　　　　　　　　　　　　　　　　　　（　　　）

6. 一个单位可以同时采用几种不同的账务处理程序。　　　（　　　）

第 10 章

财务会计报告

本章学习目标

★ 掌握财务会计报告的构成及会计报表的种类

★ 掌握资产负债表的定义、结构、内容及编制方法

★ 掌握利润表的定义、结构、内容及编制方法

★ 熟悉利润分配表的定义、结构及内容

★ 熟悉财务报表附注的特征及主要内容

★ 了解现金流量表、所有者权益变动表的定义、结构、内容及编制方法

10.1 财务会计报告概述

10.1.1 财务会计报告的意义和组成

企业财务会计报告是指单位提供的反映其某一特定日期的财务状况和某一会计期间的经营成果、现金流量等会计信息的书面文件。财务会计报告包括会计报表及其附注、其他应当在财务会计报告中披露的相关信息的资料。

1. 财务会计报告的意义

财务会计报告的意义归纳起来有以下四点。

（1）全面系统地揭示企业一定时期财务状况、经营成果、现金流量，有利于经营管理人员了解本单位各项任务指标的完成情况，评价管理人员的经营业绩，以便及时发现问题，调整经营方向，制定措施改善经营管理水平，提高经济效益，为经济预测和决策提供依据。

（2）有利于国家经济管理部门了解国民经济运行状况，通过对各单位提供的财务报表资料进行汇总和分析，了解和掌握各行业、各地区经济的发展情况，以便宏观调控经济运行，优化资源配置，保证国民经济稳定持续发展。

（3）有利于投资者、债权人及其他相关各方掌握企业的财务状况、经营成

果和现金流量情况，进而分析企业的盈利能力、偿债能力、投资收益、发展前景等，为企业投资、贷款、贸易提供决策依据。

（4）有利于满足财政、税务、工商、审计等部门监督企业经营管理。通过财务报表可以检查、监督各企业是否遵守国家的各项法律、法规和制度，有无偷税漏税的行为。

2. 财务会计报告的组成

财务会计报告由以下三部分组成。

（1）对外报送的财务报表。对外报送的财务报表由主表、附表两部分组成。其中，主表包括资产负债表、利润表、现金流量表、所有者权益变动表；附表根据各行业、各企业的特点编制，如分部报告等。

（2）附注。附注是对资产负债表、利润表、现金流量表及所有者权益变动表等报表中列示项目的文字描述或明细资料，以及对未能在这些报表中列示项目的说明等。会计报表附注是会计报表的重要组成部分。

（3）其他需要披露的资料。除上述信息以外，企业还应针对会计信息使用者的需要披露一些相关信息，如企业注册地、组织形式和总部地址；企业的业务性质和主要经营活动；母公司及集团最终母公司的名称等。

10.1.2 会计报表的种类

财务报告的分类主要是指会计报表的分类。会计报表可按如下标准进行分类。

1. 按会计报表反映的经济内容分类

按会计报表反映的经济内容的不同，可以分为静态会计报表和动态会计报表。静态报表是指综合反映企业某一特定日期资产、负债和所有者权益状况的报表，如资产负债表；动态报表是指综合反映企业一定期间的经营成果或现金流量情况的报表，如利润表、现金流量表。

2. 按会计报表的编制单位分类

按会计报表编制单位的不同，可以分为单位报表和合并报表。单位报表是指企业在自身会计核算的基础上对账簿记录进行汇总编制的会计报表；合并报表是指以母公司和子公司组成的企业集团为会计主体，根据母公司和所属子公司的会计报表，由母公司编制的综合反映企业集团财务状况、经营成果及现金流量的会计报表。

3. 按会计报表的报送对象分类

按会计报表报送对象的不同，可以分为内部报表和外部报表。内部报表是指为满足企业内部经营管理需要而编制的会计报表，由于无须对外公开，所以没有规定统一的格式和编制要求；外部报表是指企业对外提供的会计报表，主要供投资者、债权人、政府部门和社会公众等有关方面使用，《企业会计准则》对其规定了统一的格式和编制要求。

4. 按会计报表的编制时间分类

按会计报表编制时间的不同，可以分为月报、季报、半年报和年报。月报要求简明扼要、及时反映；年报要求揭示完整、反映全面；季报和半年报在披露会计信息的详细程度方面介于二者之间。半年报、季报和月度财务会计报告统称为中期财务会计报告。

10.1.3 编制会计报表的要求

会计报表应当根据登记完整、核对无误的会计账簿记录和其他有关资料编制，做到数字真实、计算准确、内容完整、指标可比、编报及时。任何人不得篡改或者授意、指使、强令他人篡改财务报告数字。这是编制财务报告最基本的质量要求。

1. 数字真实

财务报表应当与单位的财务状况和经营成果相一致。要求一切会计资料必须真实反映单位经济活动的实际，每一项会计记录都要有合法的会计凭证为依据，会计的计量、记录和确认必须根据国家统一会计制度和相关法规的规定处理；编制财务报告，必须以登记完整、核对无误的会计记录和其他有关资料为依据，任何弄虚作假隐瞒财务状况的行为，都是编制财务报告所不能允许的。

2. 内容完整

财务报表必须按照规定的报表种类、格式和内容来编制，不应漏编、漏报报表，也不应漏填、漏列报表项目。对不同会计期间应当编报的各种财务会计报告都应该编报齐全；对于应当填列的报表项目，无论是表内项目或是补充资料，都必须填列齐全。

3. 计算准确

在会计账簿和其他有关资料真实可靠的前提下，应严格按照国家统一会计制度规定的会计报表编制说明编制会计报表；做到表内各项目之间、报表与报表之间相互衔接，本期报表与上期报表之间有关数字相互衔接；严禁任何人用任何方式篡改财务报表的数字。

4. 指标可比

各种财务报表中的经济指标，应当尽可能内容相同，计算方法一致，便于报告使用者在不同企业之间及同一企业前后各期之间进行比较。在确实需要变动时，应该把变动的影响告诉报表使用者。

5. 编报及时

财务报表提供的信息有较强的时间性，会计信息的报告如果被拖延，就可能失去其效用，所以，财务报表必须按规定的期限和程序，及时编制和报送，以便报表使用者及时了解编报单位的财务状况和经营成果等。

10.2　资产负债表

资产负债表是反映企业在某一特定日期（如月末、季末、年末）全部资产、负债和所有者权益情况的会计报表，它表明权益在某一特定日期所拥有或控制的经济资源、所承担的现有义务和所有者对净资产的要求权。它是一张揭示企业在一定时间点财务状况的静态报表。它是根据"资产＝负债＋所有者权益"这一平衡公式，依照一定的分类标准和一定的次序，将某一特定日期的资产、负债、所有者权益的具体项目予以适当的排列编制而成。

10.2.1　资产负债表的作用

资产负债表必须定期对外公布和报送给外部与企业有经济利害关系的各个集团（包括股票持有者，长、短期债权人，政府有关机构）。它是企业会计报表体系中的一张最主要的会计报表，它所提供的信息资料对于企业管理部门、上级主管部门、投资者、银行及其他金融机构、税务部门都有重要的作用。

资产负债表的作用有以下三点。

（1）反映企业资产的构成及其状况，分析企业在某一日期所拥有的经济资源及其分布情况。资产代表企业的经济资源，是企业经营的基础，资产总量的高低一定程度上可以说明企业的经营规模和盈利基础大小，企业的结构即资产的分布，企业的资产结构反映其生产经营过程的特点，有利于报表使用者进一步分析企业生产经营的稳定性。

（2）反映企业某一日期的负债总额及其结构，分析企业现今与未来需要支付的债务数额。负债总额表示企业承担的债务的多少，负债和所有者权益的比重反映了企业的财务安全程度。负债结构反映了企业偿还负债的紧迫性和偿债压力的大小，通过资产负债表可以了解企业负债的基本信息。

（3）反映企业所有者权益的情况，了解企业现有投资者在企业投资总额中所占的份额。实收资本和留存收益是所有者权益的重要内容，反映了企业投资者对企业的初始投入和资本累计的多少，也反映了企业的资本结构和财务实力，有助于报表使用者分析、预测企业生产经营安全程度和抗风险的能力。

10.2.2 资产负债表的结构和内容

1. 资产负债表的结构

资产负债表一般包括表首和正表两部分。

表首概括地说明报表名称、编制单位、编制日期、报表编号、货币名称、计量单位等。

正表是资产负债表的主体，列示了用以说明企业财务状况的各个项目。资产负债表正表的格式一般分为报告式资产负债表和账户式资产负债表两种。我国企业会计准则规定企业的资产负债表采用账户式。账户式资产负债表是左右结构，左边列示资产，右边列示负债和所有者权益。每个项目又分为"期末余额"和"年初余额"两栏分别填列。采用企业会计准则的非金融企业的资产负债表格式如表 10-1 所示。

表 10-1　资产负债表

企会 01 表

编制单位：　　　　　　　　　　　　　　年　　月　　日　　　　　　　　　单位：元

资　　产	期末余额	年初余额	负债和所有者权益（或股东权益）	期末余额	年初余额
流动资产：			流动负债：		
货币资金			短期借款		
交易性金融资产			交易性金融负债		
应收票据			应付票据		
应收账款			应付账款		
预付款项			预收款项		
应收利息			应付职工薪酬		
应收股利			应交税费		
其他应收款			应付利息		
存货			应付股利		
一年内到期的非流动资产			其他应付款		
其他流动资产			一年内到期的非流动负债		
流动资产合计			其他流动负债		
非流动资产：			流动负债合计		
可供出售金融资产			非流动负债：		
持有至到期投资			长期借款		
长期应收款			应付债券		
长期股权投资			长期应付款		

续表

资　　产	期末余额	年初余额	负债和所有者权益（或股东权益）	期末余额	年初余额
投资性房地产			专项应付款		
固定资产			预计负债		
在建工程			递延所得税负债		
工程物资			其他非流动负债		
固定资产清理			非流动负债合计		
生产性生物资产			负债合计		
油气资产			所有者权益（或股东权益）：		
无形资产			实收资本（或股本）		
开发支出			资本公积		
商誉			减：库存股		
长期待摊费用			盈余公积		
递延所得税资产			未分配利润		
其他非流动资产			所有者权益（或股东权益）合计		
非流动资产合计					
资产总计			负债和所有者权益（或股东权益）总计		

2. 资产负债表的内容

资产负债表根据资产、负债、所有者权益（或股东权益，下同）之间的勾稽关系，按照一定的分类标准和顺序，把企业一定日期的资产、负债和所有者权益各项目予以适当排列。在资产负债表中，企业通常按资产、负债、所有者权益分类分项反映。资产按流动性大小进行列示，具体分为流动资产、长期投资、固定资产、无形资产和其他资产；负债也按流动性大小进行列示，具体分为流动负债、长期负债等；所有者权益则按实收资本、资本公积、盈余公积、未分配利润等项目分项列示。

（1）资产。资产负债表中的资产反映由过去的交易、事项形成，并由企业在某一特定日期所拥有或控制的、预期会给企业带来经济利益的资源。资产应当按照流动资产和非流动资产两类在资产负债表中列示，在流动资产和非流动资产类别下进一步按性质分项列示。

流动资产是预计在一个正常营业周期中变现、出售或耗用，或者主要为交易目的而持有，或者预计在资产负债表日起一年内（含一年）变现的资产，或者自资产负债表日起一年内交换其他资产或清偿负债的能力不受限制的现金或现金等价物。资产负债表中列示的流动资产项目通常包括货币资金、交易性金融资产、应收票据、应收账款、预付款项、应收利息、应收股利、其他应收款、存货和一年内到期的非流动资产等。

非流动资产是流动资产以外的资产。资产负债表中列示的非流动资产项目通常包括长期股权投资、固定资产、在建工程、工程物资、固定资产清理、无形资产、开发支出、长期待摊费用以及其他非流动资产等。

（2）负债。资产负债表中的负债反映在某一特定日期企业所承担的、预期会导致经济利益流出企业的现时义务。负债应当按照流动负债和非流动负债在资产负债表中进行列示，在流动负债和非流动负债类别下再进一步按性质分项列示。

流动负债是预计在一个正常营业周期中清偿，或者主要为交易目的而持有，或者自资产负债表日起一年内（含一年）到期应予以清偿，或者企业无权自主将清偿推迟至资产负债表日后一年以上的负债。资产负债表中列示的流动负债项目通常包括短期借款、应付票据、应付账款、预收款项、应付职工薪酬、应交税费、应付利息、应付股利、其他应付款、一年内到期的非流动负债等。

非流动负债是流动负债以外的负债。非流动负债项目通常包括长期借款、应付债券和其他非流动负债等。

（3）所有者权益。资产负债表中的所有者权益是企业资产扣除负债后的剩余权益，反映企业在某一特定日期股东（投资者）拥有的净资产的总额，它一般按照实收资本、资本公积、盈余公积和未分配利润分项列示。

10.2.3　资产负债表的编制方法与案例分析

1．资产负债表的编制方法

会计报表的编制，主要是通过对日常会计核算记录的数据加以归集、整理，使之成为有用的财务信息。企业资产负债表各项目数据的来源主要通过以下六种方式取得。

（1）根据总账科目余额直接填列。资产负债表大部分项目的填列都是根据有关总账账户的余额直接填列，如"应收票据""应收股利""应收利息""短期借款""应付票据""应付职工薪酬""应交税费""实收资本""资本公积""盈余公积"等，都在此项之内。

（2）根据总账科目余额计算填列。例如"货币资金"项目是根据"库存现金""银行存款""其他货币资金"科目的期末余额合计数计算填列。"存货"项目是根据"在途物资""原材料""库存商品""生产成本"等账户期末余额的合计数，减去"存货跌价准备"科目期末余额进行填列。

（3）根据明细科目余额计算填列。例如"应收账款"项目，应根据"应收账款""预收账款"两个科目所属的有关明细科目的期末借方余额扣除计提的减值准备后计算填列；"应付账款"项目根据"应付账款""预付账款"科目所属相关明细科目的期末贷方余额计算填列；"预收账款"项目应根据"应收账款""预收账款"两个科目所属的有关明细科目的期末贷方余额计算填列；"预付账款"项目根据"应付账款""预付账款"科目所属相关明细科目的期末借方余额计算填列。

（4）根据总账科目和明细科目余额分析计算填列。例如"长期借款"项目根据"长期借款"总账科目期末余额，扣除"长期借款"科目所属明细科目中反映的、将于一年内到期的长期借款部分，分析计算填列；"长期待摊费用""应付债券""长期应付款"等，应剔除一年内到期的长期负债。

（5）根据总账科目余额减去其备抵项目后的净额填列。例如"固定资产"项目，根据"固定资产"科目的期末余额减去"固定资产减值准备"与"累计折旧"备抵科目余额后的净额填列；又如"无形资产"项目，根据"无形资产"科目的期末余额减去"无形资产减值准备"与"累计摊销"备抵科目余额后的净额填列。

（6）未分配利润项目的填列。未分配利润项目可以根据"本年利润"账户余额与"利润分配"账户中余额的具体情况分析填列。结账前，"本年利润"账户有贷方余额，"利润分配"账户有借方余额，两个余额抵减；贷方余额大于借方余额时，差额计入该项目；贷方余额小于借方余额时，差额以"－"号计入。年终全部结账后，可根据"利润分配——未分配利润"的期末余额填列。

资产负债表的"年初数"栏内各项数字，根据上年末资产负债表"期末数"栏内各项数字填列，"期末数"栏内各项数字根据会计期末各总账账户及所属明细账户的余额填列。如果当年度资产负债表规定的各个项目的名称和内容同上年度不相一致，则按编报当年的口径对上年年末资产负债表各项目的名称和数字进行调整，填入本表"年初数"栏内。

2. 资产负债表的案例分析

资料：ZL公司2020年12月31日有关总分类账户与明细分类账户余额如表10-2所示。

根据ZL公司以上资料编制资产负债表，如表10-3所示。

表 10-2　ZL 公司账户余额表

2020 年 12 月 31 日　　　　　　　　　　单位：元

总分类账户	明细分类账户	借 方 余 额	贷 方 余 额
库存现金		5000	
银行存款		21 300	
应收账款	甲公司	70 000	
	乙公司		10 000
预付账款	丙公司	15 000	
	丁公司		4200
原材料		125 000	
在途物资		7800	
生产成本		10 000	
库存商品		2000	
固定资产		610 000	
累计折旧			31 000
无形资产		100 000	
短期借款			70 000
应付账款	A 公司	2000	
	B 公司		87 000
预收账款	C 公司	11 000	
	D 公司		86 900
应交税金			20 000
应付股利			15 000
长期借款			100 000
其中：一年内到期的借款			10 000
实收资本			400 000
盈余公积			80 000
利润分配	未分配利润		75 000

表 10-3　资产负债表（简化）

编报单位：ZL 公司　　　　　　2020 年 12 月 31 日　　　　　　单位：元

资　　产	期　末　数	负债和所有者权益	期　末　数
货币资金	26 300	短期借款	70 000
应收账款	81 000	应付账款	91 200
预付账款	17 000	预收账款	96 900
存货	144 800	应交税金	20 000
固定资产	579 000	应付股利	15 000
无形资产	100 000	一年内到期的长期负债	10 000
		长期借款	90 000
		实收资本	400 000
		盈余公积	80 000
		未分配利润	75 000
资产合计	948 100	负债及所有者权益合计	948 100

下面，解释资产负债表中各项目填列的金额来源。

（1）货币资金 26 300 元，等于库存现金 5000 元加上银行存款 21 300 元。

（2）应收账款 81 000 元，等于应收账款所属明细账甲公司的借方余额 70 000 元加上预收账款所属明细账 C 公司的借方余额 11 000 元。

（3）预付账款 17 000 元，等于预付账款所属明细账丙公司的借方余额 15 000 元加上应付账款所属明细账 A 公司的借方余额 2000 元。

（4）存货 144 800 元，等于原材料余额 125 000 元、在途物资 7800 元、生产成本 10 000 元、库存商品 2000 元之和。

（5）固定资产 579 000 元，等于固定资产余额 610 000 元减去累计折旧 31 000 元。

（6）无形资产 100 000 元，等于无形资产期末余额 100 000 元。

（7）短期借款 70 000 元，等于短期借款期末余额 70 000 元。

（8）应付账款 91 200 元，等于应付账款所属明细账 B 公司的贷方余额 87 000 元加上预付账款所属明细账丁公司的贷方余额 4200 元。

（9）预收账款 96 900 元，等于预收账款所属明细账 D 公司的贷方余额 86 900 元加上应收账款所属明细账乙公司的贷方余额 10 000 元。

（10）应交税费、应付股利项目分别根据各自的期末余额直接填列。

（11）一年内到期的长期负债 10 000 元，等于长期借款中一年内到期的借款 10 000 元。

（12）长期借款 90 000 元，等于长期借款期末余额 100 000 元减去一年内到期的借款 10 000 元。

（13）实收资本、盈余公积项目分别根据其各自的期末余额直接填列。

（14）未分配利润 75 000 元，等于"利润分配——未分配利润"的期末余额 75 000 元。

10.3 利润表和利润分配表

利润表是反映企业一定会计期间（如月度、季度、半年度或年度）生产经营成果的会计报表。企业一定会计期间的经营成果既可能表现为盈利，也可能表现为亏损，因此利润表也被称为损益表。利润表是根据"收入－费用＝利润"的基本关系来编制的，其具体内容取决于收入、费用、利润等会计要素及其内容。从反映企业经营资金运动的角度看，它是一种反映企业经营资金动态表现的报表，主要提供有关企业经营成果方面的信息，属于动态会计报表。

10.3.1 利润表的作用

编制利润表的主要目的是将企业经营成果的信息提供给各种报表的使用者，成为他们做决策的依据或参考。利润表的作用主要有以下四点。

1. 可据以解释、评价和预测企业的经营成果和获利能力

经营成果通常指以营业收入、其他收入抵扣成本、费用、税金等的差额所表示的收益信息。经营成果是一个绝对值指标，可以反映企业财富增长的规模。获利能力是一个相对值指标，它指企业运用一定经济资源（如人力、物力）获取经营成果的能力。这里，经济资源可以因报表用户的不同需要而有所区别，可以是资产总额、净资产，也可以是资产的耗费（成本或费用），还可以是投入的人力（如职工人数）。因而衡量获利能力的指标包括资产收益率、净资产（税后）收益率、成本收益率以及人均实现收益等指标。经营成果的信息直接由利润表反映，而获利能力的信息除利润表外，还要借助于其他会计报表和注释附表才能得到。

2. 可据以解释、评价和预测企业的偿债能力

偿债能力指企业以资产清偿债务的能力。利润表本身并不提供偿债能力的信息，但是债权人和管理部门通过分析和比较利润表的有关信息，可以间接地解释、评价和预测企业的偿债能力，尤其是长期偿债能力，并揭示偿债能力的变化趋势，进而做出各种信贷决策和改进企业管理工作的决策，如维持、扩大或收缩现有信贷规模，应提出何种信贷条件等。管理部门则可据以找出偿债能力不强的原因，努力提高企业的偿债能力，改善企业的公关形象。

3. 可据以帮助企业管理人员做出经营决策

企业管理人员通过比较和分析利润表中各种构成要素，可知悉各项收入、成本、费用与收益之间的增减趋势，发现各方面工作中存在的问题，揭露缺点，找出差距，改善经营管理，努力增收节支，杜绝损失的发生，做出合理的经营决策。

4. 可据以评价和考核管理人员的绩效

比较前后期利润表上各项收入、费用、成本及收益的增减变动情况，并查考其增减变动的原因，可以较为客观地评价各职能部门、各生产经营单位的绩效，以及这些部门和人员的绩效与整个企业经营成果的关系，以便评判各部门管理人员的功过得失，及时作出采购、生产销售、筹资和人事等方面的调整，使各项活动趋于合理。

10.3.2 利润表的结构和内容

1. 利润表的结构

利润表一般分表首和正表两部分。表首说明报表名称、编制单位、编制日期、报表编号、货币名称、计量单位等；正表是利润表的主体，反映形成经营成果的各个项目和计算过程。

利润表正表的格式分单步式和多步式两种。在我国，利润表采用多步式。多步式利润表主要分三步计算企业的利润（或亏损）。第一步，计算营业利润；第二步，以营业利润为基础，计算出利润总额；第三步，以利润总额为基础，减去所得税，计算净利润（或净亏损）。

利润表的基本格式如表 10-4 所示。

表 10-4 利润表

企会 02 表

编制单位：　　　　　　　　年　　月　　　　　　　　　　单位：元

项　　目	本　月　数	本年累计数
一、营业收入		
减：营业成本		
营业税金及附加		
销售费用		
管理费用		
财务费用		
资产减值损失		
加：公允价值变动收益（损失以"—"号填列）		
投资收益（损失以"—"号填列）		
其中：对联营企业和合营企业的投资收益		
二、营业利润（亏损以"—"号填列）		
加：营业外收入		
减：营业外支出		
其中：非流动资产处理净损失		
三、利润总额（亏损以"—"号填列）		
减：所得税费用		
四、净利润（亏损以"—"号填列）		
五、每股收益：		
（一）基本每股收益		
（二）稀释每股收益		

2. 利润表的内容

通常，利润表主要反映以下四个方面的内容。

（1）构成营业利润的各项要素。营业利润从营业收入（由主营业务收入和其他业务收入组成）出发，减去营业成本（由主营业务成本和其他业务成本组成）、税金及附加、销售费用、管理费用、财务费用、资产减值损失、加上公允价值变动收益、投资收益后得到。

（2）构成利润总额（或亏损总额）的各项要素。利润总额（或亏损总额）在营业利润的基础上，加上营业外收入，减去营业外支出后得到。

（3）构成净利润（或净亏损）的各项要素。净利润（或净亏损）在利润总额（或亏损总额）的基础上，减去本期计入损益的所得税费用后得到。

（4）每股收益。每股收益包括基本每股收益和稀释每股收益两项指标。

10.3.3 利润表的编制方法与案例分析

1. 利润表的编制方法

利润表中的各项目都列有"本月数"和"本年累计数"两栏。

（1）"本月数"栏。利润表"本月数"栏反映各项目的本月实际发生数。在编报中期和年度财务报表时，应将"本月数"栏改成"上年数"栏。

由于该表是反映企业一定时期经营成果的动态报表，因此，该栏内各项目一般根据有关账户的本期发生额分析填列。

① "营业收入"项目反映企业经营业务所得的收入总额。本项目应根据"主营业务收入"和"其他业务收入"账户的发生额分析填列。

② "营业成本"项目反映企业经营业务发生的实际成本。本项目应根据"主营业务成本"和"其他业务成本"账户的发生额分析填列。

③ "税金及附加"项目反映企业经营业务应负担的营业税、消费税、城市维护建设税、资源税、土地增值税和教育费附加等。本项目应根据"税金及附加"账户的发生额分析填列。

④ "销售费用"项目反映企业在销售商品和商品流通企业在购入商品等过程中发生的费用。本项目应根据"销售费用"账户的发生额分析填列。

⑤ "管理费用"项目反映企业行政管理等部门所发生的费用。本项目应根据"管理费用"账户的发生额分析填列。

⑥ "财务费用"项目反映企业发生的利息费用等。本项目应根据"财务费用"账户的发生额分析填列。

⑦ "资产减值损失"项目反映企业发生的各项减值损失。本项目应根据"资产减值损失"账户的发生额分析填列。

⑧"公允价值变动损益"项目反映企业交易性金融资产等公允价值变动所形成的当期利得和损失。本项目应根据"公允价值变动损益"账户的发生额分析填列。

⑨"投资收益"项目反映企业以各种方式对外投资所取得的收益。本项目应根据"投资收益"账户的发生额分析填列；如为投资损失，以"—"号填列。

⑩"营业外收入"项目和"营业外支出"项目反映企业发生的与其生产经营无直接关系的各项收入和支出。这两个项目应分别根据"营业外收入"账户和"营业外支出"账户的发生额分析填列。

⑪"所得税费用"项目反映企业按规定从本期损益中减去的所得税。本项目应根据"所得税费用"账户的发生额分析填列。

（2）"本年累计数"栏。该栏反映各项目自年初起至本月末止的累计实际发生数。应根据上月利润表的"本年累计数"栏各项目数额，加上本月利润表的"本月数"栏各项目数额，然后将其合计数填入该栏相应项目内。

2. 利润表的案例分析

资料：ZL公司2020年12月有关账户的发生额如表10-5所示。

表10-5 总分类账户发生额表

单位：元

会 计 科 目	借方发生额	贷方发生额
主营业务收入		3 800 000
其他业务收入		400 000
主营业务成本	3 000 000	
其他业务成本	50 000	
营业税金及附加	200 000	
销售费用	40 000	
管理费用	150 000	
财务费用	10 000	
营业外收入		60 000
营业外支出	50 000	
所得税费用	190 000	

根据上述账户发生额编制利润表，如表10-6所示。

表 10-6　利润表

编制单位：ZL 公司　　　　　　　2020 年 12 月　　　　　　　　单位：元

项　目	本月数	本年累计数*
一、营业收入	4 200 000	
减：营业成本	3 050 000	
营业税金及附加	200 000	
销售费用	40 000	
管理费用	150 000	
财务费用	10 000	
二、营业利润（亏损以"—"号填列）	750 000	
加：营业外收入	60 000	
减：营业外支出	50 000	
三、利润总额（亏损以"—"号填列）	760 000	
减：所得税费用	190 000	
四、净利润（亏损以"—"号填列）	570 000	

* 由于资料有限，未列出本年累计数。

10.3.4　利润分配表

利润分配表是反映企业一定期间对实现净利润的分配或亏损弥补情况的会计报表，该表说明利润表上反映的净利润的分配去向。利润分配表包括在年度会计报表中，是利润表的附表。通过利润分配表，可以了解企业实现净利润的分配情况或亏损的弥补情况，了解利润分配的构成，以及年末未分配利润的数据。

利润分配表一般分表首和正表两部分。表首说明报表名称、编制单位、编制日期、报表编号、计量单位等；正表是利润分配表的主体，具体说明利润分配的各项内容，每项内容通常还区分为"本年实际"和"上年实际"两栏分别填列。

如果上年度利润分配表与本年度利润分配表的项目名称和内容不一致，则按编报当年的口径对上年度报表项目的名称和数字进行调整，填入本表"上年实际"栏内。利润分配表的格式如表 10-7 所示。

表 10-7　利润分配表

企会 03 表

编制单位：　　　　　　　　　年　　月　　　　　　　　单位：元

项　目	行　次	本 年 实 际	上 年 实 际
一、净利润	1		
加：年初未分配利润	2		
其他转入	4		

续表

项　　目	行　　次	本年实际	上年实际
二、可供分配的利润	8		
减：提取法定盈余公积	9		
提取法定公益金	10		
提取职工奖励及福利基金	11		
提取储备基金	12		
提取企业发展基金	13		
利润归还投资	14		
三、可供投资者分配的利润	16		
减：应付优先股股利	17		
提取任意盈余公积	18		
应付普通股股利	19		
转作资本（或股本）的普通股股利	20		
四、未分配利润	25		

10.4　现金流量表

10.4.1　现金流量表的作用

现金流量表是反映一定时期内（如月度、季度或年度）企业经营活动、投资活动和筹资活动对其现金及现金等价物所产生影响的财务报表，也是反映会计主体（或一个单位）在一定时期现金流入和现金流出动态状况的报表。其组成内容与资产负债表和利润表相一致。其作用主要体现在以下三个方面。

（1）当现金流量表与其他报表结合使用时，所提供的信息能使使用者评价企业净资产的变动、财务结构以及形成现金和现金等价物的能力。

（2）现金流量表还提高了不同企业之间经营业绩的可比性。因为它是以收付实现制为基础编制的，故消除了不同企业对相同事项采用不同的会计处理的影响。

（3）现金流量表中的现金是无法创造的，即现金流量表的编制是比较客观的，而利润则是可以操纵的。以权责发生制为基础，同时又运用了配比原则、划分资本性支出和收益性支出等原则而计算出企业的净利润并非就是该时期的现金流量净增加额，在此基础上计算的利润常常使报表反映的盈利水平与实际的财务状况不符，因此企业的净利润和净现金流量发生很大的差异是比较常见的。

10.4.2　现金流量表的结构和内容

现金流量表一般由主表和附表两部分构成。主表部分包括经营活动产生的现金流量、筹资活动产生的现金流量、投资活动产生的现金流量三部分。按现行制度规定，现金流量表主表中的经营活动产生的现金流量是用直接法编制的，直接法是通过现金收入和现金支出的主要类别反映企业来自经营活动的现金流量，它是以损益表中的营业收入为起点，调整与经营活动有关的项目的增减变动，然后计算出经营活动的现金流量。附表是用间接法编制的，它是从净利润出发，调整不涉及现金流量的收入和费用，从而得出经营活动产生的净现金流量。另外，根据期初和期末的现金及现金等价物余额倒算出该会计期间的现金净流量。间接法编制的附表可以起到对主表的验算作用。现金流量表的格式如表 10-8 所示。

表 10-8　现金流量表

企会 04 表

编制单位：　　　　　　　　　　　　　　年　　　月　　　　　　　　　　单位：元

项　　目	行次	本期金额	上期金额
一、经营活动产生的现金流量			
销售商品、提供劳务收到的现金	1		
收到的税费返还	3		
收到其他与经营活动有关的现金	8		
经营活动现金流入小计	9		
购买商品、接受劳务支付的现金	10		
支付给职工以及为职工支付的现金	12		
支付的各项税费	13		
支付其他与经营活动有关的现金	18		
经营活动现金流出小计	20		
经营活动产生的现金流量净额	21		
二、投资活动产生的现金流量			
收回投资收到的现金	22		
取得投资收益收到的现金	23		
处置固定资产、无形资产和其他长期资产收回的现金净额	25		
处置子公司及其他营业单位收到的现金净额			
收到其他与投资活动有关的现金	28		
投资活动现金流入小计	29		

续表

项　　目	行次	本期金额	上期金额
购建固定资产、无形资产和其他长期资产支付的现金	30		
投资支付的现金	31		
取得子公司及其他营业单位支付的现金净额			
支付其他与投资活动有关的现金	35		
投资活动现金流出小计	36		
投资活动产生的现金流量净额	37		
三、筹资活动产生的现金流量			
吸收投资收到的现金	38		
取得借款收到的现金	40		
收到其他与筹资活动有关的现金	43		
筹资活动现金流入小计	44		
偿还债务支付的现金	45		
分配股利、利润或偿付利息支付的现金	46		
支付其他与筹资活动有关的现金	52		
筹资活动现金流出小计	53		
筹资活动产生的现金流量净额	54		
四、汇率变动对现金及现金等价物的影响	55		
五、现金及现金等价物净增加额	56		
加：期初现金及现金等价物余额	57		
六、现金及现金等价物余额	60		

10.4.3　现金流量表的编制方法

在我国，现金流量表以直接法填列，直接根据有关科目的记录分析填列。

1. 经营活动产生的现金流量

（1）销售商品、提供劳务收到的现金。此项目反映企业销售商品、提供劳务实际收到的现金（含销售收入和应向购买者收取的增值税额），包括本期销售商品、提供劳务收到的现金，前期销售商品、提供劳务而本期收到的现金和本期预收的账款，减去本期退回本期销售的商品和本期退回的前期销售商品支付的现金。企业销售材料和代购代销业务收到的现金也在本项目反映。本项目可以根据"库存现金""银行存款""应收账款""应收票据""预收账款""主营业务收入""其他业务收入"等账户的记录分析填列。

（2）收到的税费返还。此项目反映企业收到返还的各种税费，如收到的增值税、消费税、营业税、所得税、教育费附加返还等。本项目可以根据"库存现金""银行存款""税金及附加""补贴收入""应收补贴款"等账户的记录分析填列。

（3）收到其他与经营活动有关的现金。此项目反映企业除了上述各项目以外收到的其他与经营活动有关的现金收入，如罚款收入、流动资产损失中由个人赔偿的现金收入等。其他现金流入如价值较大的，应单列项目反映。本项目可以根据"库存现金""银行存款""营业外收入"等账户的记录分析填列。

（4）购买商品、接受劳务支付的现金。此项目反映企业购买材料、商品、接受劳务实际支付的现金，包括本期购入材料、商品、接受劳务支付的现金结算（包括增值税进项税额），以及本期支付前期购入商品、接受劳务的未付款项和本期预付款项。本期发生的购货退回收到的现金应从本项目内减去。本项目可以根据"库存现金""银行存款""应付账款""应付票据""主营业务成本"等账户的记录分析填列。

（5）支付给职工以及为职工支付的现金。此项目反映企业实际支付给职工以及为职工支付的现金，包括本期实际支付给职工的工资、奖金、各种津贴和补贴等，以及为职工支付的其他费用。不包括支付的离退休人员的各项费用和支付给在建工程人员的工资等。企业支付给离退休人员的各项费用，包括支付退休的统筹退休金以及未参加统筹的退休人员的费用，"在支付给其他与经营活动有关的现金"项目中反映；支付的在建工程人员的工资，在"购建固定资产、无形资产和其他长期资产支付的现金"项目反映。本项目可以根据"应付职工薪酬""库存现金""银行存款"等账户的记录分析填列。

（6）支付的各项税费。此项目反映企业按照规定支付的各种税费，包括本期发生并支付的税费，以及本期支付以前各期发生的税费和预交的税金，如支付的教育费附加、矿产资源补偿费、印花税、房产税、土地增值税、车船使用税、预交的营业税等。不包括计入固定资产价值的实际支付的耕地占用税等，也不包括本期退回的增值税和所得税。本期退回的增值税、所得税在"收到的税费返还"项目反映。本项目可以根据"应交税费""库存现金""银行存款"等账户的记录分析填列。

（7）支付其他与经营活动有关的现金。此项目反映企业除了上述各项目外，支付的其他与经营活动有关的现金，如罚款支出、支付的差旅费、业务招待费现金支出、支付的保险费等。其他现金流出如价值较大的，应单列项目反映。本项目可以根据有关账户的记录分析填列。

2. 投资活动产生的现金流量

（1）收回投资收到的现金。此项目反映企业出售、转让或到期收回除现金等价物以外的交易性金融资产、可供出售金融资产、持有至到期投资以及长期股权投资等而收到的现金，包括收回的本金及差价收入，但不包括收到的利息和股利以及收回的非现金资产。本项目可以根据"交易性金融资产""长期股权投资""库存现金""银行存款"等账户的记录分析填列。

（2）取得投资收益收到的现金。此项目反映企业因股权性投资和债权性投资而取得的现金股利、利息，以及从子公司、联营企业和合营企业分回利润收到的现金。不包括股票股利。本项目可以根据"库存现金""银行存款""投资收益"等账户的记录分析填列。

（3）处置固定资产、无形资产和其他长期资产收回的现金净额。此项目反映企业处置固定资产、无形资产和其他长期资产所取得的现金，减去为处置这些资产而支付的有关费用后的净额。因自然灾害所造成的固定资产等长期资产损失而收到的保险赔偿收入，也在本项目反映。如果所收回的现金净额为负数，则在"支付的其他与投资活动有关的现金"项目反映。本项目可以根据"固定资产清理""库存现金""银行存款"等账户的记录分析填列。

（4）处置子公司及其他营业单位收到的现金净额。此项目反映企业以购买出价中用现金支付的部分减去子公司或其他营业单位持有的现金和现金等价物后的净额。本项目可以根据"长期股权投资""库存现金""银行存款"等账户的记录分析填列。

（5）收到其他与投资活动有关的现金。此项目反映企业除了上述各项以外，收到的其他与投资活动有关的现金。如收到的属于购买时买价中所包含的现金股利或已到付息期的利息等。

（6）购建固定资产、无形资产和其他长期资产支付的现金。此项目反映企业购买、建造固定资产，取得无形资产和其他长期资产所支付的现金。不包括为购建固定资产而发生的借款利息资本化的部分，以及融资租入固定资产支付的租赁费（借款利息和融资租入固定资产支付的租赁费在筹资活动产生的现金流量中反映）。本项目可根据"固定资产""在建工程""无形资产""库存现金""银行存款"等账户的记录分析填列。

（7）投资支付的现金。此项目反映企业进行权益性投资和债权性投资所支付的现金，包括企业取得的除现金等价物以外的交易性金融资产、可供出售金融资产、持有至到期投资以及长期股权投资支付的现金，支付的佣金、手续费等附加费用。本项目可根据"长期股权投资""持有至到期投资""交易性金融资产""库存现金""银行存款"等账户的记录分析填列。

应注意的是，企业购买股票和债券时，实际支付的价款中包含的已宣告但尚未领取的现金股利或已到付息期但尚未领取的债券利息，应在投资活动产生现金流量的"支付其他与投资活动有关的现金"项目反映；收回购买股票和债券时所支付的已宣告但尚未领取的现金股利或已到付息期但尚未领取的债券利息，应在投资活动产生的现金流量的"收到其他与投资活动有关的现金"项目反映。

（8）取得子公司及其他营业单位支付的现金净额。此项目反映企业购买子公司及其他营业单位购买出价中以现金支付的部分减去子公司或其他营业单位持有的现金和现金等价物后的净额。

（9）支付其他与投资活动有关的现金。此项目反映企业除了上述各项以外支付的其他与投资活动有关的现金。如购买股票和债券时，支付的买价中所包含的已宣告发放但尚未领取的现金股利或已到付息期但尚未领取的利息等。其他现金流出如价值较大的，应单列项目反映。本项目可以根据有关账户的记录分析填列。

3．筹资活动产生的现金流量

筹资活动产生的现金流量包括下列几种。

（1）吸收投资收到的现金。此项目反映企业收到的投资者投入的现金，包括以发行股票方式筹集的资金实际收到的股款净额（发行收入减去支付的佣金等发行费用后的净额）、发行债券实际收到的现金（发行收入减去支付的佣金等发行费用后的净额）等。以发行股票方式筹集资金而由企业直接支付的审计、咨询等费用，以及发行债券支付的发行费用在"支付其他与筹资活动有关的现金"项目反映。本项目可以根据"实收资本（或股本）""库存现金""银行存款"等账户的记录分析填列。

（2）取得借款收到的现金。此项目反映企业举借各种短期借款、长期借款所收到的现金。本项目可以根据"短期借款""长期借款""库存现金""银行存款"等账户的记录分析填列。

（3）收到其他与筹资活动有关的现金。此项目反映企业除了上述各项之外，收到的其他与筹资活动有关的现金、接受现金捐赠等。其他现金流入如价值较大的，应单列项目反映。本项目可以根据有关账户的记录分析填列。

（4）偿还债务支付的现金。此项目反映企业以现金偿还债务的本金，包括偿还金融企业的借款本金、偿还债券本金等。企业偿还的借款利息、债券利息，在"分配股利、利润或偿付利息支付的现金"项目反映，不包括在本项目内。本项目可以根据"短期借款""长期借款""库存现金""银行存款"等账户的记录分析填列。

（5）分配股利、利润或偿付利息支付的现金。此项目反映企业实际支付的现金股利，支付给其他投资单位的利润以及支付的借款利息、债券利息等。本项目可以根据"应付股利""财务费用""长期借款""库存现金""银行存款"等账户的记录分析填列。

（6）支付其他与筹资活动有关的现金。此项目反映企业除了上述各项外，支付的其他与筹资活动有关的现金流出，如捐赠现金支出、融资租入固定资产支付的租赁费等。其他现金流出如价值较大的，应单列项目反映。本项目可以根据有关账户的记录分析填列。

4．汇率变动对现金及现金等价物的影响

"汇率变动对现金及现金等价物的影响"项目，反映企业外币现金流量及境外子公司的现金流量折算为人民币时，所采用的现金流量发生日的汇率或平均汇率折算的人民币金额与"现金及现金等价物净增加额"中，外币现金净增加额按期末汇率折算的人民币金额之间的差额。

10.5　所有者权益（或股东权益）变动表

1．所有者权益变动表的作用

所有者权益变动表是反映公司本期（年度或中期）内至截至期末所有者权益变动情况的报表。其中，所有者权益变动表应当全面反映一定时期所有者权益变动的情况。

通过所有者权益变动表，既可以为报表使用者提供所有者权益总量增减变动的信息，也能为其提供所有者权益增减变动的结构性信息，特别是能够让报表使用者理解所有者权益增减变动的根源。

2．所有者权益变动表的结构和内容

（1）所有者权益变动表的结构。所有者权益变动表各项目均需填列"本年金额"和"上年金额"两栏。所有者权益变动表的具体格式如表 10-9 所示。

（2）所有者权益变动表的内容。在所有者权益变动表中，企业至少应当单独列示下列信息的项目：

① 净利润；

② 直接计入所有者权益的利得和损失项目及其总额；

③ 会计政策变更和差错更正的累计影响金额；

④ 所有者投入资本和向所有者分配利润等；

⑤ 提取的盈余公积；

⑥ 实收资本或股本、资本公积、盈余公积、未分配利润的期初和期末余额及其调节情况。其中，反映"直接计入所有者权益的得利和损失"的项目即为其他综合收益项目。

表10-9　所有者权益变动表

企会05表

编制单位：　　　　　　　　　年度　　　　　　　　　单位：元

项　　目	本年金额						上年金额					
	实收资本（或股本）	资本公积	减：库存股	盈余公积	未分配利润	所有者权益合计	实收资本（或股本）	资本公积	减：库存股	盈余公积	未分配利润	所有者权益合计
一、上年年末余额												
加：会计政策变更												
前期差错更正												
二、本年年初余额												
三、本年增减变动金额（减少以"－"号填列）												
（一）净利润												
（二）直接计入所有者权益的利得和损失												
1.可供出售金融资产公允价值变动净额												
2.权益法下被投资单位其他所有者权益变动的影响												
3.与计入所有者权益项目相关的所得税影响												
4.其他												
上述（一）和（二）小计												
（三）所有者投入和减少资本												
1.所有者投入资本												

项　　目	本年金额						上年金额					
	实收资本（或股本）	资本公积	减：库存股	盈余公积	未分配利润	所有者权益合计	实收资本（或股本）	资本公积	减：库存股	盈余公积	未分配利润	所有者权益合计
2. 股份支付计入所有者权益的金额												
3. 其他												
（四）利润分配												
1. 提取盈余公积												
2. 对所有者（或股东）的分配												
3. 其他												
（五）所有者权益内部结转												
1. 资本公积转增资本（或股本）												
2. 盈余公积转增资本（或股本）												
3. 盈余公积弥补亏损												
4. 其他												
四、本年年末余额												

3. 所有者权益变动表的编制方法

所有者权益变动表"上年金额"栏内各项数字，应根据上年度所有者权益变动表"本年金额"内所列数字填列。上年度所有者权益变动表规定的各个项目的名称和内容同本年度不一致的，应对上年度所有者权益变动表各项目的名称和数字按照本年度的规定进行调整，填入所有者权益变动表的"上年金额"栏内。

所有者权益变动表"本年金额"栏内各项数字一般应根据"实收资本（或股本）""资本公积""盈余公积""利润分配""库存股""以前年度损益调整"科目的发生额分析填列。

10.6　财务报表附注

财务报表附注是对资产负债表、利润表、现金流量表和所有者权益变动表等报表中列示项目的文字描述或明细资料，以及对未能在这些报表中列示项目的说明等。可以使报表使用者全面了解企业的财务状况、经营成果和现金流量。

它是对财务报表的补充说明，是财务会计报告体系的重要组成部分。随着经济环境的复杂化以及人们对相关信息要求的提高，附注在整个报告体系中的地位日益突出。但在我国，对报表附注的重视性却不令人满意，其编制和使用状况也存在着局限性。

10.6.1　财务报表附注的特征

1. 附属性

财务报表与附注之间存在一个主次关系：财务报表是根，附注处于从属地位。没有财务报表的存在，附注就失去了依靠，其功能也就无处发挥；而没有附注恰当的延伸和说明，财务报表的功能就难以有效地实现。两者相辅相成，形成一个完善的有机整体。

2. 解释性

财务报表项目是被高度浓缩的会计信息，且由于经济业务的复杂性和企业在编制财务报表时可能选择了不同的会计政策，企业需要通过财务报表附注对财务报表的编制基础、编制依据、编制原则和方法及主要事项等进行解释，以此增进会计信息的可理解性，同时使不同企业的会计信息的差异更具可比性，便于进行对比分析。

3. 补充性

通过报表附注的文字说明，辅以某些统计资料或定性信息，可弥补财务信息的不足，从而能全面反映企业面临的机会与风险，将企业价值充分体现出来，保证了信息的完整性。从而有助于信息使用者做出最佳的决策。

4. 重要性

财务报表附注的重要性主要体现在三方面。一是提高会计信息的相关性和可靠性；二是增强不同行业和行业内部不同企业之间信息的可比性；三是与财务报表主表的不可分割性。

5. 必要性

财务报表附注可以让使用者更全面了解企业状况的要求；基于缓解财务报表信息披露压力的考虑；增强财务报告体系的灵活性；保持原有报告模式的需要。

10.6.2　财务报表附注的主要内容

财务报表附注的主要内容归纳起来有以下几点。

（1）不符合基本会计假设的说明。

（2）重要会计政策和会计估计的说明，以及重大会计差错更正的说明。会计报表附注应披露的重要会计政策主要包括：

① 编制会计合并报表所采纳的原则；

② 外币折算时所采用的方法；

③ 收入的确认原则；

④ 所得税的会计处理方法；

⑤ 短期投资的期末计价方法；

⑥ 存货的计价方法；

⑦ 长期股权投资的核算方法；

⑧ 长期债权投资的溢折价的摊销方法；

⑨ 坏账损失的具体会计处理方法；

⑩ 借款费用的处理方法；

⑪ 无形资产的计价及摊销方法；

⑫ 应付债券的溢折价的摊销方法。

（3）或有事项的说明。

（4）资产负债表日后事项的说明。

（5）关联方关系及其交易的说明。

（6）会计报表中重要项目的说明。会计报表中重大项目主要有：

① 应收款项（不包括应收票据）及计提坏账准备的方法；

② 存货、投资核算的方法；

③ 固定资产计价和折旧的方法；

④ 无形资产计价和摊销的方法；

⑤ 长期待摊费用的摊销方法；

⑥ 收入的分类及金额；

⑦ 所得税的会计处理方法。

（7）其他重大会计事项的说明。

① 企业合并、分立；

② 重要资产的转让或出售情况；

③ 重大投资、融资活动；

④ 合并会计报表的说明；

⑤ 其他有助于理解和分析会计报表的事项。

10.6.3 财务报表附注披露内容

附注应当按照如下顺序披露有关内容。

1. 企业的基本情况

（1）企业注册地、组织形式和总部地址。

（2）企业的业务性质和主要经营活动，如企业所处的行业、所提供的主要产品或服务、客户的性质、销售策略、监管环境的性质等。

（3）母公司以及集团最终母公司的名称。

（4）财务报告的批准报出者和财务报告批准报出日。

2. 财务报表的编制基础

财务报表的编制基础是指财务报表是以持续经营为基础编制的，还是以不持续经营为基础编制的。企业一般是在持续经营的基础上编制财务报表的，清算和破产都不是持续经营的基础。

3. 遵循企业会计准则的声明

企业应当声明编制的财务报表符合企业会计准则的要求，真实、完整地反映了企业的财务状况、经营成果和现金流量等有关信息。以此明确企业编制财务报表所依据的制度基础。

如果企业编制的财务报表只是部分地遵循了企业会计准则，附注中不得做出这种表述。

4. 重要会计政策和会计估计

根据财务报表列报准则的规定，企业应当披露采用的重要会计政策和会计估计，不重要的会计政策和会计估计可以不披露。

5. 会计政策和会计估计变更以及差错更正的说明

企业应当按照《企业会计准则第28号——会计政策、会计估计变更和差错更正》及其应用指南的规定，披露会计政策和会计估计变更以及差错更正的有关情况。

6. 报表重要项目的说明

企业应当以文字和数字描述相结合、尽可能以列表形式披露报表重要项目的构成或当期增减变动情况，并且报表重要项目的明细金额合计，应当与报表项目金额相衔接。在披露顺序上，一般应当按照资产负债表、利润表、现金流量表、所有者权益变动表的顺序及其项目列示的顺序。

7. 其他需要说明的重要事项

主要包括或有事项和承诺事项、资产负债表日后非调整事项、关联方关系及其交易等，具体的披露要求须遵循相关准则的规定。

思考练习题

一、思考题

1. 王先生在 2008 年 6 月份成立的甲股份有限公司中担任财务总监。他在 2009 年 1 月份召开的董事会上提交了资产负债表和利润表。董事会对王先生的工作非常不满意，主要有以下几点不足。

（1）编制会计报表前没有编制工作底稿。

（2）年底在编制财务报表前没有进行财产清查。

（3）会计报表的截止日期为 12 月 25 日。

（4）没有报表附注。

（5）没有编制现金流量表。

（6）利润表中的"净利润"与资产负债表中的"未分配利润"项目不相符。对此王先生不服气。你认为董事会的批评是否正确？为什么？

2. 通过资产负债表和利润表说明报表如何满足会计信息使用者的需要。

二、单项选择题

1. 在资产负债表中，资产按照其流动性排列时，下列排列方法正确的是（　　）。

A. 存货、无形资产、货币资金、交易性金融资产

B. 交易性金融资产、存货、无形资产、货币资金

C. 货币资金、交易性金融资产、存货、无形资产

D. 无形资产、货币资金、交易性金融资产、存货

2. 多步式利润表中净利润是以（　　）为基础来计算的。

A. 营业收入　　　B. 营业成本　　　C. 利润总额　　　D. 营业利润

3. 下列等式中，不正确的有（　　）。

A. 资产＝负债＋所有者权益

B. 营业利润＝主营业务收入＋其他业务收入－主营业务成本－其他业务成本＋投资收益＋公允价值变动收益

C. 利润总额＝营业利润＋营业外收入－营业外支出

D. 净利润＝利润总额－所得税费用

4. 下列各项中，不会影响营业利润金额增减的是（　　）。

A. 资产减值损失　　　　　　　B. 管理费用

C. 投资收益　　　　　　　　　D. 营业外支出

5. 下列各项中，不属于利润表项目的是（　　　）。

    A. 营业成本　　　　　　　　　　　B. 其他业务支出

    C. 营业外收入　　　　　　　　　　D. 所得税费用

6. 下列关于编制利润表依据的表述中，正确的是（　　　）。

    A. 资产、负债及所有者权益各账户的本期发生额

    B. 资产、负债及所有者权益各账户的期末余额

    C. 损益类各账户的本期发生额

    D. 损益类各账户的期末余额

7. 某企业"原材料"期末余额 100 000 元，"生产成本"期末余额 60 000 元，"库存商品"期末余额 140 000 元，"存货跌价准备"期末余额 10 000 元。则资产负债表"存货"项目应填列的是（　　　）元。

    A. 310 000　　　　B. 300 000　　　　C. 290 000　　　　D. 270 000

8. 某企业"应收账款"有三个明细分类账，其中"应收账款——甲企业"明细分类账月末借方余额为 100 000 元，"应收账款——乙企业"明细分类账月末借方余额为 400 000 元，"应收账款——丙企业"明细分类账月末贷方余额为 100 000 元；"预收账款"有两个明细分类账，其中"预收账款——丁公司"明细分类账月末借方余额 55 000 元，"预收账款——戊公司"明细分类账月末贷方余额为 20 000 元。

坏账准备月末贷方余额为 3000 元（均与应收账款相关），则该企业月末资产负债表的"应收账款"项目应为（　　　）元。

    A. 552 000　　　　B. 745 000　　　　C. 697 000　　　　D. 717 000

9. 某日，D 公司的负债为 7455 万元、非流动资产合计为 4899 万元、所有者权益合计为 3000 万元，则当日该公司的流动资产合计应当为（　　　）。

    A. 2556 万元　　　B. 4455 万元　　　C. 1899 万元　　　D. 5556 万元

10. 资产负债表中，直接根据总账账户填列的项目有（　　　）。

    A. 交易性金融资产、应收票据、工程物资、短期借款、应付职工薪酬、应交税费、实收资本、盈余公积

    B. 交易性金融资产、应收票据、应收账款、工程物资、短期借款、应付职工薪酬、应交税费、实收资本、盈余公积

    C. 交易性金融资产、应收票据、存货、工程物资、短期借款、应付职工薪酬、应交税费、长期借款、实收资本、盈余公积

    D. 交易性金融资产、应收票据、存货、工程物资、短期借款、应付账款、应交税费、实收资本、盈余公积

三、多项选择题

1. 下列各项，影响企业利润总额的有（　　　　）。

    A. 资产减值损失　　　　　　　　B. 公允价值变动损益

    C. 投资收益　　　　　　　　　　D. 营业外支出

2. 资产负债表中的"货币资金"项目，应根据（　　　　）科目期末余额的合计数填列。

    A. 备用金　　　　　　　　　　　B. 其他货币资金

    C. 银行存款　　　　　　　　　　D. 库存现金

3. 编制资产负债表时，需根据有关总账科目期末余额分析、计算填列的项目有（　　　　）。

    A. 货币资金　　　　　　　　　　B. 预付款项

    C. 存货　　　　　　　　　　　　D. 短期借款

4. 下列各项中，可能影响资产负债表中"应付账款"项目金额的有（　　　　）。

    A. 应收账款　　　　　　　　　　B. 预收账款

    C. 应付账款　　　　　　　　　　D. 预付账款

5. 某企业 2009 年 12 月 31 日固定资产账户余额为 3000 万元，累计折旧账户余额为 900 万元，固定资产减值准备账户余额为 100 万元，则该企业 2009 年 12 月 31 日资产负债表中"固定资产"项目的金额不可能为（　　　　）。

    A. 2000 万元　　　　　　　　　　B. 2900 万元

    C. 2100 万元　　　　　　　　　　D. 2200 万元

6. 下列说法中正确的有（　　　　）。

    A. 财务会计报告包括财务报表和其他应当在财务会计报告中披露的相关信息和资料

    B. 中期财务报告是指以中期为基础编制的财务报告

    C. 中期是指短于一个完整的会计年度的报告期间

    D. 半年度、季度和月度财务会计报告统称为中期财务会计报告

7. 按现行制度规定，企业年度财务报表主要包括（　　　　）和附注。

    A. 资产负债表　　　　　　　　　B. 利润表

    C. 现金流量表　　　　　　　　　D. 所有者权益变动表

8. 借助于资产负债表提供的会计信息，可以帮助管理者（　　　　）。

    A. 分析企业资产的结构及其状况

    B. 分析企业目前与未来需要支付的债务数额

    C. 分析企业的盈利能力

    D. 分析企业的现金流量情况

9. 借助于利润表提供的信息，可以帮助管理者（　　　）。

    A. 分析企业资产的结构及其状况

    B. 分析企业的债务偿还能力

    C. 分析企业的获利能力

    D. 分析企业利润的未来发展趋势

10. 下列各项中，属于影响营业利润计算的有（　　　）。

    A. 营业收入　　　　　　　　　　B. 营业外支出

    C. 营业外收入　　　　　　　　　　D. 投资收益

四、判断题

1. 一套完整的财务报表至少应包括资产负债表、利润表、现金流量表、所有者权益变动表和附注等部分。（　　　）

2. "应收款项"项目应根据"应收账款"总账余额和"坏账准备"总账余额填列。（　　　）

3. 未弥补亏损在资产负债表的"未分配利润"项目内以"—"号填列。（　　　）

4. 利润表中收入类项目大多是根据收入类账户期末结转前借方发生额减去贷方发生额后的差额填列，若差额为负数，以"—"号填列。（　　　）

5. "预收款项"项目应根据"应收账款"和"预收账款"账户所属明细账贷方余额之和填列。（　　　）

6. 资产负债表是总括反映企业特定日期资产、负债和所有者权益情况的静态报表，通过它可以了解企业的资产分布、资金的来源和承担的债务，以及资金的流动性和偿债能力。（　　　）

7. 企业财务计划、会计报表、财务情况说明书等都是企业财务报告的重要组成部分。（　　　）

8. 季度、月度财务会计报告通常仅指财务报表，至少应该包括资产负债表、利润表和现金流量表。（　　　）

9. 会计报表附注是对资产负债表、利润表和现金流量表等报表中未列示项目的补充说明，其目的是更加全面、详细地反映单位财务状况、经营成果和现金流量之外的会计信息。（　　　）

10. 财务会计报告是单位财务会计确认、计量结果的最终体现，属于通用的对外会计报告，其使用者主要是单位内部的有关人员。（　　　）

第 11 章

会计法规体系与会计工作组织

本章学习目标

★ 了解我国会计法规制度体系

★ 了解我国会计机构的组织形式

★ 掌握会计人员的职责、权限和相关的违法处理办法

★ 掌握会计人员需要具备的职业道德

1.1 会计法规体系

无规矩不成方圆，任何一项经济管理活动都应该有相应的规定来进行指导和约束。会计为了保证其核算处理过程中的公正性和合理性，必须制定一套具有指导力和约束力的会计规范体系。会计法规就是国家用来指导和约束会计工作和会计从业人员的会计法律、条例、规则、章程、制度等的总称。它以会计理论为指导基础，将会计核算和管理工作所应遵循的各项原则和方法以法规的形式表达出来，形成企业会计管理活动的准绳，从而达到提高会计人员素养、会计工作效率和企业经济效益的目标。

11.1.1 会计法规体系的构成

为了保证其体系的严密性和完整性，组成会计法规体系的各个部分之间是相互联系、相互作用和相互补充的。我国会计法规体系按各法规之间的法律效力等级不同，主要由会计法律、会计行政法规、会计规章和地方性会计法规四部分构成。

1. 会计法律

会计法律，即《中华人民共和国会计法》（以下简称《会计法》）。《会

法》是会计法律制度中最高级别的法律规范，是制定其他会计法规的依据，也是指导会计工作的最高准则和会计领域的根本大法。《会计法》确立了会计经济活动的基础秩序，为其他经济法律的实施创造了条件，强调了以市场为主体的责任意识。

2. 会计行政法规

会计行政法规是调整经济生活中某些方面会计关系的法律规范，它处于我国会计法规体系的第二层次。会计行政法规由国务院制定发布，或由国务院有关部门拟订经国务院批准发布，制定依据是《会计法》，如 1990 年 12 月 31 日国务院发布的《总会计师条例》；2000 年 6 月 21 日发布的《企业财务会计报告条例》等。

3. 会计规章

会计规章是指由主管全国会计工作的行政部门——财政部就会计工作中某些方面内容所制定的规范性文件。会计规章依据会计法律和会计行政法规制定，如财政部发布的《会计基础工作规范》（以下简称《规范》），财政部与国家档案局联合发布的《会计档案管理办法》等。

4. 地方性会计法规

地方性会计法规属于较低级别的法规。地方性会计法规是指各省、自治区、直辖市人民代表大会及其常务委员会在与会计法律、会计行政法规不相抵触的前提下，根据本地区情况制定、发布的地方性会计法规。例如：2003 年 3 月 1 日施行的《湖南省实施〈中华人民共和国会计法〉办法》等地方性会计法规。

11.1.2 会计法

会计法，是为了调整各种经济活动中的会计关系而制定的规范性法律文件。其定义具有广义和狭义之分。广义的会计法是指国家权力机关和行政机关制定的各种会计法规性文件的总称，包括会计法律、会计行政法规、国家统一的会计制度、地方性会计法规等。狭义的会计法仅是指国家最高权力机关通过一定的立法程序，颁发施行的会计法律。《中华人民共和国会计法》就是狭义的会计法。

会计法规范会计行为，保证了会计资料的真实性和完整性，加强了企业的经济管理和财务管理，维护了社会主义市场经济秩序，提高了企业的经济效益。1985 年全国人大颁布了《中华人民共和国会计法》。1999 年又颁布了修订后的会计法，自 2000 年 7 月 1 日起施行。现行的会计法主要包括以下七部分内容。

1. 总则部分

（1）明确指出会计法的立法目的是规范会计行为，保证会计资料真实、完整，加强经济管理和财务管理，提高经济效益，维护社会主义市场经济秩序。

（2）明确了会计法的适用范围是国家机关、社会团体、公司、企业、事业单位和其他组织。

（3）规定了单位负责人对本单位的会计工作和会计资料的真实性、完整性负责。各单位必须依法设置会计账簿，并保证其真实、完整。

（4）会计工作的管理体制，如总则中规定：国务院财政部门主管全国的会计工作。县级以上地方各级人民政府财政部门管理本行政区域内的会计工作。

（5）国家实行统一的会计制度。国家统一的会计制度由国务院财政部门根据本法制定并公布。

2. 规定了会计核算的内容和要求

会计法的会计核算部分列明了会计核算的内容并提出了相应的要求。如款项和有价证券的收付；财物的收发、增减和使用；债权债务的发生和结算；资本、基金的增减；收入、支出、费用、成本的计算；财务成果的计算和处理等。为了保证会计信息的质量，会计法规定了对填制会计凭证、登记会计账簿、编制财务报表等会计核算全过程的基本要求。这是保证会计信息符合国家宏观经济管理的要求，有利于满足有关各方了解企业财务状况和经营成果的需要，满足企业加强内部经营管理需要的重要条件。

3. 公司、企业会计核算的特别规定

这部分规定主要针对公司和企业会计核算中的特殊性和重要性，强调了公司和企业对会计要素确认、计量、记录的基本要求，以及公司企业会计核算的禁止性规定。

4. 会计监督

会计法中会计监督部分内容旨在建立和完善与新形势要求相适应的三位一体的会计监督体系。三位一体的会计监督体系是指通过建立单位内部会计监督制度进行的单位内部监督；通过注册会计师进行的社会监督和以财政部门为主的国家监督。

5. 会计机构和会计人员

会计法中规定了各单位应该根据自身业务的需要来设置会计机构、会计人员和主管责任人，规定了会计机构内部稽核和内部牵制制度、会计人员业务培训、会计人员工作交接等。不具备设置条件的单位，应委托经批准设立从事会计代理记账业务的中介机构代理记账。

6. 法律责任

任何违法行为都必须付出相应的代价。会计法的法律责任部分规定和明确

了单位领导人、会计人员违反会计法应负的法律责任。其特点是对各种违法行为作了明确具体的界定，便于在实际执行时认定违法行为，并对违法行为给予及时惩处。

7. 附则

这部分主要是其他条款的一些补充说明。

11.1.3　会计基本准则

会计准则是会计人员从事会计工作的规则和指南。财务部在借鉴国际惯例后，于1992年11月颁布我国改革开放后第一个会计准则——《原企业会计准则》。2006年，我国财务部门结合我国经济发展的实际国情和国际财务报告准则，在原会计准则的基础上，修改颁布了新的涵盖各类企业（小企业除外）的《企业会计准则——基本准则》。按其所起的作用，该准则体系由一项基本会计准则和38项具体会计准则组成。2014年财政部正式修订了五项会计准则，新增了三项企业会计准则，发布了一项准则解释，并修改了《企业会计准则——基本准则》中关于公允价值计量的表述，使得我国会计准则体系和内容日趋完善。

会计基本准则类似于美国FASB（美国财务会计委员会）的"财务会计概念公告"，概括了组织会计核算工作的基本前提和基本要求，说明会计核算工作的指导思想和基本依据、主要规则和一般程序。同时会计基本准则也用于指导制定具体准则。具体准则涉及会计核算的具体业务，它必须体现基本准则的要求才能保证各具体准则之间的协调性、严密性及科学性。

《企业会计准则——基本准则》自2007年1月1日起实施，共分为总则、会计信息质量要求、资产、负债、所有者权益、收入、费用、利润、会计计量、财务会计报告、附则十一章五十条。

1. 总则

总则说明了企业会计准则的性质、制定的依据、适用范围、会计工作的前提条件等，规范了会计确认、计量和报告行为。

2. 会计信息质量要求

基本准则列举了可靠性、相关性、可理解性、可比性、实质重于形式、重要性、谨慎性和及时性八项会计信息质量要求，即这些原则是对会计核算的基本要求，是我国会计核算规范化建设的重要内容。

3. 会计要素准则

会计要素准则是指企业在会计核算中对资产、负债、所有者权益、收入、费用、利润等六个会计要素进行确认、计量、记录和报告时应当遵循的基本要求。

4. 关于会计计量的规定

企业在将符合确认条件的会计要素登记入账并列报于会计报表及其附注时，应当按照规定的会计计量属性进行计量，确定其金额。会计计量属性包括历史成本、重置成本、可变现净值、现值、公允价值等。

5. 财务会计报告体系

会计准则对全国范围内的企业会计报表作了统一规定：企业必须编制和对外报送四种主要报表，即资产负债表、利润表、现金流量表和所有者权益变动表。

11.2　会计机构设置

会计机构是企业直接从事和组织领导管理会计工作的职能部门的总称，如财务部（处、科）、会计部、计财部等。设置合理、健全、高效的会计机构是企业进行会计和管理工作的根本保证，是实现企业经济活动总目标的前提条件。

11.2.1　会计机构的设置

一般情况下，各企业都应该设置会计机构。如果企业规模小，业务和人员少，按照《会计法》规定可以不设置会计机构，而直接指派相关会计人员；也可以委托经批准设立从事会计代理业务的中介机构代理记账。

1. 设置会计机构应以会计业务需要为基本前提

《会计法》第二十一条和《规范》第六条都规定，各单位是否单独设置会计机构，由各单位根据自身会计业务的需要自主决定。一般而言，一个单位是否单独设置会计机构，往往取决于下列各因素。

（1）单位规模的大小。一个单位的规模，往往决定了这个单位内部职能部门的设置，也决定了会计机构的设置与否。一般来说，大中型企业和具有一定规模的事业行政单位，以及财务收支数额较大、会计业务较多的社会团体和其他经济组织，都应单独设置会计机构，如会计（或财务）处、部、科、股、组等，以便及时组织本单位各项经济活动和财务收支的核算，实行有效的会计监督。

（2）经济业务和财务收支的繁简。经济业务多、财务收支量大的单位，有必要单独设置会计机构，以保证会计工作的效率和会计信息的质量。

（3）经营管理的要求。有效的经营管理是以信息的及时准确和全面系统为前提的。一个单位在经营管理上的要求越高，对会计信息的需求就越多，对会计信息系统的要求也就越高，因而该单位需要设置会计机构。

2. 不单独设置会计机构的应当配备会计人员

《规范》第六条规定："不具备单独设置会计机构条件的，应当在有关机构中配备专职会计人员。"这是《规范》对设置会计机构问题提出的又一原则性要求。

对于不具备单独设置会计机构的单位，如财务收支数额不大、会计业务比较简单的企业、机关、团体、事业单位和个体工商户等，为了适合这些单位的内部客观需要和组织结构特点，允许其在有关机构中配备专职会计人员。这类机构一般应是单位内部与财务会计工作接近的机构，如计划、统计或经营管理部门，或者是有利于发挥会计职能作用的内部综合部门，如办公室等。只配备专职会计人员的单位也必须具有健全的财务会计制度和严格的财务手续，其专职会计人员的专业职能不能被其他职能所替代。

3. 实行代理记账

《规范》第八条规定："没有设置会计机构和配备会计人员的单位，应当根据《代理记账管理暂行办法》委托会计师事务所或者持有代理记账许可证书的其他代理记账机构进行代理记账。"

代理记账，是指由社会中介机构即会计咨询、服务机构代替独立核算单位办理记账、算账、报账业务。代理记账解决了不具备设置会计机构、配备会计人员的小型经济组织的记账、算账和报账问题。从事代理记账业务的机构，应当至少有三名持有会计从业资格证书的专职从业人员；主管代理记账业务的负责人必须具有会计师以上的专业技术资格；有健全的代理记账业务规范和财务会计管理制度；机构的设立依法经过工商行政管理部门或者其他管理部门核准登记；除会计师事务所外，其他代理记账机构必须持有县级以上财政部门核发的代理记账许可证书。

11.2.2　会计工作的组织形式

组织会计工作是完成会计核算任务，发挥会计管理作用的重要前提和保证。正确组织会计工作，就是要求企业和行政、事业单位设置合理的会计机构，同时会计机构内部应当建立稽核制度。因出纳人员不得兼任稽核、会计档案保管和收入、支出、费用、债权债务账目的登记工作，企业需形成不同的组织形式。独立核算单位的会计工作的组织形式一般分为集中核算和非集中核算两种。

1. 集中核算

集中核算是将企业的主要会计工作都集中在企业会计机构内进行。企业内部的各部门、各单位一般不进行单独核算，只是对所发生的经济业务进行原始记录，办理原始凭证的取得、填制、审核和汇总工作，并定期将这些资料报送企业会计部门进行总分类核算和明细分类核算。实行集中核算，可以减少核算层次，精简会计人员，但是企业各部门和各单位不便于及时利用核算资料进行日常的考核和分析。

2. 非集中核算

非集中核算（分散核算）是企业的内部单位要对本身所发生的经济业务进行比较全面的会计核算。如在工业企业里，车间设置成本明细账，登记本车间发生的生产成本并计算出所完成产品的车间成本，厂部会计部门只根据车间报送的资料进行产品成本的总分类核算；又如在商业企业里，把库存商品的明细核算和某些费用的核算等分散在各业务部门进行，至于会计报表的编制以及不宜分散核算的工作，如物资供销、现金收支、银行存款收支、对外往来结算等，仍由企业会计部门集中办理。实行非集中核算，使企业内部各部门、各单位能够及时了解本部门，本单位的经济活动情况，有利于及时分析、解决问题；但这种组织形式会增加核算手续和核算层次。

11.3 会计人员

会计人员是从事会计工作的专职人员。目前我国会计人员按职权划分，主要可分为总会计师、会计机构负责人、会计主管人员、一般会计；按照专业技术职务来划分，主要分为高级会计师、中级会计师、初级会计师。各企业、单位都应根据实际需求和财力大小，选择配备合适人数的会计人员，这是做好会计工作的重要前提条件。

11.3.1 会计人员的职责与权限

1. 会计人员的职责

判断一个会计人员的职业素养很大程度看其是否能够严守财经纪律，履行会计职责，当好领导的参谋。因此，会计人员的职责，就是及时提供真实可靠的会计信息，认真贯彻执行和维护国家财经制度和财经纪律，积极参与经营管理，努力提高经济效益。

根据会计法的规定，会计人员的主要职责具体有以下五个方面。

（1）进行会计核算。进行会计核算，提供真实可靠的会计信息，是会计人员最基本的职责。会计人员应该以实际发生的经济业务为依据开展记账、算账和报账工作。做到手续完备、内容真实、数字准确、账目清楚、日清月结、按期报账；如实反映财务状况、经营成果和财务收支情况；满足国家宏观经济管理，企业加强内部经营管理和信息使用者获取企业财务状况、经营成果和财务收支情况的需要。

（2）实行会计监督。所谓会计监督是会计机构和会计人员依照相关的法律规定，通过会计手段对经济活动的合法性、合理性和有效性进行监察、督促和落实的过程。会计人员对不真实、不合法的原始凭证，不予受理；对记载不准确、不完整的原始凭证，应予以退回，要求更正补充；发现账簿记录与实物、款项不符的，应当按照有关规定进行处理；无权自行处理的，应当立即向本单位领导人报告，请求查明原因，做出处理；对违反国家统一的财政制度、财务制度规定的收支，不予办理。

（3）拟订本单位办理会计事务的具体办法。国家制定的统一会计法规只对会计工作管理和会计事务处理办法做出一般的规定。各单位要依据国家颁发的会计法规，结合本单位的特点和需要，建立、健全本单位内部使用的会计事项处理办法。

（4）参与拟订经济和业务计划，考核、分析预算、财务计划的执行情况。各单位编制的经济计划或业务计划是指导该单位经济活动或业务活动的主要依据，也是会计人员编制财务计划的重要依据，会计人员参与拟订经济、业务计划，不仅有利于编制切实可行的财务计划，而且可以发挥会计人员联系面广泛、经济信息灵通的优势，在拟订经济、业务计划方面起到参谋作用。另外，会计人员通过会计核算和会计监督，可以考核、检查各项收支预算或财务计划的执行情况，提出进一步改善经营管理、提高经济效益的建议和措施。

（5）办理其他会计事务。发展经济离不开会计。经济越发展，社会分工越细，生产力水平越高，人们对经济管理的要求也就越高，作为经济管理的重要组成部分的会计也就越重要，会计事务也必然日趋丰富多样。

2. 会计人员的权限

在会计工作中，为了保障会计人员能切实履行《会计法》赋予的职责，《会计法》同样给予了他们相应及必要的权限。归纳起来主要有以下五点。

（1）审核原始凭证。会计人员按照国家统一的会计制度对原始凭证进行审核时，应针对三种情况进行处理：①如发现不真实、不合法的原始凭证，有权不予受理，并向单位负责人报告；②如发现弄虚作假、严重违法的原始凭证，有权不予受理，同时，应当予以扣留，并及时向单位领导人报告，请求查明原因，追究当事人的责任；③如发现记载不准确、不完整的原始凭证，有权予以退回，并要求按照国家统一的会计制度的规定更正、补充。

（2）处理账实不符。会计人员如发现会计账簿记录与实物、款项及有关资料不相符的，按照国家统一的会计制度的规定有权自行处理的，应当及时处理；无权自行处理的，应当立即向单位负责人报告，请求查明原因，做出处理。

（3）处理违法收支。会计人员对违法的收支，有权不予办理，并予以制止和纠正；制止和纠正无效的，有权向单位领导提出书面意见，要求处理。对严重违法损害国家和社会公众利益的收支，会计人员有权向主管单位或者财政、审计、税务机关报告。

（4）处理造假行为。会计人员对伪造、变造、故意毁灭会计账簿或账外设账的行为，对指使、强令编造、篡改财务报告的行为，有权予以制止和纠正；制止和纠正无效的，有权向上级主管单位报告，请求做出处理。

（5）监督预算计划。会计人员有权要求本单位有关部门、人员认真执行本单位制订的计划和预算。有关部门和人员也要如实反映情况。

11.3.2　会计机构负责人的任职资格

1. 会计机构负责人的概念

会计机构负责人又被称为会计主管人员，是指在一个单位内具体负责会计工作的中层领导人员。一般是单独设置会计机构的单位所配备的会计机构的主管。在单位负责人的领导下，会计机构负责人负有组织、管理本单位所有会计工作的责任，其工作水平的高低、质量的好坏，直接关系到整个单位会计工作的水平和质量。

2. 会计机构负责人的任职资格

担任单位会计机构负责人，除取得会计从业资格证书外，还应当具备会计师以上专业技术职务资格或者从事会计工作三年以上经历。会计机构负责人（会计主管人员）的任职资格和条件应根据各单位经济性质和经营规模具体掌握。不同规模的单位对会计机构负责人的要求是不一样的，所具备的人才基础也不一样。如大型国有企业，其会计机构负责人可能需要具备高级会计师资格；而小规模私营企业只需要熟悉会计业务的人就可以担任会计机构负责人。

11.3.3　会计人员继续教育

会计人员继续教育是指取得会计从业资格的人员持续接受一定形式的、有组织的理论知识、专业技能和职业道德的教育和培训活动，优化知识结构，不断提高和保持其专业胜任能力和职业道德水平。

会计人员继续教育的内容主要包括四个方面。

（1）政策法规继续教育。重点加强会计法规制度及其他相关法规制度的培训、提高会计人员依法理财的能力。

（2）会计理论继续教育。重点加强会计基础理论和应用理论的培训，提高会计人员用理论指导实践的能力。

（3）业务知识培训和技能训练。重点加强履行岗位职责所必备的专业知识和经营管理、内部控制、信息化等方面的培训，提高会计人员的实际能力和业务技能。

（4）职业道德继续教育。重点加强会计职业道德的培训，提高会计人员职业道德水平。会计人员继续教育的形式以接受培训为主，在职自学是会计人员继续教育的重要补充，会计人员应当接受继续教育，每年接受培训（面授）的时间累计不得少于24小时。

11.3.4　会计人员工作交接

所谓会计人员的工作交接，是指会计人员调动或者离职时，就其所承担的各项工作、所持有的各项会计数据资料，按照规定转交给接替其工作的其他会计人员，并明确各自责任的一种工作程序。这是会计工作的一项重要制度，也是会计基础工作的重要内容。《会计法》规定：会计人员调动工作或者离职，必须与接管人员办清交接手续。

1. 交接的范围

根据有关规定，会计人员发生下列情况之一者，必须将本人所经管的会计工作全部移交给接替人员，手续未办清前不得离职：

（1）工作调动；

（2）因病不能工作超过3个月；

（3）因故临时离职超过3个月；

（4）撤销会计职务；

（5）单位撤销（向上级主管部门移交）；

（6）单位合并（被合并单位向合并单位办理交接手续）；

（7）单位分立（被分立单位向分立单位办理交接手续）。

2. 交接的程序

（1）交接前的准备工作。

交接前的准备工作如下。

① 已经受理的经济业务尚未填制会计凭证的应当填制完毕。

② 尚未登记的账目应当登记完毕，结出余额，并在最后一笔余额后加盖经办人印章。

③ 整理好应该移交的各项资料，对未了事项和遗留问题要出具书面说明材料。

④ 编制移交清册，列明应该移交的会计凭证、会计账簿、财务会计报告、公章、现金、有价证券等内容。

⑤ 会计机构负责人（会计主管人员）移交时，应将财务会计工作、重大财

务收支问题和会计人员的情况等向接替人员介绍清楚。

（2）按照移交清册逐项移交。移交人员离职前，必须将本人经管的会计工作，在规定的期限内全部向接管人员移交清楚。接管人员应认真按照移交清册逐项点收。其具体要求如下。

① 现金要根据会计账簿记录余额进行当面点交，不得短缺，接管人员发现不一致或"白条抵库"现象时，移交人员在规定期限内负责查清处理。

② 有价证券的数量要与会计账簿记录一致，有价证券如债券、国库券等面额与发行价格可能不一致，按照会计账簿余额进行交接。

③ 会计凭证、会计账簿、财务会计报告和其他会计资料必须完整无缺，不得遗漏。如有短缺，必须查清原因，并在移交清册中加以说明，由移交人负责。

④ 银行存款账户余额要与银行对账单核对相符，如有未达账项，应编制银行存款余额调节表调节相符；各种财产物资和债权债务的明细账户余额要与总账有关的余额核对相符；对重要实物要实地盘点；对余额较大的往来账户要与往来单位、个人核对。

⑤ 公章、收据、空白支票、发票、科目印章以及其他物品等必须交接清楚。

⑥ 实行会计电算化的单位，交接双方应在电子计算机上对有关数据进行实际操作，确认有关数字正确无误后，方可交接。

（3）专人负责监交。为了明确责任，会计人员办理工作交接时，必须有专人负责监交。通过监交，保证双方都按照国家有关规定认真办理交接手续，防止流于形式，保证会计工作不因人员变动而受影响；保证交接双方处在平等的法律地位上享有权利和承担义务。

① 一般会计人员办理交接手续，由会计机构负责人（会计主管人员）监交。

② 会计机构负责人（会计主管人员）办理交接手续，由单位负责人监交，必要时主管单位可以派人会同监交。

（4）交接后的有关事宜。

交接后的有关事宜如下。

① 会计工作交接完毕后，由交接双方和监交人在移交清册上签名或盖章。

② 接管人员应继续使用移交前的账簿，不得擅自另立账簿，以保证会计记录前后衔接，内容完整。

③ 移交清册一般应填制一式三份。交接双方各执一份，存档一份。

3. 交接人员的责任

交接工作完成后，移交人员所移交的会计凭证、会计账簿、财务会计报告和其他会计资料是在其经办会计工作期间内发生的，应当对这些会计资料的真实性、完整性负责，即便接替人员在交接时因疏忽没有发现所接会计资料在真实性、完整性方面的问题，如事后发现仍应由原移交人负责，原移交人员不应以会计资料已移交为由而推脱责任。

11.3.5 会计人员的法律责任

会计法律责任就是指违反会计法律规范所应承担的法律后果。它是会计行为主体必须严守的底线，是法制与道德规范内在联系性的统一体。任何违法行为都应付出相应的代价。

1. 不依法设置会计账簿等会计违法行为

根据《会计法》规定，以下几种情况都属于应该承担法律责任的违法行为。

① 不依法设置会计账簿的。

② 私设会计账簿的。

③ 未按照规定填制、取得原始凭证或者填制、取得的原始凭证不符合规定的。

④ 以未经审核的会计凭证为依据登记会计账簿或者登记会计账簿不符合规定的。

⑤ 随意变更会计处理方法的。

⑥ 向不同的会计资料使用者提供的财务会计报告编制依据不一致的。

⑦ 未按照规定使用会计记录文字或者记账本位币的。

⑧ 未按照规定保管会计资料，致使会计资料毁损、灭失的。

⑨ 未按照规定建立并实施单位内部会计监督制度，或者拒绝依法实施的监督，或者不如实提供有关会计资料及有关情况的。

⑩ 任用会计人员不符合《会计法》规定的。

此外，违反上述会计制度规定的会计人员也应承担法律责任。《会计法》第四十二条规定：会计人员如有上述行为之一的，由县级以上人民政府财政部门责令限期改正，可以对单位并处三千元以上五万元以下的罚款；对其直接负责的主管人员和其他直接责任人员，可以处二千元以上二万元以下的罚款，属于国家工作人员的，视情节轻重，还应当由其所在单位或者其上级单位或者行政监察部门给予行政处分；情节严重的，由县级以上人民政府财政部门吊销会计从业资格证书。如构成犯罪的，还需要依法追究刑事责任。

2. 其他会计违法行为的法律责任

（1）伪造、变造会计凭证、会计账簿，编制虚假财务会计报告行为。

① 伪造会计凭证等行为是以虚假的经济业务或资金往来填制不实凭证或其他会计资料的行为。

② 变造会计凭证等行为是采取涂改、挖补等手段改变会计凭证或其他会计资料的真实内容，歪曲事实真相的行为。

根据《会计法》第四十三条规定，对于伪造、变造会计凭证、会计账簿，编制虚假财务会计报告行为，构成犯罪的，依法追究刑事责任；不构成犯罪的，由县级以上人民政府财政部门予以通报，可以对单位并处五千元以上十万元以下的罚款，对其直接负责的主管人员和其他直接责任人员，可以处三千元以上五万元以下的罚款，属于国家工作人员，应当由其所在单位、其上级单位或者有关单位给予撤职直至开除的行政处分；对其中的会计人员，由县级以上人民政府财政部门吊销会计从业资格证书。

（2）隐匿或故意销毁依法应保存的会计凭证、会计账簿和财务会计报告行为。根据《会计法》第四十四条规定：对隐匿或者故意销毁依法应当保存的会计凭证、会计账簿、财务会计报告，构成犯罪的，依法追究刑事责任；未构成犯罪的，由县级以上人民政府财政部门予以通报，可以对单位并处五千元以上十万元以下的罚款，对其直接负责的主管人员和其他直接责任人员，可以处三千元以上五万元以下的罚款，属于国家工作人员，应当由其所在单位、其上级单位或者有关单位给予撤职直至开除的行政处分；对其中的会计人员，由县级以上人民政府财政部门吊销会计从业资格证书。

（3）授意、指使、强令会计机构、会计人员及其他人员伪造、变造会计凭证、会计账簿，编制虚假财务会计报告行为。

授意、指使、强令会计机构、会计人员及其他人员伪造、变造会计凭证、会计账簿，编制虚假财务会计报告构成犯罪的，依法追究刑事责任；不构成犯罪的，由县级以上人民政府财政部门可以视违法行为的情节轻重，对违法行为人处以五千元以上五万元以下的罚款，属于国家工作人员，还应当由其所在单位或者有关单位给予降级、撤职或者开除的行政处分。

企业应当不断强化会计人员的会计法律责任意识，完善会计相关法律责任制度，以确保会计工作高效、有序地完成。

11.4 会计职业道德

随着我国社会的发展，商业道德和职业道德问题越来越成为社会舆论关注的焦点。要建立健康有序的市场经济，必须遵循职业道德，具有职业诚信。一个缺乏职业道德的社会和企业，经济活动运行成本会极其高昂，甚至根本无法运行。而在企业会计工作中，会计核算规范与会计职业道德之间如鸟之双翅，相辅相成，缺一不可。

会计职业道德就是社会道德规范在会计工作中的具体化表现，是调整会计人员与国家、会计人员与不同利益主体之间、会计人员相互之间的社会关系及社会道德规范的总和。它应该扎根于会计从业者的思想意识和社会关系之中，形成会计人员的自律习惯。《会计法》第三十九条规定："会计人员应当遵守职业道德，提高业务素质。"它既是会计工作要遵守的行为规范和行为准则，也是衡量一个会计工作者工作好坏的标准。

11.4.1　建立会计人员职业道德规范的意义

1．加强会计职业道德建设，能有效地提高会计人员的职业道德水平

社会的进步和发展，对会计职业者的职业道德要求越来越高。会计人员必须遵守《会计法》所规定的各项制度，这是强制的、无条件的，同时自觉履行会计职业道德原则。会计人员要培养高尚的品德，不仅需要努力认真地学习专业文化知识，提高对现代会计的认识，而且要自觉反省自己，以正确的会计职业道德观念战胜错误的会计职业道德观念。一个好的会计职业道德行为反复地进行就能形成在会计管理工作中习惯性的行为方式，也就形成了良好的会计职业道德品质。

2．加强会计职业道德建设，是培养高素质人才的重要措施

会计人员俗称"账房先生"，但这只是表面现象，一个高素质的会计人员必须具备德、能、勤、廉、公、俭六个方面的素质。要及时了解并熟悉国家制定的各项财务法规、方针、政策，严格贯彻执行和遵守经济法、会计法、证券法、税法、审计法等相关法律制度，强化法律意识，提高自身修养。还应掌握时事政策知识、财政税务知识、企业管理知识、计算机操作知识等相关知识。高素质的会计人员应当具有实事求是、艰苦朴素、大公无私、平易近人、以诚相待的作风。

3．加强会计职业道德建设，有利于反腐倡廉，进而有助于形成全社会的清正廉洁之风

现实生活中，有诸多的贪污、行贿受贿、大吃大喝、铺张浪费，都与会计人员屈从压力、不坚持原则有很大关系。消除腐败和其他社会不正之风，有赖于各种制度的逐渐健全和完善。会计人员必须坚持原则，用《会计法》来保护自己的正当权益，同时，必须用会计职业道德规范来武装自己的头脑，使之能用会计职业道德规范指导自己的行为，逐渐形成会计职业道德责任心和荣誉感，正确使用自己的会计权力，忠实地履行自己的会计义务。

11.4.2　会计人员职业道德规范的内容

根据我国目前会计工作、会计人员的实际情况，结合《公民道德建设实施纲要》和国际上会计职业道德的一般要求，我国会计职业道德规范主要包含以

下八项：爱岗敬业、诚实守信、廉洁自律、客观公正、坚持准则、提高技能、参与管理和强化服务。

1. 爱岗敬业

爱岗敬业就是要求会计人员热爱本职工作，安心本职岗位，并为做好本职工作锲而不舍、尽职尽责。俗话说"三百六十行，行行出状元"，会计人员只有以爱岗敬业为出发点，才会以恭敬严肃的态度认真对待自己的职业，努力钻研业务技术，从而将身心与职业工作融为一体。

由于会计工作的性质和任务，一些会计人员需要长年累月、周而复始地进行算账、报账、报表等事务工作；天天与数字打交道，工作细致而繁琐，如果不耐劳尽责，缺乏职业责任感，就会觉得工作枯燥、单调甚至讨厌，不但谈不上精通会计业务，更谈不上热爱会计工作，也就搞不好会计工作。爱岗敬业要求会计人员应有强烈的事业心、进取心和过硬的基本功，这是会计人员应该遵循的最起码的职业道德。

2. 诚实守信

诚实守信是做人的基本准则，是公民道德规范的主要内容。诚实是指言行与内心思想一致，不弄虚作假、不欺上瞒下，做老实人、说老实话、办老实事；守信就是遵守自己的承诺，保守秘密，不为利益所惑，职业谨慎，信誉至上。正如我国著名会计学家潘序伦先生终身所倡导的："信以立志、信以守身、信以处事、信以待人，毋忘立信，当必有成。"朱镕基同志也曾为北京国家会计学院题词："诚信为本，操守为重，坚持准则，不做假账。"可见，做人要讲诚信，社会需要诚信，会计职业更要讲诚信，诚实守信是会计职业活动和职业道德的精髓。

3. 廉洁自律

廉洁要求会计人员经得起金钱和权利的考验，不收受贿赂，不贪污钱财，不挪用公款，坚持原则办事，保持清白。自律是指会计人员依靠科学的价值观和正确的人生观自我约束、自我控制、自觉地抵制自己的不良欲望。廉洁和自律是相辅相成、缺一不可的。廉洁是自律的基础，自律是廉洁的保证。廉洁自律是会计职业道德的前提，这既是会计职业道德的内在要求，也是会计职业声誉的"试金石"。企业会计活动牵涉国家、投资人、债权人等多方面的经济利益。如果会计人员职业道德观念不强，自律意志薄弱，其职业活动必然损害或影响他人利益；同时会计人员也被金钱或权利所蛊惑，踏入法律的禁区。

4. 客观公正

客观就是不掺杂个人自身的主观意愿，也不为他人意见所左右，如实反映事物的本来面目。公正就是公平正直，没有偏私，不偏不倚，但不是中庸。客观是公正的基础，公正是客观的反映。会计工作中，客观公正要求会计人员对会计业务的处理，对会计政策和会计方法的选择，以及对财务会计报告的编制和披露必须独立进行职业判断，做到客观、公平、理智、诚实。这样才能保证会计工作的正常进行。

5．坚持准则

坚持准则，要求会计人员在处理业务过程中，严格按照会计法律制度办事，不为主观或他人意志所左右。会计人员在进行核算和监督过程中，应坚持以会计准则为指导，以法律法规为准绳，在发生道德冲突时，正确处理各方面的经济利益关系。准则涵盖的内容广泛，既包括会计准则，还包括会计法律、国家统一的会计制度以及与会计工作相关的法律制度。

6．提高技能

提高技能，要求会计人员通过学习、培训和实践等途径，持续提高会计职业技能，以达到和维持足够的专业胜任能力的活动。提高技能，要求会计人员树立不断提高职业技能和专业胜任能力的意识，不断更新自身的职业知识，才能适应多变的工作需要，使自己立于不败之地。会计职业技能包括会计理论水平、会计实务能力、职业判断能力、沟通交流能力以及职业经验等。

7．参与管理

参与管理，简单地说，就是间接参加管理活动，为管理者当参谋，为企业管理活动服务。虽然会计人员不直接从事管理活动，但应当摒弃会计工作无非是记记账、算算账，公司生产经营决策是领导的事，没有必要参与，也没有必要过问的消极思想。会计人员要树立参与企业管理的意识，在做好本职工作的同时，努力钻研相关业务，全面熟悉本单位经营活动和业务流程，主动向上级领导反映企业经营活动问题，提出合理建议，并协助领导做出决策。

8．强化服务

强化服务，是要求会计人员具有文明的服务态度，强烈的服务意识和优良的服务质量。会计人员服务的态度直接关系到会计行业的声誉和全行业运作的效率，会计人员服务态度好、严格执法、服务周到就能提高会计职业的信誉，增强会计职业的生命力，反之，就会影响会计职业的声誉，甚至直接影响到全行业的生存和发展。

思考练习题

一、思考题

1. 财政部门在对某企业的检查中发现下列情况：

（1）为粉饰财务报表，单位负责人张某授意会计人员李某虚构交易事项，编造虚假会计凭证，虚增利润100万元。

（2）单位负责人张某授意会计人员王某变更固定资产折旧政策以虚增利润，王某坚持原则，予以抵制后张某将其解聘；

（3）为掩盖违法行为，张某授意会计机构负责人刘某将以前年度的虚假会计资料予以销毁。

上述各事项中，有哪些违反《会计法》规定？

2. 李嘉16岁在茶馆里当烫茶的跑堂。茶楼天不亮就要开门，到午夜还不能休息，小李也抱怨过自己命不好。随后，李嘉辞掉跑堂的工作，从塑胶厂推销员开始，一直干到了业务经理。在这期间，别人做8小时，李嘉就做16小时。公司内的推销员共有7个，都是年龄大过他而且经验丰富的推销员。由于勤奋，他的推销业绩是除他之外第一名的7倍。所以当他18岁的时候就做了部门经理，两年后，又被提升为总经理。

这个案例反映了哪一项职业道德内容？

二、单选题

1. 在我国的会计法律制度中，（   ）是制定其他会计法规的依据，是最高层次的法律规范。

    A. 会计部门规章   B. 中华人民共和国会计法

    C. 会计行政法规   D. 会计规范性文件

2. 因财务收支数额不大，会计核算业务比较简单，不设置财务会计机构，而在有关机构中设置会计人员的单位，单位负责人应当（   ）。

    A. 任命或聘请会计机构负责人 B. 指定会计主管人员

    C. 兼任该机构的负责人   D. 指定会计人员

3. 担任单位会计机构负责人的条件。除取得会计从业资格证外，还应具备会计师以上专业技术资格或从事会计工作（   ）年以上经历。

    A. 3   B. 5   C. 8   D. 10

4. 《企业财务会计报告条例》属于（   ）。

    A. 会计法律   B. 会计行政法规

    C. 会计规章   D. 会计规范性文件

5. 一般会计人员办理会计工作交接时，负责监交的是（   ）。

    A. 其他会计人员   B. 会计机构负责人

    C. 单位负责人   D. 人事负责人

6. 根据《中华人民共和国会计法》的规定，对不依法设置会计账簿的单位，县级以上人民政府财政部门责令限期改正，并可以处（   ）。

A. 二千元以上五万元以下的罚款

B. 三千元以上五万元以下的罚款

C. 四千元以上五万元以下的罚款

D. 五千元以上五万元以下的罚款

7. 某电子公司会计张某的丈夫在一家私有电子企业任总经理，张某将在工作中接触到的公司新产品研发计划及相关的会计资料复印件提供给其丈夫，给公司带来一定的损失。张某的行为违反了（　　　）会计职业道德。

A. 爱岗敬业、参与管理、坚持准则

B. 诚实守信、廉洁自律

C. 客观公正、提高技能

D. 强化服务、坚持准则

8. "理万金分文不沾""常在河边走，就是不湿鞋"，这两句话体现的会计职业道德是（　　　）。

A. 参与管理   B. 廉洁自律

C. 提高技能   D. 强化服务

9. （　　　）是指从业人员在办理事情处理问题时，要站在公正的立场上，按照同一标准和同一原则办事的职业道德规范。

A. 爱岗敬业   B. 诚实守信

C. 办事公道   D. 服务群众

10. 对单位财务会计报告的真实性、完整性承担法律责任的主体是（　　　）。

A. 单位负责人   B. 单位会计机构负责人

C. 单位总会计师   D. 财务会计报告的编制人员

三、多选题

1. 某些会计人员在讨论会计职业道德和会计法律制度两者的关系时提出的下列观点中正确的有（　　　）。

A. 两者在实施过程中相互作用，相互补充

B. 会计法律制度是会计职业道德的最低要求

C. 违反会计法律制度一定违反会计职业道德

D. 违反会计职业道德也一定违反会计法律制度

2. 下列各项中，属于会计人员必须将本人所经管的会计工作全部移交给接替人员、没办清手续不得离职的情况包括（　　　）。

A. 因病或因故不能工作超过 3 个月

B. 单位撤销、合并或分立

C. 撤销会计职务

D. 休假探亲

3. 各单位应依据（　　）设置会计机构。

　　A. 单位规模的大小　　　　　　B. 经济业务和财务收支的繁简

　　C. 经营管理的要求　　　　　　D. 领导的意图

4. 下列关于会计职业道德"廉洁自律"的表述正确的有（　　）。

　　A. 自律的核心是自觉的抵制自己的不良欲望

　　B. 廉洁自律是会计职业道德的内在要求

　　C. 只有自身廉洁自律，才能抵制他人的不法行为

　　D. 不能做到廉洁自律，也就很难做到客观公正和坚持准则

5. 会计人员交接前的准备工作包括（　　）。

　　A. 移交　　　　　　　　　　　B. 监交

　　C. 清理资料、公物　　　　　　D. 编制移交清册

四、判断题

1. 坚持准则是指会计人员在处理业务过程中，要严格按照会计法律制度办事，不为主观意志左右。（　　）

2. 会计人员办理工作交接后，移交人员对自己移交的会计资料的合法性、真实性不再承担法律责任。（　　）

3. 会计机构、会计人员发现会计账簿记录与实物、款项及有关资料不相符的，应当立即向单位负责人报告，请求查明原因，做出处理。（　　）

4. 出纳人员不得兼任稽核、会计档案保管和收入、支出、费用、债权债务账目的登记工作。（　　）

5. 会计人员只有正确地认识会计本质，明确会计在经济管理工作中的地位和重要性，树立职业荣誉感，才有可能爱岗敬业，这是做到爱岗敬业的前提，也是首要要求。（　　）

6. 会计人员交接后，接替人员应另立新账，不得使用原来的账簿。（　　）

7. 我国的会计法律制度由会计法律、会计行政法规、地方性会计法规构成。（　　）

8. 代理记账就是企业委托有会计资格证书的人员进行的记账行为。（　　）

9. 会计人员临时离职或者因病暂时不能工作的，也应当按照规定程序办理会计交接手续。（　　）

10. 私设会计账簿，可以对单位处三千元以上五万元以下罚款。（　　）

第 12 章

会计电算化

本章学习目标
- ★ 了解会计电算化的概念和影响
- ★ 掌握会计电算化体系的构成要素
- ★ 理解会计应用软件的几大功能模块
- ★ 了解国内外常用的会计应用软件
- ★ 理解会计软件的运行环境需求及其影响

12.1　会计电算化概述

　　会计产生于社会实践的进步和发展，其核心工作是对会计数据信息进行处理。在人类历史上，会计数据处理技术的发展经历过三个不同的阶段，手工处理阶段、机械化处理阶段以及电算化处理阶段，每个发展阶段都使用不同的会计工具。手工处理阶段主要以纸、笔、算盘为工具；机械化处理阶段主要以会计专用机械为工具；而会计电算化则是将电子计算机技术与现代会计相结合的产物。

　　随着第一台电子计算机 ENIAC 于 1946 年在美国诞生，电子计算机为会计工具、会计的变革、会计数据处理技术的发展开辟了广阔的道路。

12.1.1　会计电算化的概念

　　在会计工作中，会计电算化就是指以计算机为载体，将当代电子技术和信息技术应用到会计实务操作中，开展会计核算并与其他经营活动相结合。会计电算化是指实现会计信息化的所有工作，包括会计信息系统的开发及应用、会计电算化人才的培养、会计电算化制度的建立和完善等。会计电算化是会计进入信息化的基础，是现代企业决策的重要依据，是会计体制改革的重大突破。

会计电算化的概念应从两个方面来理解。一方面，会计电算化是一个全球化、社会化的概念，即会计计算机信息技术的应用应该涉及和服务于所有会计单位的会计核算，并且不同会计单位之间能够通过会计电算化形成紧密网状式的联系。但在实际工作中，只有部分会计单位在会计核算或会计管理时实现了会计电算化，部分仍处于传统的会计核算处理手段中；另一方面，会计电算化是一个不断更新和发展的概念。目前，会计电算化正从简单的会计核算系统向综合的管理信息系统转变，在经济管理领域中处于应用电子计算机的领先地位，正起着带动经济管理等领域逐步走向现代化的作用，更好地为加强企业的经营管理、提高经济效益服务。

因此，会计电算化的概念可精确表述为：会计电算化是以货币为主要计量单位，借助现代电子与信息技术，运用一定的技术方法，对企业的各种会计信息精确地存储和保存，这些会计信息经过计算机分类、加工和筛选，形成了有用的会计数据，从而对各单位的经济活动进行全面、连续、系统、综合地反映和监督的一项管理活动。会计电算化作为一门融会计学、管理学、计算机技术、信息技术、网络通信技术为一体的交叉学科，已成为会计学的一个极其重要的新兴分支。

12.1.2　会计电算化的影响

会计电算化是会计发展史上的一次重大革命，随着会计理论和信息技术的不断发展，会计电算化的实施和应用越来越受到企业的重视，实现会计电算化对中小企业自身的成长和国家经济的发展有着重要作用。会计电算化的影响主要有以下四个方面。

1.　减轻劳动强度，提高工作效率

会计电算化极大地弥补了传统手工会计中，会计数据处理的效率低、错误多、工作量大的问题。计算机可以把按照一定格式输入的会计信息数据自动、高速、准确地进行校验、加工、传递、存储、检索和输出工作。

2.　能够及时准确地提供会计信息

大量的会计信息分类存储在计算机里，不但能随着信息使用者的需要及时、准确地输出，也可以按不同时间段的需求进行烦琐地核算和分析。并且随着互联网的发展，会计信息系统中的数据可以迅速传递到企业的任何管理部门，企业经营管理者能随时掌控企业经济活动的最新进程，发现问题并采取相应措施。

3. 提高会计人员素质，改变会计人员的工作职能

会计电算化减轻了会计人员的工作强度，将会计人员从繁重的传统手工作业中解脱出来，使会计人员的分工更为标准化、制度化和规范化。另外，原有会计人员一方面有更多时间学习各种经营管理知识，参与企业管理；另一方面，还可以通过学习掌握电子计算机的有关知识，更新知识结构，提高素质。

4. 推进会计管理制度的改革，促进企业管理向现代化发展

会计电算化的实施，对会计核算的内容、方法、程序、对象等会计理论和技术产生影响，如会计凭证的产生方式和存储方式的变化导致会计凭证概念的变更等，不断影响推荐会计管理理论的研究和发展，在现代社会中，企业不仅需要提高生产技术水平，而且还需要实现企业管理的现代化，以提高企业经济效益，使企业在国内外的竞争中立于不败之地。会计电算化为企业管理手段现代化在技术上奠定了重要基础，进而带动和加速企业管理现代化的实现。

12.2 会计电算化系统的建立

会计电算化系统是一个用来处理会计业务和数据，为企业内、外部信息使用者提供财务和有关决策所用信息的人机系统。现代会计电算化系统的建立不仅是对传统手工会计处理的衍生和发展，也是对整个企业经济管理流程的梳理和重组，是会计发展理念的全面革新。一个完整的会计电算化系统需要包含计算机硬件、计算机软件、电算化管理制度和财会人员以及有关的计算机人员等全部的构成要素，并且这些要素之间是相互关联和影响的。

12.2.1 计算机硬件配置

计算机硬件设备是会计电算化的基石，计算机硬件设备选择的好坏直接影响到今后会计电算化工作的质量和效率。合理配置硬件设备才能保证企业以最少的人、财、物耗费来最有效地完成系统功能。硬件是指计算机设备及外部设备。计算机是会计电算化系统硬件中最关键的部分，计算机的基本配置是显示器、键盘和主机。在选择计算机时既要考虑能充分满足所选会计软件的要求，也要考虑到随时满足会计电算化系统升级的要求。除计算机外，会计电算化系统要选配的其他硬件包括打印机、不间断电源、网络设备、电源设备等。

硬件配置的选择主要依据硬件的构成模式。计算机硬件设备一般有单机结构、多用户结构、网络结构等多种构成模式。

1. 单机结构

单机结构是指整个系统只有一台计算机和相应的外部设备组成，单机结构同一个时段只能有一个会计人员使用，属于单用户任务工作方式。其优点是价格低、操作简便，但数据输入和输出速度慢、效率低。单机结构一般适用于会计电算化应用初期，经济和技术力量比较薄弱的小单位。其所用的计算机多为微型计算机。

2. 多用户结构

多用户结构是指整个系统配置一台主机但能通过通信线路连接多个终端。这样多个用户就能同时在不同的终端上分散输入数据，再由主机统一集中处理后，返回到各自的终端用户。多用户结构输入速度快对于整个系统的利用效率有着很大的提高。但由于所有数据在主机数据库进行集中处理，其功能的实现很大程度依赖于主机的工作状态，这就意味着主机一旦出现故障则整个系统工作都会受到极大的影响。多用户系统主要适用于会计业务量大且分布比较集中，同时有完善计算机维护管理能力的企业。

3. 网络结构

网络结构又称为微机局域网络结构，是将分散在不同区域独立运行的计算机通过通信设备和线路连接起来，同时由功能完善的网络软件实现各种资源共享，从而组成一个功能更强的计算机网络系统。网络结构能够允许多个用户独立进行数据输入和处理，同时数据处理输出速度快，具有实时性。但由于其网络之间的相通性、安全性无法保证，工作站易被病毒感染。

12.2.2 计算机软件配置

软件通常是指在计算机硬件上运行的用以控制和管理计算机完成各项工作的各种程序以及各种文档资料。会计电算化信息管理系统的软件根据用途和性能的不同可分为系统软件和应用软件两大类。

1. 系统软件的配置

系统软件是为会计软件的使用和为编制人员提供优良的工作运行环境的一组程序。系统软件主要包括操作系统、语言处理系统、支撑服务系统和数据库管理系统。合理选择系统软件是会计软件正确运行的保证。我国目前会计软件用户较多采用 Windows 环境为主的操作系统软件；在数据库管理系统选择上，FoxBase、Paradox、FoxPro、Access 等小型的桌面数据库一般被单机用户所采用；而网络用户一般选用 Sybase、Oracle、SQL Server、Informix 等 SQL 数据库系统。

2. 应用软件的配置

应用软件是为了解决某些具体的、实际的问题而开发的各种程序的总称。应用软件一般针对解决一项具体的工作或一个实际问题而编制。会计软件就是一种专门应用于完成会计工作的应用软件。关于会计应用软件的选择我们会在12.3节中做具体的阐述。

12.2.3 人员配备

要建立完善、高效的会计电算化信息系统，人员是关键。会计电算化人员的素质直接关系到会计电算化系统实施的成败。在配备会计电算化人员时，应遵循以下几个法则。

1. 合理设置会计电算化岗位，明确岗位工作职责

不同的企业规模和管理层级对于会计电算化的岗位需求也不一样。据会计电算化工作的特点，企业实现会计电算化后，应由传统的以总账报表岗位为中心，转变为以系统管理员岗位为核心的岗位架构。因此，一般会计电算化工作岗位必须保留会计基本岗位，同时新增会计电算化岗位。

会计基本岗位从业务范围和管理制度来说，与手工会计岗位基本一致，没有出纳、会计主管、会计核算、会计档案管理等岗位。其工作的方法因为引入计算机会有所调整。

而会计电算化岗位则更偏重于对于计算机软件和硬件系统的设计、管理、操作和维护。具体来说，会计电算化应设立的会计工作岗位包括系统设计和维护员、系统管理员、系统操作员、数据审核员。

（1）系统设计和维护员。不同企业，由于性质和规模不同，对于会计软件的操作和使用要求也不相同。所以部分单位需要设立系统设计和维护员岗位来根据会计制度和核算要求自行开发软件，并保证其正常运行的操作处理。对于不需要自行开发软件的单位，可以只设置系统维护员岗位，负责保证计算机硬件、软件的正常运行和数据即可；但注意系统设计员和维护员不对实际会计数据进行操作，这是为了保证岗位的独立性原则。

（2）系统管理员。系统管理员也被称为电算化的主管，承担着协调计算机硬件和软件系统的建立与运行以及财务数据系统安全等工作职责。同时作为电算化系统的整体掌控者，需要根据企业经营管理情况，对计算机内的会计数据进行全面系统的分析，从而为管理决策提供有用信息。因为责任的重要性，此岗位一般由会计主管兼任。

（3）系统操作员。系统操作员负责软件系统的操作和对会计数据进行及时迅速的处理。该职务一般由会计基本岗位的会计人员兼任；系统操作员必须

严格按照会计软件的使用说明和要求完成会计凭证和账簿等会计数据输入。另外，系统操作员也负责对会计数据备份磁盘或光盘以及打印输出的账表等进行整理、归档，做好各种会计档案资料的保管和保密工作。

（4）数据审核员。数据审核员可由主管会计兼任，承担着对输入计算机的会计数据（记账凭证和原始凭证等）和对输出账簿、报表进行全面审核和确认签字的责任，以保证会计信息在核算处理过程中的正确性。

对于会计基本岗位和会计电算化岗位的设置，各单位应该根据其实际情况和需要灵活设置，而小型单位和使用小规模会计电算化系统的单位，可根据实际情况采用一人多岗形式。

2. 加强会计电算化人才培养

会计电算化已经成为现代会计发展的必然趋势。会计电算化人才素质的高低直接关系到会计电算化系统实施的成败。会计电算化不仅需要会计和计算机专门人才，也需要既懂会计又懂计算机的复合型人才；其范围不但涉及财会部门和人员，还涉及单位内部各个部门和相关人员。会计电算化的实现极大地促进了会计核算和会计管理工作的紧密联系。不同企业的管理需求和企业自身的规模大小也影响着企业对于会计人员的需求。

会计电算化人才的培训一般分为初、中、高三个层次：了解会计软件工作原理，能够使用会计软件完成会计实务处理工作的初级人才；具备会计电算化应用实施组织协调能力，能够对计算机系统进行简单维护和参数设置，对数据信息简单分析和处理的中级人才；以及培养掌握计算机、会计和企业管理信息系统开发设计等多方位学科知识的高级人才。

开展会计电算化培训主要包括以下三种形式。

（1）由财政部组织开展的初级、中级和高级会计电算化培训。培训针对的是所有在职的会计人员，不同会计人员根据各自的专业知识需求接受不同层次的电算化培训。

（2）软件公司的会计软件培训。培训主要目的是让购买会计软件商品的公司职员能够独立操作使用会计软件。其培训时间可根据购买公司职员的掌握情况调整。

（3）企业根据自己特殊需要组织的会计电算化培训。大多数实力雄厚的大型企业会采用这种培训方式。每个单位对于企业会计人才的需求是有差异的，企业可以根据自己的特殊需要组织培训，这样能更有针对性地解决企业内部会计软件实施中存在的关键问题，解决电算化实施过程中比较复杂和不同部门之间协作等问题。这种培训能更好地促进会计电算化系统与企业管理体系之间的紧密联系。

企业会计电算化要发展，就必须重视会计电算化人才，大力加强人才培训工作，建立良好的培训机制，才能使企业会计人员综合业务素质得到整体提高。同时随着会计电算化向会计信息化方向发展，会计人员还必须掌握电子商务、电子政务的相关知识，以满足各方对企业财务信息的需求，使企业会计电算化工作顺利进行。

12.2.4　建立完善的会计电算化运行规范

会计电算化很大程度上简化了会计核算过程，将会计人员从烦琐的会计工作中解脱出来，但会计电算化的实现却对企业整体财务管理的流程内容和质量，以及会计人员的分工合作提出了更高的要求。为了保证会计电算化信息系统的连续正常运行，需要建立完善的会计电算化运行制度规范，主要从国家的宏观管理和企事业单位计算机系统的微观管理两个方面来说。

1.　宏观管理

会计电算化工作的宏观管理是从国家层面来考虑，要求各级政府财政部门和业务主管部门对全国和本地区会计电算化工作实行的综合管理。

2.　微观管理

从实施会计信息化的单位层面来说，会计电算化微观管理制度的主要内容包括：会计电算化岗位责任制度、会计电算化操作管理制度、计算机软硬件和数据管理制度、会计电算化档案管理制度等。

（1）建立会计电算化岗位责任制度。公司各财务核算单位必须建立会计电算化岗位责任制，要明确每个工作岗位的职责范围。每个岗位人员在其职责范围内承担其责任，责任落实到人，各司其职。切实做到事事有人管，避免工作责任分配不均的局面。加强内部岗位管理的相互牵制，从而促进会计工作的程序化和规范化，确保资产的安全完整，提高工作效率，充分发挥系统的运行效率。

（2）建立会计电算化操作管理制度。

① 操作人员管理。操作人员必须具备上岗的资质，未经授权人员严禁上机操作。系统开发人员、专职维护人员、档案管理人员和其他未经授权人员不允许操作会计软件。

② 操作权限管理。操作员严禁越权操作，必须严格遵循系统管理员分配的权限，不得互通权限进行操作。

③ 具体操作管理。操作员要按照会计软件的操作步骤和要求进行操作，操作员不得外泄密码，并且定期要更换密码。另外，对于上机操作记录（记录操作人、操作时间、操作内容、故障情况等）需由专人保存，以便日后跟踪记录和明确操作责任。

（3）计算机软硬件和数据管理制度。

① 保证机房设备安全和计算机正常运行是进行会计电算化的前提条件，要经常对有关设备进行保养，保持机房和设备的整洁，防止意外事故的发生。

② 确保会计数据和会计软件的安全保密，防止对数据和软件的非法修改和删除；对磁性介质存放的数据要保存双备份。

③ 对正在使用的会计核算软件进行修改、对通用会计软件进行版本升级以及更换计算机硬件设备等工作，要有一定的审批手续。在软件修改、版本升级和硬件升级更换过程中，要保证实际会计数据的连续和安全，并由有关人员进行监督。

④ 健全计算机硬件和软件出现故障时进行排除的管理措施，保证会计数据的完整性。

⑤ 健全必要的防治计算机病毒的措施。

（4）建立会计电算化档案管理制度。会计电算化档案是公司及其重要的文件资料，它包括存储在计算机硬盘中的会计数据、其他磁性介质或光盘存储的会计数据，以及计算机打印出来的书面形式的会计数据。这里的会计数据是指记账凭证、会计账簿、会计报表（包括报表格式和计算公式）等数据。

① 不同会计档案的保管期限按《会计档案管理办法》保管。输入存储在计算机中的会计数据。以及通过计算机计算打印输出的各类账簿、凭证清单等视同原手工登记的账簿等会计资料保管15年。而对计算机系统档案（会计软件的文档和程序等）保存期限最低截至该计算机系统软硬件停止使用或重大更改后五年。会计档案发生缺损时，须补充打印并签字盖章。

② 电算化会计档案存放要求。会计档案需要定期检查，防止因保管不当而丢失会计系统内的数据信息。会计档案存放要做到"九防"，即：防盗、防火、防潮、防虫、防鼠、防尘、防高温、防强磁场、防冻。对于双备份的重要会计档案需要存放在不同的地点，并定期复制。

③ 会计档案的借阅保管制度。对于电子会计档案的保管也必须实行权限分离制度，如系统操作人员和程序开发人员不得兼任会计档案保管工作；会计档案不得随意堆放、严防毁损、散失；会计档案未经领导同意不得外借和拿出单位。经领导同意的借阅会计资料，应该履行相应的借阅审批登记手续，经手人必须签字记录。存放在磁介质上的会计资料借阅归还时，还应该认真检查病毒，防止感染病毒。

12.3 会计软件

随着计算机科技的不断发展，会计的计算机信息化已经成为社会经济发展不可抵挡的趋势。会计软件，作为会计电算化主要的操作平台和实现的核心，也随之在不断被广泛开发和完善并运用于企业管理之中。

12.3.1　会计软件概述

1．会计软件的概念及其分类

会计软件是在实践工作中专门用于完成会计核算与财务管理工作的计算机应用软件。它以计算机为媒介，通过运行的各种程序和相应的各种会计文档资料来完成信息加工、数据存储等有关会计与管理工作。

会计软件根据用途和性能的不同，可分为系统软件和应用软件两类。

2．会计软件的来源

企业会计软件的来源主要有购买商品化会计软件、定制开发（包括企业自行开发、委托外单位开发、联合开发）、购买与开发相结合三种渠道。

（1）购买商品化会计软件。商品化会计软件是指由专门的软件组织为会计工作设计开发，以产品形式面向全社会销售的应用软件。企业作为此软件用户，付款购买即可获得软件的所有服务，包括软件的使用、维护、升级以及人员培训等。

这种会计软件具有通用性，能被大部分企业所适用。采用商品化会计软件的优点在于：

①见效快。企业能够以最小的代价实现信息化。

②安全性高。用户只有执行操作权，没有访问和修改源程序的权利。

③维护有保障。软件的维护和升级由软件公司负责。

但其缺点也非常明显：

① 针对性不高。只能满足大多数企业的设计要求，有特殊业务的单位难适用。

② 操作复杂。为了保证其通用性，这种软件的功能设置往往较为复杂，对会计人员要求较高。

（2）定制开发。定制开发又包含自行开发、委托外单位开发和联合开发三类。

自行开发是指企业系统设计员针对企业需求自主进行会计软件开发；委托外单位开发是指企业通过委托外单位进行会计软件开发。因为其缺点大于优点。这种方式目前已很少使用；企业与外单位联合开发是指外单位负责系统设计和程序开发工作，而企业财务部门和网络信息部门进行系统分析，对系统进行重大修改以及日常维护工作等。

由于定制开发的软件是根据企业的生产经营特点和管理要求设计的，所以专用程度高，适应好。但是定制开发的系统开发要求高、周期长、成本高。

企业在会计软件的选择上应该全面考虑，既要着眼现在又要放眼未来，在权衡利弊后选择出最适合本企业的会计软件。

12.3.2　会计应用软件

会计应用软件是用来解决会计中各类实际问题的程序。

1.　会计应用软件的功能模块

会计应用软件的功能模块是指系统中具备相对独立地完成会计数据输入、处理、输出功能的各个部分。以核算型会计应用软件为例，会计应用软件用于会计核算的功能模块可以划分为：账务处理模块、固定资产管理模块、工资管理模块、应收管理模块、应付管理模块、成本管理模块、报表管理模块、存货核算模块、财务分析模块、预算管理模块、项目管理模块、其他管理模块等，如图 12-1 所示。

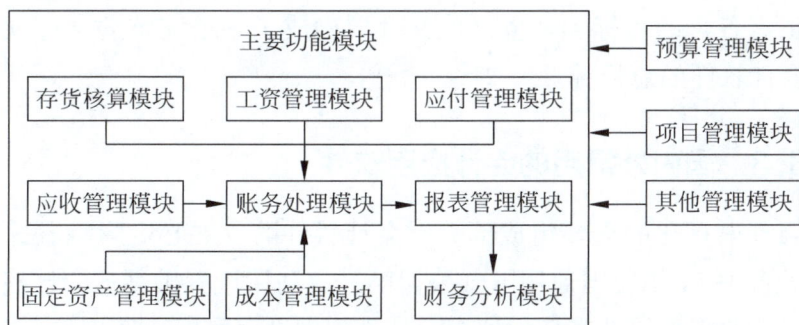

图 12-1　会计应用软件的功能模块

（1）账务处理模块。是会计软件的核心，以凭证为数据处理起点，完成一系列的会计核算工作。

（2）固定资产管理模块。主要是以固定资产卡片为基础，用于固定资产明细核算和管理的模块。

（3）工资管理模块。又称为薪资核算模块，是以人力资源提供的员工及其工资的数据为基础，完成工资的计算、汇总等工作。

（4）应收 / 应付管理模块。以发票、应付单据等原始单据为依据，核算销售的商品，确认与管理应收应付的账款。

（5）成本管理模块。主要提供生产费用等成本核算、成本分析、成本预测的功能。

（6）报表管理模块。可以根据其他模块的会计核算的数据，生成各种报表（个别报表、汇总报表以及合并报表等），并根据报表数据分析报表，以及生成各种分析图等。

（7）存货核算模块。以供应链模块的入库单、出库单以及采购发票等单据，核算存货的出入库商品成本，确认采购成本和销售收入。

（8）财务分析模块。是运用各种专门的分析方法完成对企业财务活动的分析。通过对数据库中信息的进一步加工，生产企业财务状况、经营成果和现金流量的各种信息分析和评价，从而为决策提供正确依据。

（9）预算管理模块。可根据公司需求而选择使用。预算管理模块将需要进行预算管理的对象（如集团公司、分支机构、产品等），根据实际需要分别设定不同类型的责任中心（如利润中心、投资中心）来确立各预算方案。

（10）项目管理模块。主要是对企业的项目进行核算、控制与管理。

（11）其他管理模块。根据企业管理的实际需要来选择，其他管理模块一般包括领导查询模块、决策支持模块等。

2. 模块间的相互关系

一个模块通常又被称为一个子系统。以上提到各模块既相互联系又相互独立。它们虽有各自的目标和任务，但又共同构成了一个完整的会计软件体系，从而实现会计软件的总目标。

12.3.3 国内外常用的会计应用软件

作为会计电算化的重要组成部分，会计软件的发展必定影响着这个行业的发展速度。自 1954 年美国通用电气公司第一次利用计算机进行会计核算以来，会计软件与企业管理软件也从无到有、从小到大迅速发展起来。

一个完整的会计应用软件体系应当由会计核算系统、财务管理系统和财务决策支持系统组成。现代企业最常用的有 AIS 和 ERP 两种会计软件系统。

会计信息系统（accounting information system，AIS）是一种专门用于会计业务处理的应用软件。它包括会计核算和管理会计两部分，前者以账务核算为核心，利用信息技术进行采集、存储和处理，完成会计核算任务；后者提供财务情况分析、预测等相关管理分析。AIS 属于管理信息系统中的财务管理子系统。

企业资源计划（enterprise resource planning，ERP）系统是利用信息技术基础，以系统化的管理思想，一方面将企业内部所有资源整合起来，对开发设计、采购、生产、成本、库存、分销、运输、财务、人力资源、品质管理进行科学规划；另一方面将企业与其外部的供应商、客户等市场要素有机结合，实现对企业的物资资源（物流）、人力资源（人流）、财务资源（财流）和信息资源（信息流）等进行一体化管理（即"四流一体化"或"四流合一"），为企业决策层及员工提供决策运行手段的管理平台。它的核心是供应链管理，它跳出了传统企业边界，从供应链范围去优化企业的资源。通过提高企业资源配置和使用效率，强调对于整个供应链有效管理的重要性。是基于网络经济时代的新一代信息系统。

目前国内外会计软件大部分是以 ERP 系统形式出现。下面将具体介绍国内外几个著名的会计软件。

1. 国外常用软件

（1）SAP（思爱普）。思爱普（systems applications and products in data processing，SAP）是 ERP 解决方案的先驱，也是全世界排名第一的 ERP 软件公司，可以为各种行业、不同规模的企业提供全面的解决方案。它以模块化的形式提供了一整套业务措施，其中的模块囊括了全部所需要的业务功能并把用户与技术性应用软件相联而形成一个总括的系统，用于公司或企业战略上和运用上的管理。

（2）Oracle（甲骨文）。Oracle ERP 是当前世界上仅次于 SAP 的 ERP 系统。由 Oracle 软件公司研发，该产品有两大特点：一是有着完全的 B/S 架构，其中 B/S 架构已经成为 ERP 软件的行业技术标准；二是互联网应用。其优势是只要有 IE 浏览器就可以访问其 ERP 系统。

2. 国内会计软件介绍

国内财务软件市场上，用友和金蝶的 ERP 软件占据了市场的绝大多数份额。

（1）用友。用友公司是中国最大的财务软件供应商，用友公司财务软件市场占有率自 1990 年以来一直稳居中国市场首位。用友所开发的 U8 财务管理模块，以财务管理为企业的目标核心，以业务管理为企业的行为核心，突破了平行思考的串行价值链结构，提出了基于立体价值链结构的产品体系部署原理，符合中国企业用户的不同需求。但是用友也有其非常明显的缺陷：用友管理架构较呆板，是科学管理之父泰勒的管理思路，更注重精确管理，也导致企业管理创新方面难以提高。另外用友软件程序的稳定性能不佳。

（2）金蝶。金蝶是国内首家提出以企业绩效管理（BPM）的思想来开发 ERP 软件的软件公司，金蝶 K3 系统是目前金蝶公司最先进的财务软件。它是基于战略人力资源管理思想进行设计和开发，既适用于国内大中型集团企业，也兼容中小型企业的应用需求，帮助企业实现基础人事管理、专业人力资源管理和员工自助等三个层面的应用。目前，金蝶 K3 成为国内拥有用户数量最多的 ERP 软件产品，它丰富的分析评估功能为企业的经营管理提供更完整、全面的企业应用解决方案。

还有一些会计软件，如中国台湾的天心，属于管理会计软件。中国市场上，天心只能卖应收应付模块，但在生产排程和物料需求核心功能上，它又强于其他 ERP；杭州新中大是财务软件中的黑马，但一直没有找到准确的产品定位；和微软合作设计开发的济南浪潮，物流功能强大，但市场定价较乱；还有针对中小企业的易飞鼎捷；走高端路线的易拓等。

国外应用软件的模块设计思路简洁、注重实用性。在解决主要问题的基础上再考虑其他辅助模块。而国内软件研发时多设计成"大而全"的模式，太过于追求软件的商业化。为了占据市场份额而尽可能多地涵盖企业所需求的模块，往往涵盖了 MRP Ⅱ 以外的人事、薪资等，有的还穿插了 OA 软件的设计。所以，国内软件在模块数上往往多于国外应用软件。其稳定性和技术性也极大地落后于国外企业。虽然我国会计软件已经有一定的规模，但仍有很大的改进和发展空间。

12.3.4 会计软件的运行环境

会计应用软件是用以解决各类实际问题的程序，它的运行也基于一定的运行环境。会计软件运行环境包括硬件环境、系统软件环境、网络环境。

1. 硬件环境

计算机硬件是指计算机系统中由电子、机械和光电元件等设备组成的各种物理装置的总称。这些物理装置按系统结构的要求构成一个有机整体，为计算机软件运行提供物质基础。硬件设备一般有输入设备、CPU、存储设备、输出设备（打印机和显示屏等）和通信设备（网络电缆等）。对计算机硬件的选择是会计电算化能否顺利实施的基础。公司应该根据实际需求和财力状况，从会计电算化工作的需要出发，合理选择与企业电算化工作相适应的计算机机型和有关配套设备。

2. 系统软件环境

系统软件是处于硬件和应用软件之间的，能够有效利用计算机的各种资源和方便用户使用，并为应用软件提供支持和服务的一组软件程序。系统软件为软件的编制和使用人员提供优良的系统环境。系统软件通常包括操作系统、数据库管理系统、语言处理程序和支撑软件等。

（1）操作系统。操作系统是用来支撑应用软件的运行环境以及用户操作环境的系统软件，具有对硬件直接监管、管理各种计算机资源以及提供面向应用程序的服务等功能。对于会计电算化用户来说，使用如计算机打印机、内存等硬件设备，都是通过操作系统来实现的。目前主要采用的操作系统用 Windows、macOS、UNIX、Novell 网络操作系统等。

（2）数据库管理系统。数据库管理系统（DBMS）是指把错综复杂的数据按一定的方式组织起来的数据集合，从而有效地管理和使用这些数据。它可以实现对会计数据的编辑、查询、统计等操作。一般整个企业数据库系统的整合是通过 ERP 系统实现的。目前较普遍的数据库管理系统是 Office 系列的 Excel 和 Access。经常使用的专业数据库包括 Sybase、Visual FoxPro、Informix、SQL Server 等。会计软件正是基于数据库系统的应用软件。

（3）语言处理程序。语言处理程序是将各种程序设计语言所编写的程序，"翻译"成计算机硬件能够直接识别和执行的机器语言的程序。主要包括汇编程序、解释程序和编译程序等。

在实际应用中，XBR（可扩展商业报告语言）为会计电算化带来了重大的变革。XBRL就是基于互联网的跨平台操作，将会计准则与计算机语言相结合，专门用于会计报表编制、披露而使用的计算机语言。XBRL通过对商业数据进行标准化定义和分类，统一规定了企业报告信息的表达方式，从而帮助数据使用者更快捷方便地调用、读取和分析数据并提供更为精确的财务报告。

（4）支撑软件。支撑软件是指为配合应用软件有效运行而使用的工具软件，它是软件系统的一个重要组成部分。支撑服务程序包括解释或编译系统、计算机监控、调试、诊断、故障检测程序等。

3. 网络环境

（1）计算机网络环境的概念。随着互联网技术的飞速发展，网络普及度越来越高。网络技术的日新月异使企业会计工作实现网络化、会计信息共享化成为一种必然的趋势。

网络环境就是以硬件资源、软件资源和信息资源共享以及信息传递为目的，在统一的网络协议控制下，将地理位置分散的许多独立的计算机系统连接在一起所形成的网络运行环境。在互联网环境下企业可以对各种交易和事项进行计量、确认和披露等会计活动，它是电子商务的重要组成部分。它帮助企业实现财务与业务的协同、远程报账、报表、查账、审计等远程处理，支持电子货币与电子单据，改变了财务信息的获取与利用方式，是一次跨越式发展。

（2）计算机网络环境对会计电算化的影响。

① 会计工作从封闭化和本土化向共享化和国际化转变。公司内部网络中的计算机内的会计资料不再是封闭状态，而是可以被使用和阅览。通过网络在线访问，企业信息使用者可以获得网上同行业其他企业开放的财务及非财务信息或指标，经分析比较，可以为企业今后的发展方向提供更精准的预测和计划。另外，企业为了适应全球经济化的发展，也将国内传统的会计观念、会计管理理念逐渐向国际最新的财务管理理念和会计理念转变，进而提高企业的国际竞争力。

② 传统财务报告向XBRL网络财务报告模式转变。随着计算机网络技术大规模的发展，传统财务报告在披露模式、披露内容方面的变革已经呼之欲出。在全球化网络的大环境下，传统的财务报告披露周期过长、披露片面等缺点，可以通过即时的网络数据库与因特网相关的传播媒介，公开披露企业各项经营与财务信息，并根据不同用户的要求向其提供更加个性化的网络财务报告模式

所弥补。可扩展商业语言（XBRL）的发展业务也为 XBRL 网络报告模式提供了国际的统一分类标准，大大地缩减了网络报告的信息读取过程。

③ 传统 ERP 向基于互联网的 IERP 转变。IERP 是将传统 ERP 与网络电子商务理念相结合的一种管理工具。它整合了企业内部和外部的所有资源，使用现代网络信息技术建立以客户为中心的、面向全球化的供应链管理模式。IERP 系统允许所有企业外部关系人，如客户或供应商，通过互联网访问企业的 ERP 系统；并可以随时对所有供应、生产、销售环节根据客户需要来进行调整和安排。IERP 极大地提高企业内部管理效率和核心竞争力，这一新型管理系统势必会随着互联网影响力的扩大而快速转变。

思考练习题

1. 什么是会计电算化？会计电算化对于会计工作的影响有哪些？

2. 什么是会计电算化信息系统？一个完整的会计电算化信息系统由哪几个方面要素构成？

3. 什么是会计软件？会计软件的分类和来源有哪些？

4. 会计应用软件一般由哪几个功能模块组成？国内外常用的会计应用软件有哪些？

5. 请列举会计软件的运行环境。

6. 网络环境对会计工作有什么影响？

参 考 文 献

［1］ 杨玉红，高春莲.基础会计学［M］.北京：清华大学出版社，北京交通大学出版社，2014.

［2］ 沃健，赵敏.基础会计学［M］.北京：高等教育出版社，2016.

［3］ 施海丽.基础会计［M］.北京：清华大学出版社，2013.

［4］ 荆娴，杨阳.基础会计［M］.北京：清华大学出版社.2013.

［5］ 李占国.基础会计学［M］.北京：高等教育出版社，2010.

［6］ 刘秋月.会计基础［M］.北京：清华大学出版社，北京交通大学出版社，2012.

［7］ 周仁仪.会计学［M］.长沙：湖南大学出版社，2009.

［8］ 廖新媛，刘凯旋.基础会计［M］.北京：北京理工大学出版社，2013.

［9］ 叶正桂，蒋敏周.基础会计学［M］.西安：西安电子科技大学出版社，2015.

［10］单治国.基础会计实训指导［M］.北京：现代教育出版社，2012.

［11］袁其谦，朱余娥.基础会计项目化教程实训［M］.北京：电子工业出版社，2011.

［12］刘凯旋，蒋斌.基础会计［M］.北京：中国矿业出版社，2010.

［13］徐泓.基础会计学［M］.北京：机械工业出版社，2011.

［14］湖南省会计从业资格考试学习丛书编委会.财经法规与职业道德［M］.北京：中国人民大
学出版社，2015.

［15］李海波.新编会计学原理［M］.上海：立信会计出版社，2007.

［16］颜世廉，卢素凡.基础会计［M］.长沙：国防科技大学出版社，2006.

［17］毛洪涛.会计学原理［M］.2版.北京：清华大学出版社，2016.

［18］万宇洵，阳秋林.基础会计学［M］.长沙：湖南人民出版社，2011.

［19］刘学敏.会计电算化［M］.北京：北京理工大学出版社，2012.

［20］湖南省会计从业资格考试学习丛书编委会.初级会计电算化［M］.北京：中国人民大学出
版社，2015.

［21］路玉麟，郑利霞，钟英.会计·出纳·做账·纳税岗位实战宝典［M］.北京：清华大学出
版社，2014.

中华人民共和国会计法

（1985 年 1 月 21 日第六届全国人民代表大会常务委员会第九次会议通过　根据 1993 年 12 月 29 日第八届全国人民代表大会常务委员会第五次会议《关于修改（中华人民共和国会计法）的决定》修正　1999 年 10 月 31 日第九届全国人民代表大会常务委员会第十二次会议修订　根据 2017 年 11 月 4 日第十二届全国人民代表大会常务委员会第三十次会议《关于修改〈中华人民共和国会计法〉等十一部法律的决定》第二次修正）

目录

第一章　总则

第一条　为了规范会计行为，保证会计资料真实、完整，加强经济管理和财务管理，提高经济效益，维护社会主义市场经济秩序，制定本法。

第二条　国家机关、社会团体、公司、企业、事业单位和其他组织（以下统称单位）必须依照本法办理会计事务。

第三条　各单位必须依法设置会计账簿，并保证其真实、完整。

第四条　单位负责人对本单位的会计工作和会计资料的真实性、完整性负责。

第五条　会计机构、会计人员依照本法规定进行会计核算，实行会计监督。

任何单位或者个人不得以任何方式授意、指使、强令会计机构、会计人员伪造、变造会计凭证、会计账簿和其他会计资料，提供虚假财务会计报告。

任何单位或者个人不得对依法履行职责、抵制违反本法规定行为的会计人员实行打击报复。

第六条　对认真执行本法，忠于职守，坚持原则，做出显著成绩的会计人员，给予精神的或者物质的奖励。

第七条　国务院财政部门主管全国的会计工作。

县级以上地方各级人民政府财政部门管理本行政区域内的会计工作。

第八条　国家实行统一的会计制度。国家统一的会计制度由国务院财政部门根据本法制定并公布。

国务院有关部门可以依照本法和国家统一的会计制度制定对会计核算和会计监督有特殊要求的行业实施国家统一的会计制度的具体办法或者补充规定，报国务院财政部门审核批准。

中国人民解放军总后勤部可以依照本法和国家统一的会计制度制定军队实施国家统一的会计制度的具体办法，报国务院财政部门备案。

第二章　会计核算

第九条　各单位必须根据实际发生的经济业务事项进行会计核算，填制会计凭证，登记会计账簿，编制财务会计报告。

任何单位不得以虚假的经济业务事项或者资料进行会计核算。

第十条　下列经济业务事项，应当办理会计手续，进行会计核算：

（一）款项和有价证券的收付；

（二）财物的收发、增减和使用；

（三）债权债务的发生和结算；

（四）资本、基金的增减；

（五）收入、支出、费用、成本的计算；

（六）财务成果的计算和处理；

（七）需要办理会计手续、进行会计核算的其他事项。

第十一条　会计年度自公历 1 月 1 日起至 12 月 31 日止。

第十二条　会计核算以人民币为记账本位币。

业务收支以人民币以外的货币为主的单位，可以选定其中一种货币作为记账本位币，但是编报的财务会计报告应当折算为人民币。

第十三条　会计凭证、会计账簿、财务会计报告和其他会计资料，必须符合国家统一的会计制度的规定。

使用电子计算机进行会计核算的，其软件及其生成的会计凭证、会计账簿、财务会计报告和其他会计资料，也必须符合国家统一的会计制度的规定。

任何单位和个人不得伪造、变造会计凭证、会计账簿及其他会计资料，不得提供虚假的财务会计报告。

第十四条 会计凭证包括原始凭证和记账凭证。

办理本法第十条所列的经济业务事项，必须填制或者取得原始凭证并及时送交会计机构。

会计机构、会计人员必须按照国家统一的会计制度的规定对原始凭证进行审核，对不真实、不合法的原始凭证有权不予接受，并向单位负责人报告；对记载不准确、不完整的原始凭证予以退回，并要求按照国家统一的会计制度的规定更正、补充。

原始凭证记载的各项内容均不得涂改；原始凭证有错误的，应当由出具单位重开或者更正，更正处应当加盖出具单位印章。原始凭证金额有错误的，应当由出具单位重开，不得在原始凭证上更正。

记账凭证应当根据经过审核的原始凭证及有关资料编制。

第十五条 会计账簿登记，必须以经过审核的会计凭证为依据，并符合有关法律、行政法规和国家统一的会计制度的规定。会计账簿包括总账、明细账、日记账和其他辅助性账簿。

会计账簿应当按照连续编号的页码顺序登记。会计账簿记录发生错误或者隔页、缺号、跳行的，应当按照国家统一的会计制度规定的方法更正，并由会计人员和会计机构负责人（会计主管人员）在更正处盖章。

使用电子计算机进行会计核算的，其会计账簿的登记、更正，应当符合国家统一的会计制度的规定。

第十六条 各单位发生的各项经济业务事项应当在依法设置的会计账簿上统一登记、核算，不得违反本法和国家统一的会计制度的规定私设会计账簿登记、核算。

第十七条 各单位应当定期将会计账簿记录与实物、款项及有关资料相互核对，保证会计账簿记录与实物及款项的实有数额相符、会计账簿记录与会计凭证的有关内容相符、会计账簿之间相对应的记录相符、会计账簿记录与会计报表的有关内容相符。

第十八条 各单位采用的会计处理方法，前后各期应当一致，不得随意变更；确有必要变更的，应当按照国家统一的会计制度的规定变更，并将变更的原因、情况及影响在财务会计报告中说明。

第十九条 单位提供的担保、未决诉讼等或有事项，应当按照国家统一的会计制度的规定，在财务会计报告中予以说明。

第二十条　财务会计报告应当根据经过审核的会计账簿记录和有关资料编制，并符合本法和国家统一的会计制度关于财务会计报告的编制要求、提供对象和提供期限的规定；其他法律、行政法规另有规定的，从其规定。

财务会计报告由会计报表、会计报表附注和财务情况说明书组成。向不同的会计资料使用者提供的财务会计报告，其编制依据应当一致。有关法律、行政法规规定会计报表、会计报表附注和财务情况说明书须经注册会计师审计的，注册会计师及其所在的会计师事务所出具的审计报告应当随同财务会计报告一并提供。

第二十一条　财务会计报告应当由单位负责人和主管会计工作的负责人、会计机构负责人（会计主管人员）签名并盖章；设置总会计师的单位，还须由总会计师签名并盖章。

单位负责人应当保证财务会计报告真实、完整。

第二十二条　会计记录的文字应当使用中文。在民族自治地方，会计记录可以同时使用当地通用的一种民族文字。在中华人民共和国境内的外商投资企业、外国企业和其他外国组织的会计记录可以同时使用一种外国文字。

第二十三条　各单位对会计凭证、会计账簿、财务会计报告和其他会计资料应当建立档案，妥善保管。会计档案的保管期限和销毁办法，由国务院财政部门会同有关部门制定。

第三章　公司、企业会计核算的特别规定

第二十四条　公司、企业进行会计核算，除应当遵守本法第二章的规定外，还应当遵守本章规定。

第二十五条　公司、企业必须根据实际发生的经济业务事项，按照国家统一的会计制度的规定确认、计量和记录资产、负债、所有者权益、收入、费用、成本和利润。

第二十六条　公司、企业进行会计核算不得有下列行为：

（一）随意改变资产、负债、所有者权益的确认标准或者计量方法，虚列、多列、不列或者少列资产、负债、所有者权益；

（二）虚列或者隐瞒收入，推迟或者提前确认收入；

（三）随意改变费用、成本的确认标准或者计量方法，虚列、多列、不列或者少列费用、成本；

（四）随意调整利润的计算、分配方法，编造虚假利润或者隐瞒利润；

（五）违反国家统一的会计制度规定的其他行为。

第四章　会计监督

第二十七条　各单位应当建立、健全本单位内部会计监督制度。单位内部会计监督制度应当符合下列要求：

（一）记账人员与经济业务事项和会计事项的审批人员、经办人员、财物保管人员的职责权限应当明确，并相互分离、相互制约；

（二）重大对外投资、资产处置、资金调度和其他重要经济业务事项的决策和执行的相互监督、相互制约程序应当明确；

（三）财产清查的范围、期限和组织程序应当明确；

（四）对会计资料定期进行内部审计的办法和程序应当明确。

第二十八条　单位负责人应当保证会计机构、会计人员依法履行职责，不得授意、指使、强令会计机构、会计人员违法办理会计事项。

会计机构、会计人员对违反本法和国家统一的会计制度规定的会计事项，有权拒绝办理或者按照职权予以纠正。

第二十九条　会计机构、会计人员发现会计账簿记录与实物、款项及有关资料不相符的，按照国家统一的会计制度的规定有权自行处理的，应当及时处理；无权处理的，应当立即向单位负责人报告，请求查明原因，做出处理。

第三十条　任何单位和个人对违反本法和国家统一的会计制度规定的行为，有权检举。收到检举的部门有权处理的，应当依法按照职责分工及时处理；无权处理的，应当及时移送有权处理的部门处理。收到检举的部门、负责处理的部门应当为检举人保密，不得将检举人姓名和检举材料转给被检举单位和被检举人个人。

第三十一条　有关法律、行政法规规定，须经注册会计师进行审计的单位，应当向受委托的会计师事务所如实提供会计凭证、会计账簿、财务会计报告和其他会计资料以及有关情况。

任何单位或者个人不得以任何方式要求或者示意注册会计师及其所在的会计师事务所出具不实或者不当的审计报告。

财政部门有权对会计师事务所出具审计报告的程序和内容进行监督。

第三十二条　财政部门对各单位的下列情况实施监督：

（一）是否依法设置会计账簿；

（二）会计凭证、会计账簿、财务会计报告和其他会计资料是否真实、完整；

（三）会计核算是否符合本法和国家统一的会计制度的规定；

（四）从事会计工作的人员是否具备专业能力、遵守职业道德。

在对前款第（二）项所列事项实施监督，发现重大违法嫌疑时，国务院财政部门及其派出机构可以向与被监督单位有经济业务往来的单位和被监督单位开立账户的金融机构查询有关情况，有关单位和金融机构应当给予支持。

第三十三条　财政、审计、税务、人民银行、证券监管、保险监管等部门应当依照有关法律、行政法规规定的职责，对有关单位的会计资料实施监督检查。

前款所列监督检查部门对有关单位的会计资料依法实施监督检查后，应当出具检查结论。有关监督检查部门已经做出的检查结论能够满足其他监督检查部门履行本部门职责需要的，其他监督检查部门应当加以利用，避免重复查账。

第三十四条　依法对有关单位的会计资料实施监督检查的部门及其工作人员对在监督检查中知悉的国家秘密和商业秘密负有保密义务。

第三十五条　各单位必须依照有关法律、行政法规的规定，接受有关监督检查部门依法实施的监督检查，如实提供会计凭证、会计账簿、财务会计报告和其他会计资料以及有关情况，不得拒绝、隐匿、谎报。

第五章　会计机构和会计人员

第三十六条　各单位应当根据会计业务的需要，设置会计机构，或者在有关机构中设置会计人员并指定会计主管人员；不具备设置条件的，应当委托经批准设立从事会计代理记账业务的中介机构代理记账。

国有的和国有资产占控股地位或者主导地位的大、中型企业必须设置总会计师。总会计师的任职资格、任免程序、职责权限由国务院规定。

第三十七条　会计机构内部应当建立稽核制度。

出纳人员不得兼任稽核、会计档案保管和收入、支出、费用、债权债务账目的登记工作。

第三十八条　会计人员应当具备从事会计工作所需要的专业能力。

担任单位会计机构负责人（会计主管人员）的，应当具备会计师以上专业技术职务资格或者从事会计工作三年以上经历。

本法所称会计人员的范围由国务院财政部门规定。

第三十九条　会计人员应当遵守职业道德，提高业务素质。对会计人员的教育和培训工作应当加强。

第四十条　因有提供虚假财务会计报告，做假账，隐匿或者故意销毁会计凭证、会计账簿、财务会计报告，贪污，挪用公款，职务侵占等与会计职务有关的违法行为被依法追究刑事责任的人员，不得再从事会计工作。

第四十一条　会计人员调动工作或者离职，必须与接管人员办清交接手续。

一般会计人员办理交接手续，由会计机构负责人（会计主管人员）监交；会计机构负责人（会计主管人员）办理交接手续，由单位负责人监交，必要时主管单位可以派人会同监交。

第六章　法律责任

第四十二条　违反本法规定，有下列行为之一的，由县级以上人民政府财政部门责令限期改正，可以对单位并处三千元以上五万元以下的罚款；对其直接负责的主管人员和其他直接责任人员，可以处二千元以上二万元以下的罚款；属于国家工作人员的，还应当由其所在单位或者有关单位依法给予行政处分：

（一）不依法设置会计账簿的；

（二）私设会计账簿的；

（三）未按照规定填制、取得原始凭证或者填制、取得的原始凭证不符合规定的；

（四）以未经审核的会计凭证为依据登记会计账簿或者登记会计账簿不符合规定的；

（五）随意变更会计处理方法的；

（六）向不同的会计资料使用者提供的财务会计报告编制依据不一致的；

（七）未按照规定使用会计记录文字或者记账本位币的；

（八）未按照规定保管会计资料，致使会计资料毁损、灭失的；

（九）未按照规定建立并实施单位内部会计监督制度或者拒绝依法实施的监督或者不如实提供有关会计资料及有关情况的；

（十）任用会计人员不符合本法规定的。

有前款所列行为之一，构成犯罪的，依法追究刑事责任。

会计人员有第一款所列行为之一，情节严重的，五年内不得从事会计工作。

有关法律对第一款所列行为的处罚另有规定的，依照有关法律的规定办理。

第四十三条　伪造、变造会计凭证、会计账簿，编制虚假财务会计报告，构成犯罪的，依法追究刑事责任。

有前款行为，尚不构成犯罪的，由县级以上人民政府财政部门予以通报，可以对单位并处五千元以上十万元以下的罚款；对其直接负责的主管人员和其他直接责任人员，可以处三千元以上五万元以下的罚款；属于国家工作人员的，还应当由其所在单位或者有关单位依法给予撤职直至开除的行政处分；其中的会计人员，五年内不得从事会计工作。

第四十四条　隐匿或者故意销毁依法应当保存的会计凭证、会计账簿、财务会计报告，构成犯罪的，依法追究刑事责任。

有前款行为，尚不构成犯罪的，由县级以上人民政府财政部门予以通报，可以对单位并处五千元以上十万元以下的罚款；对其直接负责的主管人员和其他直接责任人员，可以处三千元以上五万元以下的罚款；属于国家工作人员的，还应当由其所在单位或者有关单位依法给予撤职直至开除的行政处分；其中的会计人员，五年内不得从事会计工作。

第四十五条　授意、指使、强令会计机构、会计人员及其他人员伪造、变造会计凭证、会计账簿，编制虚假财务会计报告或者隐匿、故意销毁依法应当保存的会计凭证、会计账簿、财务会计报告，构成犯罪的，依法追究刑事责任；尚不构成犯罪的，可以处五千元以上五万元以下的罚款；属于国家工作人员的，还应当由其所在单位或者有关单位依法给予降级、撤职、开除的行政处分。

第四十六条　单位负责人对依法履行职责、抵制违反本法规定行为的会计人员以降级、撤职、调离工作岗位、解聘或者开除等方式实行打击报复，构成犯罪的，依法追究刑事责任；尚不构成犯罪的，由其所在单位或者有关单位依法给予行政处分。对受打击报复的会计人员，应当恢复其名誉和原有职务、级别。

第四十七条　财政部门及有关行政部门的工作人员在实施监督管理中滥用职权、玩忽职守、徇私舞弊或者泄露国家秘密、商业秘密，构成犯罪的，依法追究刑事责任；尚不构成犯罪的，依法给予行政处分。

第四十八条　违反本法第三十条规定，将检举人姓名和检举材料转给被检举单位和被检举人个人的，由所在单位或者有关单位依法给予行政处分。

第四十九条　违反本法规定，同时违反其他法律规定的，由有关部门在各自职权范围内依法进行处罚。

第七章　附则

第五十条　本法下列用语的含义：

单位负责人，是指单位法定代表人或者法律、行政法规规定代表单位行使职权的主要负责人。

国家统一的会计制度，是指国务院财政部门根据本法制定的关于会计核算、会计监督、会计机构和会计人员以及会计工作管理的制度。

第五十一条　个体工商户会计管理的具体办法，由国务院财政部门根据本法的原则另行规定。

第五十二条　本法自 2000 年 7 月 1 日起施行。